技术进步、国际贸易与经济转型

Technological Progress, International Trade and Economic Transformation

殷德生 著

图书在版编目(CIP)数据

技术进步、国际贸易与经济转型/殷德生著.—北京:北京大学出版社,2015.11
(国家社科基金后期资助项目)
ISBN 978-7-301-26495-9

Ⅰ.①技… Ⅱ.①殷… Ⅲ.①发展中国家—对外贸易—研究 Ⅳ.①F75

中国版本图书馆 CIP 数据核字(2015)第 262311 号

书　　　名	技术进步、国际贸易与经济转型 Jishu Jinbu、Guoji Maoyi yu Jingji Zhuanxing
著作责任者	殷德生　著
责 任 编 辑	赵学秀
标 准 书 号	ISBN 978-7-301-26495-9
出 版 发 行	北京大学出版社
地　　　址	北京市海淀区成府路 205 号　100871
网　　　址	http://www.pup.cn
电 子 信 箱	em@pup.cn　　　QQ:552063295
新 浪 微 博	@北京大学出版社　@北京大学出版社经管图书
电　　　话	邮购部 62752015　发行部 62750672　编辑部 62752926
印 刷 者	北京宏伟双华印刷有限公司
经 销 者	新华书店
	730 毫米×1020 毫米　16 开本　17 印张　287 千字 2015 年 11 月第 1 版　2015 年 11 月第 1 次印刷
定　　　价	45.00 元

未经许可,不得以任何方式复制或抄袭本书之部分或全部内容。
版权所有,侵权必究
举报电话:010-62752024　电子信箱:fd@pup.pku.edu.cn
图书如有印装质量问题,请与出版部联系,电话:010-62756370

国家社科基金后期资助项目
出版说明

后期资助项目是国家社科基金设立的一类重要项目,旨在鼓励广大社科研究者潜心治学,支持基础研究多出优秀成果。它是经过严格评审,从接近完成的科研成果中遴选立项的。为扩大后期资助项目的影响,更好地推动学术发展,促进成果转化,全国哲学社会科学规划办公室按照"统一设计、统一标识、统一版式、形成系列"的总体要求,组织出版国家社科基金后期资助项目成果。

全国哲学社会科学规划办公室

序　言

　　中国经济过去三十多年所取得的成就举世瞩目,其中最为重要的经验是融入全球化的过程:中国以7亿多的劳动力与全球资本、技术及其他生产要素相结合,在全球产业链和价值链中占据相应的位置,使"made in China"风靡全球,创造了年均近10%的经济增长。但是,随着中国经济的进一步增长,人均GDP的上升,中国的廉价劳动力优势不再,中国经济面临转型和结构升级的重要任务。如何完成这一任务呢?是继续深化改革,扩大开放,在全球竞争中获取技术进步动力,在国际贸易中提升中国企业在全球产业链中的位置,还是采取封闭的方式,强调垄断情况下的高投入来推动经济转型?是两条完全不同的道路。

　　殷德生教授完成的这部学术著作,经过多年的研究,旗帜鲜明地指出,经济转型的过程离不开市场开放的作用,没有哪个现代国家是在经济封闭的情形下完成经济转型的。本书站在开放经济尤其是国际贸易的视角考察技术进步、国际贸易与经济转型之间的作用机制与影响结果,从理论和实证两个角度研究市场开放对中国经济转型的影响过程与效果,为中国调整贸易政策和开放政策以促进经济转型提供科学依据。实现经济转型与进一步扩大开放都是中国的重大战略任务,市场开放影响中国经济转型的机制和效果的研究具有重要的理论价值与现实意义。中国的经济转型不仅要确保经济持续增长而且要提高经济增长的质量,这两个方面都离不开技术进步和市场开放。

　　开放经济作用于经济转型的机制与动力是本书的第一个亮点。其不仅将技术进步来源归纳为"干中学"、体现为中间产品种类数增加的R&D以及体现为中间产品质量阶梯提升的R&D,刻画这三种情形的技术进步对国际贸易与经济转型的影响机制和结果,而且讨论垂直一体化解决产品种类数增加与交易成本上升之间两难问题的机制,以及垂直一体化对技术进步与动态比较优势格局产生的一系列影响。本书的另一个亮点是分析市场开放对要素配置状况和效率的影响及其在中国的效果,具体从技能溢价、高技能劳动需求的变化、资本要素需求的变化以及产品层次上的质量变化等角度展开研究。一方面,阐明技能溢价的决定因素以及国际贸易影响技能溢价的渠道和结果。另一方面,从 FDI 的增长是否引起了中国各行业高技能劳动需求和资本要素需求增加这个新的视角,细致地考察贸易和 FDI 对各部门高技能劳动和资本要素相对需求的影响机制和结果。在此基础上,建立市场开放、企业异质性与产品质量升级的理论框架,解释贸易成本、技术溢出、规模经济等因素对产品质量的影响渠道和结果。此外,区域开放也决定着中国经济转型的进程,基于空间溢出效应寻找跨行政区划的地区推进区域一体化的路径。在中国经济转型加速的当下,经济增长进入"新常态",人们日益关注中国经济内生增长的未来趋势。本书还对中国经济的潜在增长率进行估计,并据此确定中国新一轮"开放促改革"的路径和突破口在于实现资本要素配置的市场化和全球化。

本书的研究逻辑严谨、层层递进。围绕技术进步、贸易与经济增长和转型的主题,具体从四条路径展开研究:第一,将技术进步来源归纳为"干中学"、体现为中间产品种类数增加的 R&D 以及体现为中间产品质量阶梯提升的 R&D,刻画这三种情形的技术进步对国际贸易与经济增长的影响机制和结果。第二,基于中间产品的研发和生产具有技能劳动偏向的特征,从高技能劳动的需求和供给两个角度讨论技术进步和国际贸易对技能溢价(收入分配)和经济转型的影响。第三,阐述发展中国家的产业升级与产品复杂度是如何随着贸易规模的增加和市场开放度的提高而变化,不仅检验 FDI、出口、市场竞争以及技术模仿对中国产业升级的作用,而且在贸易均衡中纳入异质性,论证贸易成本、经济规模与进出口贸易对中国出口产品质量水平的影响。第四,从区域开放(空间溢出)和新一轮"开放促改革"的视角,一方面研究财政支出空间溢出角度研究区域一体化对经济转型的作用,证实跨行政区划的地区在推进区域一体化发展上的可行性和路径,另一方面通过估算中国潜在增长率提出资本要素配置的市场化和全球化成为了新一轮"开放促改革"的突破口。

本书的研究结论具有扎实的理论基础。在开放经济和国际竞争的环境下考察了技术进步的来源("干中学"、R&D 活动)和技术进步的形式(中间产品种类数增加、中间产品质量阶梯提升),以及国际技术竞争对专业化、贸易和经济增长长期格局的影响和结论,阐明了国际贸易影响技能溢价的渠道和结果,讨论了高等教育、"干中学"对经济增长与技能溢价的作用,刻画了市场开放对发展中国家各部门高技能劳动和资本要素配置的作用机制和结果,解释了贸易成本、技术溢出、规模经济等因素对产品质量的影响过程。

本书的研究结论具有较强的政策含义。例如,一国若过度地依赖外资和追求新企业的引进,忽视本地企业的"干中学",或将导致经济增长质量的下降;中国 FDI 规模的上升不仅具有提高企业高技能劳动需求的显著作用,而且还增加了企业资本要素需求,市场开放促进了产业升级;中国出口规模的扩大显著提升了出口产品的质量水平,使出口产品结构远比同类收入水平国家更复杂;跨行政区划的区域一体化进程中要优先发展跨区域重大基础设施,推进基础公共服务均等化。

市场开放影响经济转型的机制与效果是殷德生教授的主要研究方向,近几年取得了丰硕的研究积累,本书是他在该领域的又一重要成果,能为这样一本高质量的学术著作作序,是我的荣幸。

袁志刚
复旦大学经济学院
2015 年 9 月 16 日

目 录

第 1 章 技术进步、国际贸易与经济转型：理论综述 ……………（ 1 ）
  1.1 技术进步、国际贸易与经济转型：古典解释…………（ 1 ）
  1.2 技术进步、国际贸易与经济转型：新古典解释…………（ 5 ）
  1.3 技术进步、国际贸易与经济转型：回归古典的解释………（13）
  1.4 问题提出与内容安排……………………………（17）

第 2 章 中国经济转型的研究进展与政策含义 ……………（21）
  2.1 中国经济增长的驱动力……………………………（21）
  2.2 中国经济结构战略性调整的方向…………………（23）
  2.3 中国城市体系与空间经济结构调整………………（24）
  2.4 中国经济结构调整与经济转型的重点……………（26）
  2.5 中国经济结构调整与经济转型的难点……………（30）
  2.6 中国经济结构调整与经济转型的路径……………（32）

第 3 章 "干中学"、国际贸易与经济转型 ……………………（34）
  3.1 文献综述……………………………………………（34）
  3.2 基本模型……………………………………………（38）
  3.3 "干中学"、出口贸易与经济转型…………………（42）
  3.4 "干中学"、进口贸易与经济转型…………………（46）
  3.5 讨论："干中学"、国际贸易与经济转型的证据……（48）
  3.6 总结性评论…………………………………………（50）

第 4 章 水平创新、国际贸易与产业升级 ……………………（52）
  4.1 引言…………………………………………………（52）
  4.2 基本模式……………………………………………（55）
  4.3 水平创新、知识国际溢出与经济增长……………（58）

4.4　讨论：相关理论解释与经验证据 …………………………………（63）
　　4.5　水平创新、知识国内溢出与产品竞争 ………………………………（65）
　　4.6　结论及政策含义 ……………………………………………………（69）

第5章　垂直创新、国际贸易与产业升级 …………………………………（71）
　　5.1　引言 …………………………………………………………………（71）
　　5.2　基本模式 ……………………………………………………………（74）
　　5.3　讨论：垂直创新、贸易与增长的证据 ………………………………（78）
　　5.4　垂直创新、贸易与产品周期 …………………………………………（81）
　　5.5　R&D 补贴、知识产权保护与产业升级 ……………………………（87）
　　5.6　总结性评论 …………………………………………………………（89）

第6章　垂直一体化、技术创新与产业竞争 ………………………………（91）
　　6.1　引言 …………………………………………………………………（91）
　　6.2　模型 …………………………………………………………………（94）
　　6.3　沉没资产、垂直一体化与产业竞争 …………………………………（98）
　　6.4　进入壁垒、垂直一体化与产业竞争 …………………………………（104）
　　6.5　结论 …………………………………………………………………（108）

第7章　国际贸易、技能积累与工薪差距 …………………………………（109）
　　7.1　导论 …………………………………………………………………（109）
　　7.2　模型 …………………………………………………………………（113）
　　7.3　中间品贸易、研发部门与技能溢价 …………………………………（117）
　　7.4　讨论：技能积累影响工资差距的相关证据 …………………………（119）
　　7.5　技能积累、财政政策与工资差距 ……………………………………（121）
　　7.6　总结性评论 …………………………………………………………（131）

第8章　市场开放、高技能劳动需求与经济转型 …………………………（132）
　　8.1　引言 …………………………………………………………………（132）
　　8.2　基本模型 ……………………………………………………………（135）
　　8.3　竞争性均衡与比较静态结果 …………………………………………（137）
　　8.4　实证方法与数据 ……………………………………………………（141）
　　8.5　估计结果及其解释 …………………………………………………（143）
　　8.6　结论及政策含义 ……………………………………………………（149）

第9章　市场开放、资本要素需求与经济转型 (151)
- 9.1　导论 (151)
- 9.2　基本模型 (153)
- 9.3　均衡状态及模型结果 (155)
- 9.4　实证方法与数据 (158)
- 9.5　估计结果及分析 (161)
- 9.6　总结性评论 (166)

第10章　国际贸易、企业异质性与产品质量升级：理论及来自中国的经验证据 (168)
- 10.1　引言 (168)
- 10.2　基本模型 (170)
- 10.3　质量范围、贸易模式和贸易均衡 (174)
- 10.4　贸易成本、技术溢出与质量升级 (176)
- 10.5　规模经济、企业异质性与质量升级 (178)
- 10.6　国际贸易、质量升级与要素偏向 (179)
- 10.7　数据与实证方法 (180)
- 10.8　实证结果及解释 (183)
- 10.9　结论及政策含义 (186)

第11章　区域开放、空间溢出与经济转型：来自长江三角洲城市群的证据 (190)
- 11.1　引言 (190)
- 11.2　模型 (193)
- 11.3　实证方法与数据 (198)
- 11.4　空间溢出、生产性支出与区域一体化 (202)
- 11.5　空间溢出、非生产性支出与区域一体化 (206)
- 11.6　总结性评论 (210)

第12章　经济转型中的潜在增长率变化与新一轮"开放促改革"的突破口 (212)
- 12.1　导论 (212)
- 12.2　中国潜在经济增长率的测算与变动趋势 (214)

12.3 人民币对内价格市场化的改革"堡垒"与对外价格
　　　市场化的改革重点 ………………………………（218）
12.4 资本要素全球化配置的改革路径 ………………（222）
12.5 宏观审慎管理框架下资本流动监管模式创新 …（226）
12.6 结论及政策含义 ………………………………（228）

第13章　结论 …………………………………………（230）

参考文献 …………………………………………………（238）

后记 ……………………………………………………（266）

第1章 技术进步、国际贸易与经济转型:理论综述

1.1 技术进步、国际贸易与经济转型:古典解释

1.1.1 斯密的解释

经济转型的实质是转变或创造新的经济增长动力或者说新的报酬递增过程,实现经济的可持续发展。技术进步与经济增长的现代思想至少可以追溯到亚当·斯密的《国富论》,其开篇章节就强调报酬递增以解释专业化对技术进步与经济增长的作用,亚当·斯密首先以一种企业组织(制针工场)说明了报酬递增形成的过程,阐述分工对劳动生产率提高的贡献。亚当·斯密在《国富论》第三章提出了劳动分工受市场范围限制的著名命题,亚当·斯密的分工理论体系实际上就是围绕着分工是财富增长的源泉,而分工又取决于市场范围的理论展开的。

亚当·斯密将分工视为报酬递增的源泉,并将分工的有利影响归纳为三种情形:(1)促使劳动者技巧和灵敏的增强;(2)节约时间,否则会损失从一个工种到另一个工种的转移时间;(3)机器的发明会帮助工人,也会削减工人数量。亚当·斯密视技术进步源自劳动分工的发展,人们专注于某一分工领域的劳动使工人成为专家,从而提高劳动生产率。正如亚当·斯密所言,"劳动生产率的最大增进,运用劳动时所表现的更大的熟练、技巧和判断力,似乎都是劳动分工的结果"。"一个劳动者,如果对于这种职业(分工的结果,使扣针的制造成为一种专门职业)没有受过相当的训练,又不知怎样使用这种职业上的机械(使这种机械有发明的可能,恐怕也是分工的结果),那么纵使竭力工作,也许一天也制造不出一枚扣针……但按照现在经营的方法,不但这种作业已经全部成为专门职业,而且这种职业分成若干部门……我见过一个这种小工厂,只雇用十个工

人……这十个工人每日就可成针四万八千枚,即一人一日可成针四千八百枚"。①

斯密理论中的劳动分工不是仅仅按技能进行的,而且还按职业、功能、厂商和行业进行,也就是说,亚当·斯密对于劳动分工的观点远比扣针制造的例子广泛。②"劳动分工的结果就是所有不同行业的产量的巨大增加……每位劳动者都有大量自己的产品要转让,他自己需要不了那么多;一切其他劳动者的境况完全相同,能够用自己的大量产品换取其他劳动者的大量产品"。③

根据斯密定理——分工水平依赖于市场范围的大小,可以将国际贸易视为扩大市场、促进分工水平的一条重要途径,这至少是将国际贸易、经济增长与技术进步联系起来的早期文献。Young(1928)将斯密的该思想概括为"斯密定理",甚至认为它是"全部经济学文献中最有阐述力且富有成果的基本原理之一"。

斯密理论中技术进步使制造业取得了报酬递增,也就是说,技术进步是报酬递增的源泉,而技术进步来自劳动分工,即分工加速了知识和经验的累积。④但劳动分工起源于什么呢?亚当·斯密认为,劳动分工不是起源于人类的智慧和远见,而是所有人共有的一种"以物易物"的倾向,⑤劳动分工不是从人的天性的不平等推演出来的,相反,劳动分工强调后天的教化和分工结果对人类差异的决定作用。"最不相同的性格之间的差异,比如一个哲学家和街上的一个普通的挑夫之间的差异,看来多半并非起因于天性,而是来自习惯、风俗和教育"。⑥"实际上,各人先天能力上的差异要比我们想象的小得多。成熟时显得不同凡响的俊才能人,在许多场合,与其说是由于天赋,还不如说是分工的结果"。⑦

亚当·斯密的《国富论》在第四章讨论货币在分工中的作用之后,集

---

① 亚当·斯密,《国民财富的性质与原因的研究》,1988年中译本,第6页。
② Babbage(1835,pp.170—174)认为,分工可以节省学习时间,从而加速知识积累,发展了斯密的分工理论。
③ 亚当·斯密,《国民财富的性质与原因的研究》,1988年中译本,第11页。
④ 美国最早将斯密定理付诸实践,当时他们坚持禁止贸易壁垒并将禁止内部关税载入宪法。
⑤ 亚当·斯密认为分工累积发展原因在于人类交易倾向,或者说,报酬递增根源于人类社会的合作行为。但正如贾根良(1998)所认为的,合作问题本质上是制度安排及其变迁问题,除马克思外,这个问题在报酬递增经济学中未得到应有重视,新制度经济学和新兴古典经济学的兴起又引起了人们对分工问题的兴趣。
⑥ 亚当·斯密,《国民财富的性质与原因的研究》,1988年中译本,第11页。
⑦ Yang 和 Ng Yew-Kwang,《专业化与经济组织》,1998年中译本,第6页。

中讨论价值与价格是如何决定的问题,从此均衡理论的静态性质导致了报酬递增与其框架的不相容。① 难怪施蒂格勒(1996 中译本,第 23 页)敏锐地指出了"斯密两难":如果确实是市场容量限制了劳动分工,那么典型的产业结构必定是垄断的;如果典型的产业结构是竞争的,则这一定理就是错误的,或无重要意义。简言之,斯密定理解释不了分工演进与竞争性产业结构的相容性问题。"斯密两难"的存在吸引了许多报酬递增经济学家的兴趣以致不断发展着斯密定理。古典经济学家 Ricardo、Semor、Mill 等的解决方法是忽略稳定的竞争均衡条件,直接宣称报酬递增律支配着制造业生产,Senior 甚至认为这是一条公理。②

1.1.2 马克思的解释

马克思在分工理论上比古典经济学家大大前进了一步,他以分工理论为基础剖析了技术变迁,将动态的、不均衡的资本主义发展过程区分为工场手工业与机器大工业两个阶段。马克思基于分工过程中技术的性质论证了分工与市场规模之间的关系,为"斯密两难"的解决提供了一种历史解释。"市场总是在扩大,需求总是在增加。甚至工场手工业也不再能满足需要了。于是,蒸汽和机器引起了工业生产的革命。现代大工业代替了工场手工业"。③

《共产党宣言》中所说明的市场规模对工场手工业分工的巨大影响,实际上是受制于生产技术的性质。马克思强调,工场手工业的分工源于社会分工,但又反作用于社会分工;企业内分工与社会分工相互作用使得产业和社会经济结构自发演进,企业内分工与社会分工的对立运动过程蕴含着报酬递增机制(贾根良,1998)。这种报酬递增机制实现的过程,在马克思看来,是源于为达到剩余价值生产目的的不可逆的技术创新,也就是说,报酬递增的根源来自资本主义企业分工过程的特有性质。

马克思关于报酬递增思想的阐述也是开放性的,他认识到了技术创新使资本主义企业为追逐利润不断向海外市场渗透。资产阶级,由于开拓了世界市场,使一切国家的生产和消费都成为世界性的了……它们(古老的

---

① Kardor(1957)在寻找一般均衡理论与斯密的报酬递增框架的不一致时,认为斯密就是从这里误入歧途的,逻辑体系在这里变就变了,斯密的均衡理论在《国富论》的第 7 章中反映得最为充分。
② 施蒂格勒(1996 中译本,第 23 页)认为,它们的解决方式只是简单的权宜之计,农业不遵循报酬递增的原因在于农业中的劳动可以进一步分工,但相对于有限土地供给进行集约化耕作产生的报酬递减趋势强于劳动分工的趋势。
③ 马克思、恩格斯:《共产党宣言》,人民出版社,1949 年 9 月第 1 版,第 25 页。

民族工业)被新的工业排挤掉了,新的工业的建立已经成为一切文明民族的生命攸关的问题;这些工业所加工的,已经不是本地的原料,而是来自极其遥远的地区的原料;它们的产品不仅供本国消费,而且同时供世界各地消费。"[1] 显然,马克思在阐述技术进步与国际贸易时首先是基于企业内分工与企业间分工(社会分工)交互作用导致的报酬递增,其次是资本主义企业逐利性质导致了国际分工与贸易。

1.1.3 马歇尔的解释

马歇尔(Alfred Marshall)作为一个跨时代的经济学家,他承前启后,一方面发展了古典经济学,另一方面开创了新古典经济学。Marshall(1890)论述了斯密理论体系中的分工与报酬递增问题,创造性地提出了外部经济的重要概念。他将企业造成的降低成本的经济区分为内部经济和外部经济。内部经济源于更精细的专业化分工以及厂商本身规模的扩大或者有效的管理中得到的好处,外部经济源于厂商范围之外的成本节约,其取决于产业、地区乃至整个世界的经济规模。外部经济"有些决定于种类相近的生产的总量,而有些尤其是与知识的发展和技术进步有关的那些经济主要是决定于整个文明世界的生产总量",从而避免了因企业内分工所产生的内部经济之差异使竞争均衡不能维持的可能。[2] 外部经济与报酬递增能纳入竞争均衡模型,同时,马歇尔也清醒地认识到该做法的一些局限性,"必须承认,这个理论和现实生活是完全脱节的,因为当任何偶然的干扰使某商品的生产有了很大的增加,从而导致大规模的引用时,这些经济是不易丧失的。机械工具、劳动分工和交通运输的发展,以及各种组织上的改进,一旦被利用之后,是不会被轻易放弃的"(转引自 Spiegel,1999,中译本第488页)。

报酬递增是投入和产量之间的一种关系,或者说技术。Marshall(1890)将其有关报酬递增的倾向性观点进行了总结:(1)规模效应带来的报酬递增可能是外部的或内部的;(2)自然起作用的生产表现出报酬递减的倾向,而人起作用的生产表现出报酬递增的倾向;(3)报酬递增律意味着劳动和资本的增加导致组织优化,这又将提高劳动和资产的使用效率。按 Schultz(2003年中译本,第19页)的理解,这预示专业人力资本(分工)是报酬递增的重要源泉;报酬递增来自外部效应是问题的表层,深层的来

---

[1] 马克思、恩格斯:《共产党宣言》,人民出版社,1949年9月第1版,第27页。
[2] 施蒂格勒,《产业组织和政府管制》,1996年中译本,第24页。

源应是知识,而知识又源自劳动分工。

1.2 技术进步、国际贸易与经济转型:新古典解释

1.2.1 理论框架的演进:从完全竞争市场到不完全竞争市场

在新古典经济学中,报酬递增(技术进步)和市场结构难题一直困扰着人们。一方面,报酬递增与竞争均衡不相容,另一方面在理论上又很难找到报酬递增与不完全竞争市场相容的分析方法。马歇尔之后的较长时间里,人们放弃了报酬递增,追求竞争均衡。直到20世纪70年代后期,对报酬递增与市场结构难题的研究才重新活跃起来,这一突破首先在新贸易理论中开始。20世纪80年代中期,该难题又在新增长理论中获得了新的突破。

新贸易理论和新增长理论中研究报酬递增的第一条思路都是沿用马歇尔的外部经济思想将报酬递增与完全竞争市场结构结合起来分析。[①] Ethier(1982)、Helpman 和 Krugman(1985,ch.3)的外部效应模型就是典型,他们强调,整个行业处于规模报酬递增状态,而行业内单个公司的市场结构却是完全竞争的。外部效应不仅是贸易发生的一个原因,而且导致一国将资源从规模报酬不变的产业转移到规模报酬递增的产业,贸易利益得以形成。以 Romer(1986)、Lucas(1988,2002)为代表的第一代新增长理论也是沿用马歇尔的外部经济的分析思路,将知识或人力资本的溢出效应视为厂商外部因素,因而可以将分析所处的市场结构定为完全竞争市场。Romer(1986)通过假设知识的创造是投资的一个副产品来考察报酬递增与经济增长的关系,一个增加了其物质资本的企业同时通过"干中学"增强了对生产率的正向影响。Lucas(1988)阐述了人力资本溢出效应作为实现经济持续增长的机制,其中人力资本的内部效应与外部效应对理解经济的实际持续增长有重要意义,因为物质资本生产部门在人力资本外部效应的作用下显示出报酬递增现象。

新贸易理论和新增长理论中研究报酬递增的第二条思路是沿袭 Dixit 和 Stiglitz(1977)模型(DS 模型)将规模报酬递增与不完全竞争市场结构相

---

① 马歇尔既不愿意放弃报酬递增,也不愿意放弃竞争均衡。为此,他创造性地通过代表性企业和外部经济的概念在竞争均衡的框架中处理报酬递增,从而避免了市场结构难题。

结合。① Krugman 将 S-D-S 型偏好运用于国际贸易分析,形成了新张伯伦垄断竞争模型。Krugman(1979)强调,当劳动增加时,相对工资下降,每种差异产品的产量上升,产品的种类数增加,国际贸易使每种产品在更大的规模上生产,实现规模报酬递增。Krugman(1980)在 Krugman(1979)模型的基础上,论证了贸易收益的唯一来源在于产品品种数的增加,或者说,贸易的作用在于世界市场比起国内市场能提供更多的产品品种。Helpman(1981)根据兰卡斯特型偏好,分析了贸易均衡效应并强调,要素禀赋愈相似,产业内贸易量愈大,这与 Krugman(1981)模型的结论是一致的。Helpman 和 Krugman(1985,ch.7)对 Helpman 模型和 Krugman 模型进行了综合,在一个模型里同时反映 S-D-S 型偏好与兰卡斯特型偏好。Ethier(1982)视报酬递增的来源有两个:一是单个中间产品的生产所形成的"国内规模报酬";二是制成品市场规模的扩大所形成的"国际规模报酬"。Ethier(1982)假定中间产品都是可贸易品②,Krugman(1995)、Hummels 等(2001)强调中间产品贸易的形成要取决于生产过程中存在多个工序(multiple sequential stages)以及这些生产工序中的价值增值链。这类模型将报酬递增来源归结于多个工序的价值增值。

Ethier(1982)基于 DS 模型阐述的规模经济与中间产品种类之间两难问题给 Romer(1987)以启发,从此开始了在不完全竞争市场下考察内生技术进步对经济增长作用的系列理论。③ Romer(1987)扩展了对知识增长源泉的解释,认为知识是投入品种类连续增加的结果,引入了中间产品的不完全竞争,这使得内生经济增长发展到第二代,这种发展不仅使知识积累的渠道扩展到有意识的研发活动,而且使得人们能够在经济增长模型中处理报酬递增问题。④ Romer(1990)扩展了这一思路,强调内生技术进步对内生增长的影响,这两种强调具体体现在两个方面:一是以中间产品种类

---

① 对于报酬递增情形下的垄断竞争的贸易建模方法,产品的差异性是其重要的分析基础。理论上往往以偏好结构来区分差异产品,据此一般有两种方法:斯彭斯—迪克西特—斯蒂格利茨(S-D-S)的品种偏好分析法、兰卡斯特(Lancaster)的理想品种分析法。

② 中间投入品存在着不可贸易的情形。Helpman 和 Krugman(1985,ch.11)认为,当中间投入品不具有可贸易性时,重要的是国内产业规模而不是世界产业规模。中间投入品不可贸易在 Helpman 和 Krugman 模型中导致了"产业综合体"的出现。此时,张伯伦模型中的分工及贸易模式与马歇尔模型中的贸易模式相接近(克鲁格曼,2001,p.73)。

③ 这类模型以 Grossman 和 Helpman(1991a,1991b,1991c,1991d)、Aghion 和 Howitt(1992,1998)等为代表,他们强调技术进步对经济增长的决定作用。根据技术进步的表现形式,这类模型可分为两类:产品种类数增加型的内生增长模型和产品质量阶梯提升型的内生增长模型。

④ Romer(1987)模型并非 Romer(1986)模型的简单变种,其重要意义在于引入中间产品的不完全竞争市场结构,考虑了技术的垄断租金。

数增加来体现内生技术进步;二是研究部门能够增加知识存量,知识的溢出效应又同时具有内部效应和外部效应。Grossman 和 Helpman(1991a)(GH模型)在 DS 偏好假设下将长期的经济增长率视为新产品种类数增加率的增函数,产品种类数增加依赖于有目的的研发活动。Segerstrom 等(1990)、Aghion 和 Howitt(1992,1998)将熊彼特方法引入内生增长理论,将内生技术进步描述为产品质量连续改进的过程。这种类型的内生技术进步具有"创造性毁灭"效应,即新发明会使旧技术或旧产品过时或消失,垄断租金由现任创新者向新来者转移。Barro 和 Sala-I-Martin(1995)、Aghion 和 Hawoitt(1998)沿袭 Grossman 和 Helpman(1991a,1991b,1991c,1991d)和 Aghion 和 Hawoitt(1992)的框架建立了质量阶梯模型,以产品质量提升来描述技术进步以及经济的内生增长。这些模型在增长理论中解决了报酬递增与市场结构难题。

1.2.2 要素积累、市场开放与内生增长

在内生增长理论中,对于实物资本积累而言,Jones 和 Manuelli(1990)建立了一个具有无限生命周期的 AK 模型,论证了贸易自由化具有增长效应。Fisher(1995)扩展了 Jones 和 Manuelli 模型,考虑了代理人之间不同的时间偏好,强调自由贸易能使富国和穷国的经济增长率趋同。Grossman 和 Helpman(1991a)认为物质资本在长期增长过程中可能仅起辅助性作用,知识积累最有可能引起资本的积累。

在开放经济条件下研究人口增加与增长间关系的文献不多。Barro 和 Sala-I-Martin(1995)发现,劳动力流动加速了一个经济向其稳态位置的收敛。Yang(1996)证明了人口增加对经济是否有促进作用取决于交易效率的高低,而 Wen(1997)则进一步指出,人口规模扩大时,只要交易效率充分高,分工的均衡水平和生产率将会提高。

Lucas(1993)将 Lucas(1988)模型扩展到国际贸易领域,强调人力资本积累与贸易间的关系,认为增长的主要动力是人力资本积累,而"干中学"是最重要的积累方式,这种学习大规模发生时就意味着该经济必须是个大型的出口者,劳动力不断向前沿产品生产转移,从而不断积累与商品生产相对应的特定人力资本。Lucas 据此解释了经济奇迹的产生。Kannek(2000)将人力资本积累纳入动态贸易模型,认为只要封闭经济下的价格不同于世界市场价格,开放小国最终会实现完全专业化。Kim 等(2000)将教育纳入多部门一般均衡贸易模型,认为国际贸易促进了工人的流动和高生产率部门的专业化生产。

Young(1991)从"干中学"和规模经济角度阐述贸易与增长的关系,认为自由贸易会形成劳动力丰富的不发达国家对发达国家经济的赶超,因为学习效应是产品规模报酬递增的增函数。Young发现,一国政府对高技术产业的暂时补贴有可能使其获得长期的比较优势。Van和Wan(1997)在分析"干中学"与贸易之间的关系时指出,技术进步、国际贸易和要素积累在经济增长中是相互补充的,物质资本积累不是增长的原因,而是增长的结果。Bond等(2003)则将物质资本和人力资本积累结合起来研究贸易与内生经济增长之间关系,发现在平衡增长路径上,贸易模式接近于H-O模式,在非平衡增长路径上,贸易模式与H-O模式相违背。

World Bank(1998,2000,2007)强调知识积累对一国的贸易与经济增长的促进作用,认为贸易有利于提高知识的积累水平,尤其是通过进口资本品与中间品、干中学等方式促进技术进步和能力建设。Foster和Rosenzweig(1995)还提供了知识积累和学习的外部效应促进增长的强有力的证据。贸易开放对长期经济增长的作用也要依赖于本国的知识积累程度。Thomas和Wang(1997)对1265个世界银行项目进行研究发现,在同时拥有高教育水平和高开放程度的国家,其投资回报率比只拥有其中之一的国家高3个百分点。

1.2.3 内生技术创新、市场开放与内生增长

内生技术创新,无论是要素生产率的进步,还是新产品种类的增加,抑或是新产品质量的提高,都得益于R&D的努力。开放条件下人们更多地关注于知识的国际溢出、产业政策与贸易政策对技术创新的影响。

Krugman(1990)将技术创新看成是开发新产品的过程,将相对价格与技术创新联系起来,技术创新视为一个同时涉及个人动态收益递增和技术的外部效应两方面的过程,全球化的作用体现在将技术创新和新产品的生产中引入了某种比较优势。但该模型总体上属于外生技术创新模型。开放条件下真正的内生创新模型是由Grossman和Helpman(1991a)、Rivera-Batiz和Romer(1991)开始完成的。

Grossman和Helpman(1991a)的小国模型研究了开放小国下的贸易与内生技术创新及增长的关系。小国的创新活动仅在非贸易品部门发生,最终产品按国际市场上外生给定的价格进行交易。在GH小国模型中,贸易与内生创新之间的关系是不明确的:只有当贸易使资源从制造业部门转移到R&D部门时,贸易才会促进创新和增长;当贸易政策鼓励了人力资本密集型产品的进口时,经济一体化将减少对人力资本的引致需求、降低研

成本,这样的贸易政策就会促进创新;贸易对福利水平的影响主要取决于中间品产量的变化,只要贸易政策鼓励中间品的生产,就有利于福利水平的提高。

Grossman 和 Helpman(1991a)的大国模型研究了开放大国下的贸易与内生技术创新及增长的关系,考察了贸易影响长期创新率与增长率的渠道。贸易促进了知识的国际溢出,激发了创新者之间的竞争,减少了研发活动中的重复劳动,提高了 R&D 部门的总生产率。在技术存在国际溢出时,两个具有相似要素禀赋的国家间的贸易必定会提高每个国家的创新与增长率。GH 大国模型还考察了两种特殊情形:(1)非熟练劳动力禀赋丰富的国家可能因为贸易而专业化生产传统产品,从而使总产出增长率下降;(2)贸易有可能使人力资本禀赋丰富的国家从事 R&D 活动的动力降低,尽管如此,贸易使该国居民提供了消费国外创新产品的机会。①

Rivera-Batiz 和 Romer(1991)的 KD(knowledge driven)模型同时考虑了知识和商品是否自由流动,及其对内生技术创新的影响。在知识不存在国际溢出而商品自由贸易时,贸易对经济增长有水平效应没有增长效应;在知识存在国际溢出而商品贸易受到限制时,贸易对增长的影响取决于两国知识的交叠程度,当不存在交叠时,知识的国际溢出能促进增长。Rivera-Batiz 和 Romer(1991)的 LE(lab equipment)模型发现,知识的国际溢出对增长没有影响,自由贸易对经济有增长效应。Feenstra(1996)考虑了存在部分知识国际溢出的情形,认为如果国内知识依赖于国内过去创新与部分国外创新,则自由贸易对长期增长率有趋同效应;如果知识溢出取决于本国进口量,则自由贸易对长期经济增长有正的影响。Taylor(1993)一般化了 Grossman 和 Helpman(1991a,1991b)的垂直创新模型,强调生产和创新上的比较优势的顺序是决定贸易模式的长期因素。Zhang(2000)认为,Grossman 和 Helpman(1991a)模型强调了技术创新对贸易的影响,但忽视了资本的作用,他将技术创新和资本同时作为内生变量纳入贸易模型。

1.2.4 内生技术转移、市场开放与内生增长

现有关于贸易与技术转移的文献主要关注于创新、模仿与产品周期之间的关系,以及政策对创新率和模仿率的影响。Krugman(1979)的南北贸易模型对 Vernon 的产品周期理论进行了扩展和形式化,认为技术转移的

---

① Helpman(1999)在 Grossman 和 Helpman(1991a)的大国模型基础上进一步强调了国际贸易对促进各国生产力的相互联系的作用,尤其是 R&D 对推动国际生产力联系的作用。

渠道是模仿而非FDI,但Krugman未能分析技术转移的福利状况和政策影响。该工作由Feenstra与Judd(1982)得以完成的。Krugman(1990)在李嘉图框架下解释了国家与产品特性间的关系,认为发达国家和不发达国家之间的技术进步是不对称的,发达国家的技术进步所造成的技术差距对不发达国家也有好处,不发达国家的技术追赶使技术差距缩小对技术发达国家也有不利。但Krugman模型与Feenstra和Judd模型都属于外生技术转移模型。

Grossman和Helpman(1991a,1991b,1991c)系统考察了内生技术创新与转移对经济增长的作用。Grossman和Helpman(1991a,1991b)讨论了世界经济中两国间的长期创新率、模仿率和增长率如何受国际贸易、经济规模以及政策的影响。在巨大差异情形下[1],北方经济规模扩张对长期创新率没有影响,但会使模仿率下降;在微小差异情形下,北方经济规模扩张会使创新率上升、模仿率下降。在这两种情形下,南方经济规模的扩张使长期创新率和模仿率都上升。贸易政策对创新和模仿行为的影响也要区分巨大差异和微小差异的情形。在巨大差异情形下,北方的补贴政策使模仿率下降,但创新率不变;在微小差异情形下,北方的补贴政策使创新率与模仿率都上升。对于南方鼓励本国知识积累的政策,在巨大差异情形下,政策使创新率和模仿率同时上升;在微小差异情形下,政策对长期创新率和模仿率都没有影响。

Grossman和Helpman(1991a,1991c)在分析技术创新与转移时既考虑了水平创新情形,又考虑了垂直创新情形,同时还注重动态过程,建立了领导国—跟随国—模仿国模型。[2] 他们区分了三种均衡下的贸易模式:一是一组北方厂商进行所有的创新活动,尽管有北方其他厂商进入技术竞争行列,但它们在R&D活动上具有较大劣势而成为无效跟随者;二是当同一行业前代创新者与跟随者在生产率上存在差异,但只要差异不大,领导者与(有效)跟随者都积极从事R&D活动;三是南方厂商通过模仿能够生产新产品,在南方成功模仿的威胁下,北方领导者有不断进行创新的激励。

Dinopoulos等(1993)在H-O框架中以相对要素禀赋不同来解释产品周期的演变,将产品周期在北方和南方的演变归因于南方的低工资优势。Helpman(1993)对国际知识产权保护的福利效应及其对创新与模仿的影

---

[1] 巨大差异的情形指的是,南方厂商具有较大生产成本优势的情形;相反,微小差异的情形指的是,南方厂商具有微小的生产成本优势的情形。

[2] Grossman和Helpman(1991a,1991c)的产品周期理论中没有考虑"干中学"与人力资本积累的情形,从而假定创新总是发生在北方国家,南方国家只从事模仿活动。

响进行了分析，认为国际知识产权保护不利于南方模仿也不利于北方创新，并且其福利效应也不明确。Taylor(1994)模型与 Helpman(1993)模型不同，他强调国际知识产权保护不力对北方 R&D 活动与全球经济增长有不利影响。Yang 和 Maskus(2001)建立了产品周期的动态一般均衡模型，认为南方加强对国际知识产权保护会提高北方的创新水平和技术转移。

1.2.5 内生技术结构、市场开放与内生增长

自 Atkinson 和 Stiglitz(1969)提出"适宜性技术"概念以来，关于贸易与技术结构的文献就在不断地丰富。林毅夫等(1999)的发展战略理论认为，技术结构内生于要素投入结构，而要素投入结构又是内生于一国的禀赋结构。Caselli 和 Coleman(2000)发现，不同的技术结构导致了不同国家间的全要素生产率的差异，而各国技术结构内生于禀赋结构。Basu 和 Weil(1998)将技术结构与禀赋结构的内生关系视为技术外溢的成本。海闻(1995)指出，尽管技术的国际与国内外溢和"干中学"的过程有可能缩短各国技术上的差异，但本国原有的资源和技术条件对于一国的长期发展和在国际分工中的地位仍起着极其重要的作用。

按林毅夫等(1999)、Caselli 和 Coleman(2000)的思路，技术结构内生于禀赋结构意味着一国的技术结构应遵循比较优势法则。偏离比较优势程度越大的技术结构就会使经济的扭曲程度越大。技术结构变化是要素禀赋结构和比较优势动态变化的结果，也就是说，模仿本身是需要成本和资源的，隐含在国际贸易中的技术进步并非是任意的，其高低取决于所选择的技术结构与禀赋结构的吻合程度；如果违背比较优势法则，仅凭研发投资提升技术结构可能会使全要素生产率的提高与收入增长之间形成错位(刘明兴等，2003)，这种情况尤其会在发展中国家出现。

发展中国家持续地实行赶超战略要依赖于政府对各种资源的动员能力。这就衍生出技术结构、禀赋结构与制度结构的关系问题。对于制度结构与技术结构两者何为经济增长的原动力问题一直存在着争议。Matthews(1986)对这一问题作了较为中肯的评价，即制度结构与技术结构是相互交织和互为促进的，人们根本无法将两者机械地割裂开来。潘士远和史晋川(2002)也进行了总结，内生增长模型和新制度经济学分别在解释技术进步和制度结构对长期经济增长的作用时，都存在着一定的片面性，而在内生增长模型中内生制度的理论与经验研究值得尝试。林毅夫等(1999)的发展战略理论在此方面已做出了贡献。他们深入阐述了禀赋结构、技术结构与制度结构的关系，认为禀赋结构与技术结构的演进是内生

的,这种内生关系一旦破坏就意味着制度结构的扭曲;要改变这种扭曲现象,就必须使制度结构服从于禀赋结构与技术结构的内生演进。而贸易政策结构是一国制度结构的重要方面,贸易政策结构的形成与变迁对经济增长有着重要影响。Mitra(1999)在经济增长中内生化了贸易政策。盛斌(2002)运用贸易政治经济学的概念框架和方法论将中国贸易政策的制定和实施看成是各方面的博弈均衡的结果。盛斌(2002)将贸易政策变量的最优决定归结为反映国家福利分配和利益影响的一系列外生参数,发现促进和发展战略产业的"国家利益模型"最能反映中国贸易保护政策结构的经济决定因素。

1.2.6 创新、市场开放与内生增长的经验研究

关于贸易与内生经济增长的经验研究首先集中于利用大量跨国样本对贸易与内生经济增长关系所进行的检验,其结果主要是贸易对经济增长具有正效应。Romer(1993)、Harrison(1995)、Frankel等(1996)分别以机械设备进口、开放度和贸易份额作为解释变量进行实证,结果都表明贸易与经济增长呈正相关。World Bank(1998,2000,2007)、Coe和Helpman(1995)的实证结果还支持了贸易对技术进步的促进作用。但也有一些实证检验结果认为,贸易对经济增长没有显著影响或具有负的影响。Sala-I-Martin(1997)以初级产品出口比例作为解释变量,发现贸易与经济增长呈负相关。Rodriguez和Rodrik(2000)对将贸易与经济增长联系起来做实证检验的方法提出了质疑,认为应就贸易和经济增长之间的关系对不同国家作不同的区分。沈坤荣和李剑(2003)运用Frankel和Romer(1999)的方法检验了中国的贸易对经济增长的影响机理,发现国际贸易比重和人均产出呈显著正相关,人均资本和制度变革是贸易影响人均产出的显著渠道。

贸易与内生经济增长的经验研究文献也相当多地集中于经济趋同与趋异的争论。自Barro(1991)以后,经济趋同的假设得到了大量实证支持(Feenstra,2003),甚至使Mankiw等(1992)在这一点上都认为内生增长理论与Solow模型没有区别。但这种实证结果也受到人们的怀疑。Easterly和Levine(2001)的研究表明,经济增长存在着明显的趋异现象。Sachs和Warner(1995)将样本国家分为贸易开放国与贸易封闭国两组,在贸易开放国的一组中,经济增长率存在趋同现象,但另一组却没有趋同现象。Ben-David(1998)按区域贸易协议来划分样本组,结果发现,组内各国的经济增长率呈明显的趋同现象,但组与组之间则不存在趋同现象。

在国际知识溢出的情形下,贸易是否提高了经济增长率也是经验研究

的重要方面。Sachs 和 Warner(1995)、Frankel 和 Romer(1999)的实证结果都表明,随着国际知识的溢出,贸易有利于经济增长;但 Slaughter(2001)的实证结果与此恰好相反。Coe 和 Helpman(1995)分析了工业化国家的情形,以商品与服务的进口占 GDP 的比例为解释变量,发现 G7 和小型工业化国家的全要素生产率的增长关于外国 R&D 存量的弹性都为 0.294。Coe 等(1997)分析了发展中国家的情形,以来自工业国的机器与设备的进口占 GDP 的比例为解释变量,发现本国全要素生产率的增长关于外国 R&D 存量的弹性为 0.837。Bayoumi 等(1999)检验了 R&D 投资、R&D 溢出以及贸易对全要素生产率与产出增长的影响,模拟结果显示,R&D 投资、R&D 溢出对生产率和产出有直接的影响,若美国将 R&D 投资增加至其 GDP 的 0.5 个百分点,则它的产出在 80 年后将增加 9% 以上,其他工业化国家的产出将增加近 3%,发展中国家的产出则大约增加 3.5%。Keller(1998)利用贸易伙伴国的加权平均 R&D 支出进行检验,结果表明,贸易伙伴国的加权平均 R&D 支出与本国全要素生产率呈正相关。Keller(2002)以部门数据代替 Coe 和 Helpman(1995)方法中的国家总量数据,检验发现,R&D 在相邻国家间的溢出效应能明确地测定,但结果很小。Branstetter(2001)利用面板数据检验了美国和日本的企业之间的知识溢出效应,结果表明,日本的企业能从美国企业的 R&D 投资中获益,但当考虑日本国内企业之间的知识溢出时,这种效应就不是很明显了;相反,没有证据表明美国企业从日本企业的 R&D 投资中获益。可见,知识的溢出是不对称的,这也从实证角度说明了技术结构与禀赋结构的内生关系。

1.3 技术进步、国际贸易与经济转型:
   回归古典的解释

1.3.1 杨格的解释

针对主流经济理论日益忽视报酬递增与经济增长问题的倾向,阿伦·扬格(Young,1928)打破了这一禁锢,"我很怀疑是经济学家们创建的分析工具妨碍了我们清晰地认识报酬递增现象的更一般或基础的问题"。Young(1928)首先对马歇尔的外部经济与内部经济的区分予以了肯定①,

---

① Young(1928)认为这种区分至少在两个方面有用:(1)防止了一种错误的倾向,即报酬递增发生作用的地方必然导致实际的垄断;(2)简化了对报酬递增情况下所生产的商品价格决定方式的分析。

但杨格也清晰地指出了"从内部经济和外部经济的区分中来考察技术进步过程的性质必然带有片面性"①,杨格为了发展"斯密定理",从庞巴维克那里借鉴了迂回生产的概念,杨格的迂回生产取决于市场规模的大小,他进一步利用三个重要概念来阐述分工、报酬递增与经济增长之间的关系:(1)个人的专业化水平,其随着每个人的活动范围的缩小而提高;(2)生产迂回程度;(3)生产迂回链上每一环节的中间产品数。最后他提出了著名的"杨格定理":劳动分工依赖于劳动分工的水平。据此,杨格关于技术进步、贸易与经济增长的思想具体可概括为:

1. 技术进步是内生于效率与劳动分工的关系

杨格对斯密的"劳动分工依赖于市场范围的大小"命题进行了发挥和变动②,认为市场大小依赖于实际购买力(实际收入),而实际购买力依赖于劳动生产率,劳动生产率依赖于劳动分工的水平;杨格还认为市场不是属于哪一个产业的,而是作为总产品的输出口,市场规模是由生产的数量决定的。"斯密定理可以改写为分工一般地取决于分工……这绝不是同义反复……这意味着不断战胜趋向经济均衡的力量的反作用力在现代经济体系结构中比我们通常理解得更广泛更深刻"(Young,1928)。分工取决于市场规模大小,而市场规模大小取决于分工,经济进步的可能性就存在于这一条件之中。

2. 杨格将经济增长归因于劳动分工和生产组织形式的演进

经济增长过程中呈现出的技术进步源自劳动分工的发展,是生产组织方式演进的结果。杨格指出了经济进步的阻碍因素:在大多数领域中,进步不是也不可能是连贯的,迈向下一个重要台阶,最初成本太昂贵,只有积累了一定的预期收益,才能采取报酬递增(供给)和有弹性的需求交互作用产生了产业间分工的扩大,即外部经济(Young,1928)。外部经济就是产业间分工扩大、迂回生产方式的经济,或者说这就是报酬递增的基本组成部分。但如果追根究底的话,杨格认为应该归因于企业家精神,"商人对市场的重商主义观点比更多从静态角度出发进行思考的经济学家有更合理的基础"(贾根良,1998)。每个人作为消费者和生产者最重要的是专业化水平的决策,也就是说,他可以将大部分劳动用于自给自足的生产和消

---

① 比如,某些生产原料和设备的企业的内部经济可以看作其他企业的外部经济,但不能将所有独立的企业的内部经济加总,将所有的经济称为外部经济。

② Young(1928)认为,将斯密定理作为讲演的主题,"就像某一年轻的作曲家从一位大师那里借鉴了一个主旋律,自己作了一些发挥和变动一样"。

费,也可以用于专业化生产然后交换别人的专业产品来消费。① 每个人的这种决策造成了供求相互作用从而在产业分工过程中创造了外部经济。报酬递增的主要特征是劳动分工采取的迂回生产方式在程度上的加强,初始生产要素和最终消费之间的产业链越来越长,越来越多的工具、半成品加入生产过程。因此,技术进步取决于分工的深化,产业间的分工是报酬递增的媒介。

1.3.2 内生专业化、市场开放与内生增长:新兴古典的解释

斯密意义上的分工一方面意味着生产迂回程度的加强,另一方面意味着个人专业化程度的提高。以 Romer、Grossman、Helpman 为代表的第二代新增长理论家接受了第一种分工思路,将分工视为产品种类数的增加;以 Yang 和 Ng Yew-Kwang(1993)、Yang(2000)为代表的新兴古典增长理论接受了第二种分工思路,试图复兴斯密的分工理论,将分工视为专业化程度提高的过程,将增长视为专业化引起的报酬递增的过程,内生了个人专业化决策水平。但这两种分工观有一点是相同的,即分工与技术进步的过程在逻辑上是统一的。

杨小凯(1989)认为经济增长的基础是劳动分工的内生演进,技术进步源于内生专业化。Schultz(1993)强调经济增长源于劳动分工和递增规模报酬,认为劳动分工(规模报酬)与竞争均衡可通过企业家的组织活动而相容,专业化、专业人力资本、报酬递增和增长是相伴相随的。Yang 和 Ng Yew-Kwang(1993)、Yang(2000)构建了新兴古典经济学框架并在该框架下对传统贸易理论和增长理论重新反思,在动态一般均衡模型中同时内生化了个人的专业化水平、市场联合程度以及分工的网络规模。新兴古典贸易理论是通过个人选择他们的专业化水平的决策来解释贸易模式,通过分工的演进和事前相同个人之间的内生比较优势的演进来解释国际贸易的形成,将交易效率的提高视为折中专业化经济与交易费用之间两难冲突的范围扩大的原因,从而带来分工水平的提高;另外,也正是分工水平的提高使个人专业化水平与消费品种类数同时增加。

Yang(2000)内生化了消费品种类数和分工水平,强调内生技术进步

---

① 杨格的这一"一分法"思想为什么在形式化理论中落伍以致未能与"二分法"的新古典主义经济学相抗衡,杨小凯(1989)、Yang 和 Ng Yew-Kwang(1993)将其归因于当时杨格的思想要形式化有许多数学上的困难,而好的思想如果没有数学化(形式化)是难以进入主流学派的。随着数学工具的发展,Yang 和 Ng Yew-Kwang(1993)、Yang(2000)运用超边际分析法将杨格的思想进行了形式化,形成了新兴古典经济学派。

并非投资与研发的结果,分工网络规模和市场容量充分地大是新技术创新和新产品出现的必要条件。分工除了具有静态的专业化经济外,还存在着动态的"干中学"效应,生产率依赖于"干中学"过程中积累起来的经验,从而加速人力资本的积累。Yang(2000)的斯密—杨格动态均衡模型阐述的就是通过分工加速人力资本的积累来进一步提高生产率的专业化经济与导致当前消费减少的交易成本之间冲突的故事。

Yang 和 Ng Yew-Kwang(1993)、Yang(2000)认为,Dixit 和 Stiglitz(1977)模型无法解释国际贸易为何以及如何从国内贸易中演变而来,通过在新兴古典框架下构建内生分工与贸易理论并发现:没有外生比较优势和规模经济但有内生比较优势(交易效率高)时,也可以产生贸易;劳动分工随着交易效率的提高而不断演进,劳动分工的演进使得个人专业化水平、贸易依存度、生产率都会增加;交易效率提高使得市场容量扩大,国内贸易就向国际贸易演变;当交易效率达到极大时便会出现一个统一的一体化的市场,市场容量的扩大为折中劳动分工与交易费用之间的两难冲突提供了更大余地。Sachs 等(1999)进一步将交易效率和生产函数在各国间的差异引入 Dixit 和 Stiglitz(1977)模型,认为,只要一国的内生比较优势超过外生比较劣势,该国就有可能出口外生比较劣势的产品。Cheng 等(2000)运用超边际方法来重新审视李嘉图模型,论证了交易效率低的国家的分工水平低于交易效率高的国家。

新兴古典贸易理论和增长理论将个人的专业化水平和分工的网络大小内生化,扩展了 Young(1928)的思想,在"一分法"(消费者—生产者)下证明了"递增报酬的存在依赖于分工的进步"的观点。在该理论中,当贸易品种数增加时,分工的网络扩大,从而通过生产更多种贸易品扩大了专业熟能生巧的范围、促进技术内生进步;熟能生巧、专业化、交易成本和人力资本积累之间的相互作用使分工内生演进。这一动态一般均衡机制产生了内生比较优势,从而促进着经济的内生增长。杨小凯(2003)具体地阐述了交易效率的作用并将其纳入贸易和增长理论。分工的演进取决于交易效率,技术进步和新产品出现取决于分工的演进,分工带来市场规模的扩大,从而使新产品形成规模报酬递增;最后的结果是,经济发展、贸易和市场结构的变化、贸易品种类数增加、生产集中度提高、市场一体化程度增强等都是分工内生演进的结果(杨小凯,2003,第155页)。

1.4 问题提出与内容安排

1.4.1 问题的提出

发展中国家的经济转型意味着两个方面：一是经济要持续增长。依靠要素投入尤其是资本积累的经济增长在长期内是不可持续的；依靠技术进步和创新，通过提高技术效率和资源配置效率实现的增长才是可持续的。二是提高经济增长的质量。实现经济增长由主要依靠物质资源消耗转向主要依靠科技进步、劳动者技能提高以及生产效率的提升。同时，发展中国家的经济转型面临着两大趋势：一是技术创新对世界各国的经济增长的贡献日益显著；二是世界经济日益一体化，各国间的相互依赖日益加深。国际贸易便利了各国技术扩散和知识的积累，技术进步和日新月异的创新又强化了国际贸易的动机和促进世界经济一体化发展。本书将新增长理论与新贸易理论融合，考察发展中国家的对外贸易对经济转型的作用。在讨论经济转型理论时，关注的是技术进步的决定因素与规模经济效应；在讨论国际贸易理论时，侧重的是比较优势的动态演进以及技术竞争背景下的技术模仿。规模经济和贸易一起，通过扩大潜在市场规模使得技术进步的应用成为可能，更多的贸易机会也因此激励了专业化；专业化生产一方面更加注重创新，创新程度越高，贸易的范围就越广，另一方面会带来更多的技术溢出，推动贸易和经济转型。虽然关于贸易与经济增长的现有文献比较丰富，但系统地研究技术进步、国际贸易与发展中国家经济转型的文献相对缺乏。前者是后者研究的基础，因为经济转型首先是要保持经济持续增长。但是，经济转型还要强调贸易对高技能劳动的需求与供给、技能溢价、产业升级、产品质量等一系列结构性问题的影响。

贸易与经济增长理论的新发展提出了新的问题：哪些产品参与国际贸易（新贸易理论）；什么原因使富国经济增长迅速，甚至比穷国和中等收入国家的增长还快，后者如何赶超前者并实现经济转型（新增长理论）；增长发生在哪些地方（新经济地理学）。这些理论的新发展都同时强调，增长是专业化、创新和规模经济的结果，其又通过商品、资本和知识的贸易以国际一体化的形式反映出来，这种一体化会引发发展中国家技能劳动的需求与供给、收入分配、产业结构、经济转型的一系列深刻变化。对经济转型和发展的思考越来越强调规模经济、产品多样化、质量阶梯提升、技能溢价、同行业内的企业异质性等之间的相互作用。商品、资本和知识的国际流动,对于任何成功利用规模经济的国家都是必需的,但对于面临经济转型重任的中等收入国家尤为重要。贸易促进了国内资源在物质生产部门和知识产品生产部门之间的要素优化配置,此类经济也日益从多样化转向专业化,并因此从重视投资转向注重创新。贸易是获取新知识、促进技术进步的有力手段,但此种获取方式取决于一国甚至一个行业内企业间的各种差异,尤其是技能要素需求与供给、技术吸收能力、要素报酬差距和产品质量差异。本书就是试图揭示技术进步、贸易与经济增长和转型之间的各种复杂关系,尤其是发展中国家的对外贸易作用于技术进步和经济转型的渠道和结果,为发展中国家调整对外贸易政策以促进经济转型提供科学的理论依据。

1.4.2 研究安排

经济转型实际上就寻求新一轮规模报酬递增的驱动力。据此,本书首先综述了技术进步与国际贸易对经济转型影响的理论文献(第1章),并评述中国经济转型的驱动力、重点、难点与路径,强调市场开放对经济转型的作用(第2章)。文献述评之后,以规模报酬递增的来源为线索,围绕技术进步、贸易与经济增长和转型的主题,具体从四条路径展开研究:一是将技术进步来源归纳为"干中学"、体现为中间产品种类数增加的R&D以及体现为中间产品质量阶梯提升的R&D,刻画这三种情形的技术进步对国际贸易与经济增长的影响机制和结果(第3—6章)。二是基于中间产品的研发和生产具有技能劳动偏向的特征,从高技能劳动的需求和供给两个角度讨论技术进步和国际贸易对技能溢价(收入分配)和经济转型的影响(第7—8章)。三是阐述发展中国家的产业升级与产品复杂度是如何随着贸易规模的增加和市场开放度的提高而变化,不仅检验FDI、贸易、市场竞争以及技术模仿对中国产业升级的作用,而且在贸易均衡中纳入异质性企业,论证贸易成本、经济规模与进出口贸易对中国出口产品质量水平的影响(第9—10章)。四是从区域开放(空间溢出)和新一轮"开放促改革"的视角,一方面研究区域开放对经济转型的作用,证实跨行政区划的地区在推进区域一体化发展上的可行性和路径;另一方面通过估算中国潜在增长率提出资本要素配置的市场化和全球化成为新一轮"开放促改革"的突破口(第11—12章)。

为了厘清市场开放、技术进步与经济转型研究的现有状况和关键问题,我们从两个方面进行文献综述和评价:一方面,回顾开放经济条件下经济转型的决定因素及理论演进,围绕技术进步、经济开放与经济转型的古典解释、新古典解释以及回归古典的解释展开文献梳理(第1章),重点是其中的新古典解释,评述了经济开放条件下要素积累、内生技术创新、内生技术转移、内生技术结构对内生经济增长的影响渠道和结果。另一方面,对中国经济转型的研究文献进行全面的述评(第2章),梳理中国经济增长的驱动力、经济结构战略性调整的方向以及空间经济结构调整的路径,围绕中国经济结构调整与发展方式转型的重点、难点与推进路径等核心问题,从文献综述中总结出一系列政策含义,对从"结构失衡的增长"转向"结构协调的增长"需要何种新的增长机制,以及推进经济结构战略性调整的新途径是什么等重要问题进行讨论。

经济转型的过程离不开国际贸易或者说市场开放的作用,没有哪个国家是在经济封闭的情形下完成经济转型的。经济转型实际上就是寻求新一轮规模报酬递增的驱动力。开放经济作用于经济转型的机制与动力是本书研究的第一个重点。第3章讨论"干中学"外部效应如何作用于国际贸易与经济增长,解释专业化模式因外部效应的差异而存在的多重均衡,以及"干中学"效应和贸易品种类数的增加如何影响比较优势和贸易利益。第4章描述体现为中间产品种类数增加的技术进步及其对贸易与增长的影响机制和结果,强调经济一体化能有效地剔除重复研究,每个厂商都有强烈的动机来研究一种不同的产品,且每次创新都增加了全球知识存量。第5章描述体现为中间产品质量阶梯提升的技术进步及其对贸易与增长的影响机制和结果。第6章讨论产品种类数增加与交易成本上升之间的两难问题,以及垂直一体化是如何解决这种两难的,其中垂直一体化对技术进步与动态比较优势格局产生一系列特殊影响。

基于开放经济对经济转型作用机制的理论研究,本书的另一个重点就是分析经济转型中的要素配置状况和效率变化及其在中国的效果,具体从技能溢价、高技能劳动需求的变化、资本要素需求的变化以及产品层次上的质量变化等角度展开研究。第7章将技能型技术进步与中间产品贸易统一起来对技能溢价现象进行解释,不仅阐明了技能溢价的决定因素以及国际贸易影响技能溢价的渠道和结果,而且讨论了高等教育、"干中学"对经济增长与技能溢价的作用。第8章从FDI的增长是否引起了中国各行业高技能劳动相对需求增加这个新的视角,细致地考察FDI对最终产品部门——中间品部门——研发部门之间高技能劳动相对需求变化的影响机制和结果,检验FDI、出口及其带来的竞争和技术模仿对中国企业高技能劳动需求产生的影响,为"市场换技术"战略的评价提供新的理论和证据。第9章将市场开放分解成产品竞争效应和外资效应,揭示这两种效应对发展中国家最终产品部门—中间品部门—研发部门之间资本要素配置状况的影响机制和结果，检验 FDI、出口贸易以及市场开放带来的竞争效应和技术模仿对中国企业的资本要素需求所产生的影响。第 10 章建立市场开放、异质性企业与产品质量升级的理论框架，在贸易均衡中纳入异质性企业与产品质量范围因素，关注微观层次的价格、产品质量与国际贸易之间的关系，解释贸易成本、技术溢出、规模经济等因素对产品质量的影响渠道和结果，检验贸易成本、市场规模、出口规模与进口规模对中国出口产品质量水平的影响。

区域开放也决定着中国经济转型的进程，党的十八大报告明确提出，"必须以改善需求结构、优化产业结构、促进区域协调发展、推进城镇化为重点，着力解决制约经济持续健康发展的重大结构性问题"，这就是在强调区域开放对经济转型的重要作用。第 11 章刻画了相邻各地区之间财政支出的空间外溢性，并以长三角城市群为样本估计相邻地区之间政府支出的空间溢出程度，寻找跨行政区划的地区推进区域一体化的路径。在中国经济转型加速的当下，经济增长进入"新常态"，人们日益关注中国经济内生增长的未来趋势。第 12 章对中国经济的潜在增长率进行估计，并据此确定中国新一轮"开放促改革"的路径和突破口在于实现资本要素配置的市场化和全球化。

第2章 中国经济转型的研究进展与政策含义

经济结构战略性调整是中国经济发展方式转变的主攻方向,关系着中国改革开放的全局。本章对中国经济结构调整与发展方式转型的研究文献进行全面的述评。一方面,从文献综述中厘清中国经济增长的驱动力、经济结构战略性调整的方向以及空间经济结构调整的路径;另一方面,围绕中国经济结构调整与发展方式转型的重点、难点与推进路径等核心问题,从文献综述中总结出一系列政策含义,讨论如何改变政府主导型增长模式,从"结构失衡的增长"转向"结构协调的增长"需要何种新的增长机制,以及推进经济结构战略性调整的新途径是什么,倡导经济内生增长由要素投入导向转向效率导向,依靠要素市场化、资源配置全球化和空间效率提升,走高效工业化和高效城市化道路。

2.1 中国经济增长的驱动力

对于中国改革开放以来的经济持续高速增长的动力,学术界基本一致的结论是要素投入型经济增长。资本增长率在1999—2007年间达到13%,而在1979—1998年年均增长率约为10%(王小鲁等,2009)。全要素生产率增长率从1978—1995间的0.028—0.038下降为1995—2005年间的0.010—0.028(郑京海等,2008)。这种没有明显技术进步的高投资高增长是以不良资产、高污染与高能耗为代价的,政府将承担经济增长的宏观成本(中国经济增长与宏观稳定课题组,2005,2008)。党的十八大报告提出,推进经济结构战略性调整是加快转变经济发展方式的主攻方向,旨在依靠经济结构战略性调整与经济自主协调提高中国宏观经济增长质量。方福前(2007),钱淑萍(2008),周叔莲(2008),魏杰(2009,2011),郎丽华、周明生(2012)等将过去三十多年我国经济结构的特征归纳为"高投入、高能耗、高物耗、高污染、低效率"的粗放型增长特征,其面临的资源需求约束日益突出,而且严重破坏了生态平衡,导致人与自然环境之间的矛盾紧张。经济结构严重失衡的原因总体归为三个结构性因素,即需求结构不合理、产业结构不合理与要素投入结构不合理。过去的经济增长过于依赖投资与出口(申广斯,2009;张旭,2010;魏杰,2011;栾大鹏等,2012),并导致产业结构偏重于第二产业,第三产业发展滞后(李善同等,2008;朱光华,2009);过于依赖要素的投入,其产出的效率不高(王一鸣,2008,2011;葛扬,2010)。

经济结构调整的目的是转变经济发展方式、提高经济增长的质量,实现经济增长由主要依靠物质资源消耗转向主要依靠科技进步、劳动者素质提高以及生产效率的提升。全要素生产率(TFP)是衡量经济发展质量及来源的核心指标。国外关于经济增长质量与可持续性问题的实证研究主要集中在新增长理论中。Helpman(2004)全面综述了这方面的文献,所形成的一致性结论是:依靠要素投入尤其是资本积累的经济增长在长期内是不可持续的;依靠技术进步和创新,通过提高技术效率和资源配置效率来实现的增长才是可持续的。

国内关于TFP实证研究的视角和结果可归纳为以下四个方面:(1)基本支持克鲁格曼(1999)的结论,认为中国的增长方式是典型的投入型增长(郭庆旺等,2005;国务院发展研究中心,2010;中国经济增长前沿课题组,2012);(2)考察改革前后中国TFP的动态变化:改革之前TFP不仅没有增长反而有所退步,改革之后的TFP有明显的增长(王小鲁,2000;张军等,2003);(3)强调改革以来中国的技术进步和技术效率在快速增长(易纲等,2003),与此同时,20世纪90年代中期以后中国TFP呈下降趋势(王志刚等,2006;郑京海等,2008);(4)不是从中国总体去考察TFP的变化,而是从中国工业层次考察技术进步(涂正革等2005;陈勇等,2007),以及省级地区层次研究TFP的变化(颜鹏飞等,2004;王志刚等,2006;傅晓霞等,2009;刘瑞翔等,2012;匡远凤等,2012)。这些研究的基本结论是:中国TFP增长的主要来源是技术进步,技术效率的贡献偏低。该方面的研究从省级地区层次和2或3位数的工业数据向地级城市和更细的行业层次延伸,不仅对TFP进行衡量和分解,而且考察TFP各构成部分的决定因素与变动趋势。在衡量和分解TFP的方法上,既包括参数法又有非参数法。参数法还分为生产函数法和随机前沿生产函数法,非参数法主要指的是指数方法,例如Malmquist指数法。这两种方法都能对TFP变化中技术进步和技术效率进行分解,但前者需要设定具体的生产函数,后者不仅不需要设定具体函数,而且还不要求完备的价格信息。

2.2　中国经济结构战略性调整的方向

中国宏观经济增长质量的提升取决于经济结构战略性调整方向的选择。迟福林(2010,2011)将经济结构的战略性调整上升为第二次改革的主战场,并提出其包含三层含义:一是强调经济增长方式转变,发挥市场在资源配置中的基础性作用,发挥扩大内需在经济增长中的重要作用;二是强调向社会公共需求转型,构建适合我国特点的发展型社会体制和政策体系;三是强调政府转型,尤其突出强调从生产型政府向公共服务型政府转变。应当说,这三层含义具有很强的启发性和概括性,也与人们对经济结构失衡及其影响的分析相吻合(Poncet,2005;杨建龙,2010)。但是,如果不能找出经济结构失衡与调整的内在体制性机制和核心问题所在,就不能对症下药。

吴敬琏(2011a;2011b)将经济结构调整始终不顺利的重要原因归结为体制性障碍仍未消除,例如政府依旧保持对部分重要资源过大的配置权力,大部分重要生产要素仍由行政定价并导致价格信号严重扭曲;以GDP增长作为政绩的主要考核标准,以生产型增值税为主的收入结构,重要支出责任的过度下移,这些都促使地方政府不得不追求国内生产总值的高速增长。在上述体制下,经济增长主要依靠追加的土地投入和资本投入为前提条件,其中资本或信贷资源主要掌握在地方政府、国有商业银行和国有企业手中(国务院发展研究中心,2010)。由于土地产权"并未落实到户",农用土地转为城市商业用地时的增殖收益由各级政府和相关企业获得。由此导致了政府和国有企业的收入在国民收入中的占比愈来愈高,而劳动者报酬尤其是农民的收入占比却每况愈下。魏杰(2009,2011)的观点与此基本相同。

中国发展报告(2010)提出将实施新型城市化战略作为今后我国经济结构调整的基础政策措施,并提出了具体的途径:一是将城市群作为推进城市化的主体形态,构建"两横三纵"的城市化战略布局;二是完善城市公共服务体系、提高均等化水平,中央政府负责全体社会成员无差别的、非市场化部分的最基本公共服务,省级及以下地方政府逐级分担公共性相对弱一些的公共服务产品(国务院发展研究中心,2010)。国家"十二五"规划也提出,实施主体功能区战略,完善城市化布局和形态;按照全国经济合理布局的要求,形成高效、协调、可持续的国土空间开发格局;完善城市化布局和形态,促进大中小城市和小城镇协调发展,科学规划城市群内各城市功能定位和产业布局。正是由于土地要素市场的改革滞后阻碍了经济发展方式转变和经济结构调整的进程。土地等要素市场没有完全实现市场化的价格决定机制,要素投入的价格信号混乱,这不仅使经济增长的效率(技术进步或全要素生产率)低下,而且使原有土地相关权益拥有者的弱势群体在经济发展过程中失去了分享增长成果的机会。

对于经济结构战略性调整的方向,党的十八大报告提出,"必须以改善需求结构、优化产业结构、促进区域协调发展、推进城镇化为重点"。与20世纪80年代的经济体制改革相比,目前中国经济结构战略性调整所面临的约束条件和内外环境要复杂得多,这需要找准中国经济从"结构失衡的增长"转向"结构协调的增长"所需的新的增长机制,实现经济增长和结构调整由要素投入驱动转向效率驱动。实现经济增长由主要依靠物质资源消耗转向主要依靠科技进步、劳动者素质提高以及生产效率的提升,其基本路径就得依赖于要素市场化和技术进步驱动的高效工业化。不仅如此,目前经济结构调整的研究中日益重视空间效率和城市体系结构变化带来的制度红利。空间集聚可以提升经济增长中的知识外溢、规模效应,城市体系改革产生的制度红利可以提高全要素生产率中的配置效率和规模效应,这些均可以大大增强经济结构调整的动力和增长的可持续性。

2.3　中国城市体系与空间经济结构调整

地理集中促使空间效率提升,其体现在全要素生产率构成中的技术效率改进、规模效应增强等方面。围绕城市体系结构调整的深化改革产生的效率提升,体现为全要素生产率构成中的配置效率提升(即结构红利或称"制度红利"),以及社会公平与环境污染减少带来的福利。

2.3.1　城市体系与经济活动地理分布的空间效率

按区域空间大小,地理集中产生的空间效率可分为大地理范围的空间效率与小地理范围的空间效率(Fujita等,1999;Fujita和Thisse,2002)。前者指的是新经济地理学意义上空间集聚带来的效率,它产生于市场规模在邻近空间上累积循环效应,此即"货币外部性"(pecuniary externalities);后者指的是城市经济学意义上单个城市规模带来的效率,此即"技术外部性"(technological externalities)。新经济地理文献刻画了货币外部性产生的内在机制和理论基础,并在规模报酬递增、运输成本、差异化产品与垄断竞争市场的结构下阐明了各地区迥异的空间效率是如何形成的。大地理范围的空间效率适宜于都市圈体系,都市圈中各城市在空间上的相互接近而产生的空间效率将促进该区域全要素生产率的提升,进而推动经济转型。小地理范围的空间效率总是取决于单个城市的规模及产业结构。若该城市的产业结构具有明显的专业化特征或以某个主导产业为主,则该城市的效率取决于其主导产业的规模大小,此种空间效率称为"地方化经济"(Marshall,1920)。小地理范围的空间效率不仅取决于单个城市自身的规模,而且还取决于该城市产业的多样性程度。产业种类越丰富,城市的空间效率越高,此种空间效率称为"城市化经济"(Jacobs,1969)。

现有文献虽还未从空间效率上系统地考察经济增长的可持续性问题,或者说两者之间的联系基本是割裂的,但讨论经济活动的地理分布对经济增长与结构影响的文献正在日益丰富。该领域的研究主要集中于三个层次:一是制造业空间集聚的分布与决定因素(范剑勇,2004;路江涌等,2006);二是市场规模、产业集聚对区域经济增长的影响(王志刚等,2006;黄玖立等,2008;殷德生,2010;孙晓华等,2013);三是产业集聚对劳动力流动、地区间收入差距的影响机制和结果(范剑勇,2008;范剑勇等,2010;梁琦,2009)。他们的总体结论是:我国大地理范围的空间效率显著,产业集聚对经济增长产生积极影响,但也加大了地区间收入差距。

城市体系与经济活动地理分布的空间效率的研究目前正沿着三条扩展路径:一是随着我国近年来区域经济格局的重大调整,制造业的区位分布、空间效率差异、全要素生产率结构又发生了深刻变化(张军等,2009);二是侧重于宏观视角的城市体系与区域经济调整政策的研究导致了对小地理范围空间效率的忽视;三是现有文献倾向于效率目标维度,未能有效地将经济可持续增长、资源节约和环境友好的目标有机结合起来。

2.3.2 城市体系与城市化道路的争论

在研究城市体系与经济活动地理分布的空间效率时自然就涉及中国城市化道路的争论。从实际的城市结构体系看,"大城市能级相对不足、中小城市蓬勃发展"的扁平化特征相当明显(范剑勇和邵挺,2011;杨开忠等,2008)。从政策选择的倾向上看,城市化方向的争论一直没有停止过,形成了"小城镇论"与"大城市论"两派。以费孝通(1984)为代表的"小城镇"论者认为,小城镇可将城乡两个市场连接起来,吸纳农村剩余劳动力,缓解农村人多地少的矛盾。该主张成为20世纪90年代中期以前我国城市化道路的主流观点。"大城市论"者强调大城市具有规模效益,认为"大城市超前发展的客观规律"存在,中国应当走发展大城市的城市化道路(王小鲁等,1999)。周一星(1992)对"小城镇论"与"大城市论"进行了折中,认为不存在统一的能被普遍接受的最佳城市规模,城市体系永远是由大中小各级城市组成的,据此提出了"多元论"的城市化道路。

20世纪90年代中期以后,城市化道路选择的争论进入制度层面,并与其他宏观经济问题紧密联系在一起。例如,对于采取城镇化发展战略的决策理由是理论界讨论的规模效益或者其他经济理性的观点受到怀疑。"小城镇论"者开始放弃"就地转移论",强调小城镇发展应适度集中,主张发展县城或以县域中心城镇为主(辜胜阻等,2000)。与此同时,越来越多的学者主张多元化的城市化道路(叶裕民,1999)。

进入21世纪以来,围绕城市化道路论争出现了两种新观点:一是新型城市化道路(陈甬军等,2009),强调经济集约、功能优化、社会和谐、城乡统筹、环境友好的统一。虽然其理论基础有待深化,但可能代表了城市化的发展方向。二是主体功能区的研究、编制与实施(肖金成,2008),将中国国土划分为优化开发区、重点开发区、限制开发区与禁止开发区,并提出中国适合经济发展的区域是位于胡焕庸线的东南部分。

基于经济结构失衡和资源环境约束的经济事实,选择分散式城市体系在中国可能是行不通的,因为规模经济在中小城市的经济增长及其效率、土地资源节约、环境污染治理、公共设施成本分摊上均无法发挥优势(范剑勇、李方文,2011)。发展特大型城市,尤其是以核心城市为中心引领若干中小城市在空间上集聚形成城市群,这种集中式城市体系不仅有利于提升空间效率和全要素生产率,而且在非农用地、资源供给、单位能耗与污染治理等方面具有显著的规模经济优势。

2.4 中国经济结构调整与经济转型的重点

当前所讲的经济结构调整,到底指的是调整什么样的经济结构?对于经济结构的内涵、失衡的表现以及调整的路径,经济学界存在着不同的理解。有的基于所有制结构来认识,有的将经济结构扩展到社会经济生活的各个方面。作为宏观经济问题的经济结构,其总是离不开GDP的来源结构。从GDP的支出法衡量角度看,经济结构表现为消费、私人投资、政府投资和净出口之间的结构。从GDP的收入法衡量角度看,经济结构体现为经济主体的收入结构,即居民收入、政府收入和企业收入之间的结构。从 GDP 的生产法衡量角度看,经济结构表现为产业结构和地区结构,产业结构即各个生产主体对国民生产总值的贡献大小,地区结构即各个地区对国民生产总值的贡献大小,经济的地区结构是以城市化不断推进为其表现形式的,城市化水平与城市人口代表了区域经济的活力与规模。目前,学术界基本上都是从 GDP 来源结构来理解中国经济结构的不协调(魏杰,2011),这种不协调包括四个方面:一是消费、投资与出口的失衡;二是居民收入、政府收入与企业利润之间的失衡;三是第一产业、第二产业和第三产业之间的失衡;四是地区之间的失衡,尤其是大中小城市布局不协调以及城乡二元化加剧,因为城市结构体系代表了生产要素的空间集聚方向,昭示着区域经济结构的调整方向。

目前我国经济的支出性结构最突出的失衡是消费、投资与出口结构的失衡。作为经济增长的"三驾马车",消费、投资和出口对经济增长的贡献要保持一个合适比例和有效协调,当一国的经济增长过度依赖于某一种动力时,经济增长就难以持续。中国加入世界贸易组织以来,经济增长严重依赖于出口。2001—2007 年我国的 GDP 平均增速相比以前提高了 3.6 个百分点,但在这 3.6 个百分点中,出口贡献了 63.9%(魏杰,2011)。中国经济增长具有典型的外需拉动型特征,但这种格局在国际金融危机和欧美债务危机的影响下出现了严峻挑战甚至难以为继。后危机时代的世界经济格局发生了深刻的变化,发达国家经济增速明显减缓,发展中国家和新兴经济体的经济实力上升,全球贸易保护主义呈扩大之势。中国产品和服务的国外市场份额不仅因发达国家经济增长减缓呈下降趋势,而且还受到其他新兴工业化国家的激烈争夺。除了这种出口导向型增长特征外,经济的支出性结构中有一个严重问题就是过度依赖政府投资。无论是 1997 年东南亚金融危机后,还是 2008 年美国金融危机后,中国都是靠增加大量政府投资拉动经济增长的。这种做法只能当作短期内的反危机措施,不能作为加快经济增长的常态战略。过度依赖政府投资的手段加剧了产业结构失衡和资源配置效率低下。更需要注意的是,过分依赖于出口与过度依赖于政府投资往往是交替的,当出口下滑时,政府投资就大量增加。消费一直无法成为拉动经济增长的主要动力。2000—2007 年,我国总储蓄率由 35.1%上升到 51.8%,上升了 16.7 个百分点,而 1978—2000 年,我国的总储蓄率基本维持在 35%—40%,与中等收入国家相比,中国的总储蓄率高出 15.3 个百分点(国务院发展研究中心,2010)。

我国将扩大消费需求作为内需拉动经济增长的战略重点,但阻碍消费需求的最核心因素是居民收入水平较低、增速缓慢,这涉及经济的收入性结构。目前我国的国民收入分配结构失衡集中表现在"两个不同步"上:一是居民收入的增长与 GDP 的增长不同步;二是居民收入的增长与政府的收入增长不同步。20 世纪 90 年代以前,居民的劳动性收入占 GDP 的比例在 50% 以上,2001 年以后该比例开始下降,一直降到 2007 年的 39.7%;而代表政府收入的生产税净额和代表企业所得的固定资产折旧及营业盈余占 GDP 的比重,则从 1990 年的 11.7% 和 34.9%,上升到 2007 年的 14.2% 和 46.1%(魏杰,2011)。发达国家的工资收入一般占企业运营成本的 50% 左右,而中国不到 10%;发达国家的劳动报酬在国民收入中的占比是 55% 左右,而中国不到 42%,且呈下降趋势(魏杰,2011)。居民的财政性收入与政府的财产性收入相比,占比更小。有学者统计,我国大约有 76% 的财产性收入掌握在国家手里,大概只有 1/4 的财产性收入掌握在民间(魏杰,2009)。

我国产业结构失衡状况也日益明显,突出表现为:制造业中传统制造业比重偏大,现代高端制造业的比重偏低;产业结构不协调,第三产业发展相对滞后,经济增长仍倚重于第二产业;服务业中的生产性服务业占比偏低;产业结构调整中技术创新严重缺乏;农业等基础产业的风险抵抗能力较低。产业的投入结构不合理,物质资源消耗太多,科技进步贡献率低,例如,2009 年中国 GDP 占全球总量的 8%,但消耗了世界能源的 18%、钢铁的 44%、水泥的 53%;经济增长的资源环境代价过大,人与自然的关系趋于紧张。这种经济结构不仅不符合科学发展的基本要求,而且在后危机时代面临严峻挑战甚至难以为继。中国产业结构的战略性调整不仅面临着改变产业结构不合理,一、二、三产业失衡等难点问题,而且还增加了自主创新、资源节约和环境友好等新的更高要求。

经济的地区结构是 GDP 生产法衡量的重要体现。国家"十二五"规划提出了促进区域协调发展,积极稳妥推进城镇化,促进大中小城市和小城镇协调发展。当前,我国区域经济发展格局进入了新的调整阶段。在空间效率优化、社会公平、资源节约和环境友好等目标的约束下,新时期区域经济结构调整的方向与路径如何选择,这是目前学术界备受关注的重大问题。经济的地区结构是以城市化不断推进为其表现形式的,城市化水平与城市人口代表了区域经济的活力与规模,城市化道路的选择昭示着区域经济结构的调整方向。从实际的城市结构体系看,我国"大城市能级相对不足、中小城市蓬勃发展"的扁平化特征相当明显(范剑勇和邵挺,2011;陈良文等,2007)。新近诞生的中小城市大多数分布在沿海地区(许征等,

2010),多数中小城市是以制造业为主。由此导致的典型结果是制成品产能过剩、环境污染代价过大、经济增长粗放等一系列问题。不仅如此,城乡收入差异或者说地区间收入差异在很大程度上也体现在城市劳动力市场上农民工(包括跨区域流动和区域内部流动的农民工)与城市工人的收入差异上(万广华等,2005)。这实际上暗含着,只要将城市劳动力市场中的分割消除或部分消除,地区间或城乡之间过于悬殊的收入差距将得到缓解。

我国经济结构四个层次的失衡,虽然具体原因是多方面的,但有一个共同的体制性因素——政府主导型增长模式。该模式就是政府控制了过多的经济资源和国民收入,过深地干预了经济活动的内在机理,有损于市场经济的基础性作用(国务院发展研究中心,2010;魏杰,2011)。客观上说,政府主导型增长模式对于后进国家实现经济赶超确实有显著效果,但当经济赶超到一定阶段后需要适时改变,发挥市场在资源配置中的决定性作用,在经济增长中实现资源配置效率的帕累托最优。

出口导向型增长和政府投资推动型增长模式交替现象的形成与政府过度使用行政资源密切相关。例如,为了刺激出口,政府实施出口退税政策,涉及3 000多类工业产品,不少产品退税率达到13%。政府为了配合实施出口导向的增长模式,人民币的三种价格——物价、利率和汇率——未能实现联动,价格扭曲导致投资、消费和出口之间的失衡。

政府主导型增长模式也是导致我国国民收入分配结构失衡的重要原因之一,最为突出的表现就是国有经济的过度扩张。自20世纪90年代以来,我国国有企业虽然数量减少了一半,但资产规模却增长了1倍多,资产扩张和账面利润主要来自税收、信贷、资源租金等隐形补贴。2001—2008年,这三项补贴高达6万亿元,而同期国企利润只有4.9万亿元,实际亏损1.1万亿元(魏杰,2011)。政府主导型增长模式阻碍了居民收入与GDP、居民收入与财政收入在增长上的"同步"。20世纪90年代以来,我国国民生产总值中劳动份额逐年减少,储蓄率不断增加,投资率不断提高,产能过剩也日益严重。中国的经济事实与发达国家卡尔多经济事实之一劳动份额不变的情形不相吻合。最新经验研究指出,中国的劳动份额的变化与技术变化、产业结构变化以及要素市场扭曲等因素紧密相关(Young,2006;白重恩等,2008,2009;李稻葵等,2009;罗长远,2008)。

产业结构的失衡首要的原因可能是垄断,尤其是行政性垄断。要素难以在产业之间顺畅流动,严重影响了各产业之间的市场调节机制。虽然垄断行业放开股权投资,但国有经济仍处于绝对的控股地位,国有企业投资中的预算软约束和投资饥渴症又进一步恶化了产业结构市场调整机制。

经济的地区结构失衡,尤其是扁平化城市体系的形成同样与政府主导型增长模式有关。20世纪90年代末以来,中国经济的高速增长主要表现为快速推进的工业化和城市化,而工业化与城市化又严重依赖于对土地的征用,主要表现为地方政府垄断了城市土地供应的一级市场。财政分权决定了地方政府间激烈的GDP锦标赛竞争,导致环境日益恶化、土地与能源等要素价格扭曲,刺激了经济粗放式增长。

调整我国四个层次的经济结构的重点就在于改变目前政府主导型经济增长方式,强化市场在资源配置中的决定性作用,依靠市场机制实现经济的自主协调。其实,早在党的"十四大"报告中就为中国的经济发展模式提供了顶层设计,即社会主义市场经济体制。在这四个层次的经济结构失衡中,首先要调整的是财政收入、企业利润和居民收入之间的结构。因为,居民收入水平和增速缓慢导致消费无法成为经济增长的主要动力,这样经济增长就只能依靠出口和政府投资,进而形成了出口、投资和消费之间的结构失衡。出口和政府投资成为经济增长的主要动力导致了产业结构的失衡,尤其是行业的行政性垄断和国有经济的过度扩张。产业结构的地区失衡以及地方政府间GDP锦标赛竞争加剧了扁平化城市体系。

2.5 中国经济结构调整与经济转型的难点

"结构失衡的增长"是经济赶超的必然结果,现代经济增长理论提供了合理的经济解释,张平等(2011)还为此提供了充分证据:后进国家的发展过程中存在系统性的高收益、高增长部门,动员大量资源配置到这些部门就会产生显著的规模报酬递增,结构性的配置调整带来了明显的赶超增长(Jones和Romer,2009;Barro和Sala-I-Martin,1995;钱纳里等,1986)。这在中国表现为三条路径:一是政府主导的工业化,政府动员资源并配置到高增长的工业部门。中国在很短的时间里就成为"世界工厂"。二是经济开放实现显著的规模报酬递增。在"入世"不到10年的时间里,中国就成为世界第二大出口国。三是城市化的空间集聚带来了巨大的规模报酬递增。目前中国的城市化率超过50%。资源的非均衡配置导致的规模报酬递增过程,在经济赶超的前期和中期大幅度提高了一国的经济增长率,但非均衡的赶超模式和经济规模在高增长部门的快速扩张导致了经济结构的日益失衡。赶超带来的结构失衡导致了增长和利益分配的路径依赖,经济增长成果的分享机制扭曲。

政府干预在经济赶超过程中似乎是个常态,无论是"中国奇迹"还是

"东亚奇迹",后进国家都是通过集中资源和实施扭曲性政策达到了GDP快速增长的目的,但其负面影响也是巨大的(科尔奈,1992;青木昌彦等,1998;张平和王宏淼,2011)。例如,严重限制了市场机制在资源配置中的决定性作用。政府和市场的边界在哪里?如何协调市场和政府的关系?这些虽是新兴工业化国家跨越"中等收入陷阱"面临的共同问题,但在目前的中国又具有特殊性。亚洲"四小龙"的经济规模相对较小,欧美主要发达国家是边转型边增长。中国的经济结构转型是在规模已为世界第二的背景下进行,如何在经济规模巨大的经济体中成功地改变政府主导型增长模式,目前还没有先例。

"结构协调的增长"不仅要解决新的增长机制问题,而且要解决新的利益分配机制问题。结构失衡累积的矛盾随着经济规模进入中等收入水平后带来的规模报酬开始递减而越难以解决,并为经济结构调整造成了增长机制和利益分配的路径依赖,即"结构协调的增长"既离不开原来机制的路径依赖(张平和王宏淼,2011;张平等,2011),又必须赋予新的内涵。因此,经济结构调整的难点就在于,需要找到脱胎于"结构失衡的增长"中某个增长机制并使其在"结构协调的增长"中成为可能,是否可能的判断依据就是效率导向。投入驱动的增长向效率与创新驱动的增长转变,必须排除阻碍市场机制和创新机制充分运行的制度障碍。

新的增长机制或者说新一轮规模报酬递增靠什么推动?总体来说仍将是工业化和城市化(张平和王宏淼,2011),但工业化和城市化的推动因素要从投入驱动转向效率与创新驱动。快速推进的工业化和城市化带动了中国经济的高速增长,而工业化与城市化又严重依赖于土地的征用,地方政府垄断了城市土地供应市场;财政分权和政绩考核促使地方政府间形成激烈的GDP锦标赛竞争(沈坤荣和付文林,2006;徐现祥等,2007)。这些不仅导致土地等资源要素价格扭曲,而且造成了"中小城市蓬勃发展"且又以制造业为主的扁平化城市体系。这种局面既加剧了资源浪费和产能过剩,又不利于空间效率提升和区域协调发展。新的分配机制总体也要是依赖于要素市场的完善,但要素市场的完善需要政府转型,而政府转型的突破口在哪?一般认为,在城市化率达到50%左右的水平后,政府目标和约束条件就会发生明显的变化,公共福利目标成为政府主导性的目标(张平和王宏淼,2011)。以城市化促进政府对卫生、教育、保障性住房和公共服务等公共产品的供给,带动消费主导的经济增长。但这需要解决好户籍制度改革问题和土地征用问题,使农民分享城市化所带来的规模报酬递增收益。

2.6 中国经济结构调整与经济转型的路径

2.6.1 要素市场化和全球化驱动的新型工业化

在政府主导型增长模式下,政府保持对部分重要资源过大的配置权力,并以 GDP 增长作为政绩的主要考核标准。在这种体制下,经济增长主要依靠不断增加土地投入和资本投入为前提,土地掌握在地方政府手里,资本或信贷资源主要掌握在地方政府、国有商业银行和国有企业手中,户籍制度、社会保障制度还造成了二元劳动力市场,其结果是,粗放型增长方式难以改变。因此,高效工业化的驱动力首先在于要素市场化。按麦迪森(2001)的理论逻辑,成功的经济结构转型所要具备的基本条件是技术进步和全要素生产率的提高。依靠要素投入尤其是资本积累的工业化在长期内是不可持续的;依靠技术进步和制度创新,通过提高技术效率和资源配置效率实现的工业化才是可持续的、高效的(Helpman,2004)。高效工业化道路不仅要追求"科技含量高、资源消耗低、环境污染少、人力资源优势得到充分发挥",更是追求要素配置效率的优化。资源配置效率提高的前提条件是市场机制的充分发挥,尤其是市场制度的创新,而不是简单地从劳动与资本要素驱动转向创新要素驱动。要素驱动模式若忽视了要素市场的培育,那必将导致要素价格的扭曲。

没有哪个现代国家的工业化是在封闭条件下完成的,要素是在全球市场进行配置,这意味着中国的高效工业化总是以扩大经济开放为背景。开放是获取新知识、促进技术进步的有力手段。FDI 和贸易的技术溢出效应和竞争效应使发展中国家研发部门的高技能劳动需求上升,进而促进着内生技能偏向的技术进步(殷德生等,2011);中国的出口产品质量和产业结构随着贸易规模的增加和市场开放度的提高而升级(殷德生,2011,2012)。但此种获取方式要取决于一国甚至一个行业内企业间的各种差异,尤其是技能劳动需求与供给、技术吸收能力和要素报酬差距。例如,中国若过分地依赖外资和追求新企业的引进,忽视本地企业的"干中学",这将导致经济增长质量下降(殷德生和黄腾飞,2010)。高效工业化还需要在技术进步方向的选择和减少环境污染中寻找经济结构转型的新途径。技术进步方向选择会影响资本深化的方向和深度,而提高资本密集型部门比例却可能诱发不利于减少污染排放的经济结构变化。解决这些复杂问题,取决于效率取向的市场制度创新。目前上海自贸区就是试图通过制度创新提高要素市场效率的改革,其意义在于建立一套与国际接轨的市场制度体系,实现要素在全球市场的最优配置。

2.6.2 空间效率驱动的新型城市化

城市化的空间集聚与规模经济效应推动着技术创新、服务经济以及消费水平的提高。从理论上讲,城市化率和投资率呈倒 U 形关系,城市化率和消费率呈 U 形趋势;随之城市化水平的快速提高,经济结构将由投资拉动演变为消费拉动,这个转折点通常认为在城市化率为 67% 左右达到(张平和王宏淼,2011;张平等,2011)。中国目前的城市化率刚超 50%,正处于依靠城市化进程推动结构调整的黄金时期,但与经济赶超时期投入导向的城市化不同,与"结构协调的增长"相适应的是效率导向的城市化。效率导向的高效城市化倡导从扁平化城市结构向相对集中式城市结构,以同时实现空间效率提升、政府主导增长模式改变、资源节约和环境友好等目标。

范剑勇和李方文(2011)证实了我国大地理范围的空间效率显著、小地理范围的空间效率不足的特征。目前我国的"大地理范围集聚明显、小地理范围集聚不足"现象导致了两对突出矛盾:中小城市过多不利于经济效率提升和区域经济协调;中小城市过多导致资源浪费。土地稀缺和规模经济决定了中国城市体系须选择相对集中式道路,而不是扁平化城市体系。相对集中式城市体系不仅在非农用地、单位能耗、污染治理等方面拥有规模经济优势,与该判断密切相关的证据是 Au 和 Henderson(2006),而且是解决经济增长中内需不足、利益分享不公平、空间效率不高等经济隐患的有效手段。一方面,相对集中式城市化将促进政府对卫生、教育、保障性住房和公共服务等公共产品的供给,带动消费主导的经济增长。在城市化率达到 50% 以后,政府目标和约束条件就会发生明显的变化,追求公共福利成为政府的主导目标,为城市化提供土地的农民将分享城市化所带来的土地增值和报酬递增收益,这有利于实现公平的利益分享机制。另一方面,相对集中式城市化能实现规模经济效应,提高资源的空间配置效率。从内部规模经济上看,由扁平化城市体系向集中式城市体系转变,需要进一步促进大城市能级的提高,发展特大城市。从外部规模经济上看,以核心城市为中心引领若干个中小城市在空间上集聚形成城市群。从整个规模经济上看,在城市群和特大型城市形成城乡统一的劳动力市场和公共服务体系,促进要素跨区域自由流动,实现新一轮的制度改革红利。

第3章 "干中学"、国际贸易与经济转型

3.1 文献综述

"干中学"、贸易与经济转型的讨论源于动态比较优势的研究。Redding(1999)对动态比较优势做了这样的定义:当且仅当一国在时点 t 上关于 i 部门生产活动的机会成本增长率比其他国家低时,该国在时点 t 上关于 i 部门的生产活动才具有动态比较优势。这种解释将"干中学"效应与动态比较优势结合了起来,强调一国根据当期比较优势进行国际分工,自由贸易可能导致福利损失,因为该国可能放弃了在其他部门潜在的学习效应。因此,一国为了避免这种"比较优势陷阱",往往是根据自身学习能力来选择国际分工。"干中学"效应是动态比较优势的一个重要来源,进而作用于国际贸易与经济增长。

3.1.1 Krugman 的解释

Romer(1986)将规模报酬递增引入增长理论,并假定这种规模报酬递增是厂商外部的,而不是内部的,这样处理就兼容了规模报酬递增和完全竞争市场。该思路被 Krugman 利用来阐述规模报酬递增、外部效应与动态比较优势。Krugman(1987)首先将动态比较优势与内生技术进步同时内生化,分析了贸易模式的决定问题:部门特定的累积生产经验决定着比较优势和贸易模式,而生产经验的积累是通过"干中学"实现的。Krugman 引入学习曲线在产业层次上考虑了动态规模报酬递增,产业中过去积累的产量决定着当前的生产率,或者说,每个产业的生产率取决于经验指数。

Krugman(1987)进一步在知识国际溢出的情形下分析了一国的经验指数与本国和外国的可贸易品产量之间的正向关系,可贸易品产量越高,经验指数也就越高。这意味着,动态比较优势(两国的相对生产率)是相对经验指数的函数。即使两国之间的劳动力数量相同,不存在李嘉图意义上的相对成本差异,比较优势也可以由贸易开放程度(经验国际化程度)

和可贸易品产量来决定。显然,比较优势是由学习效应动态演进形成的,并非一定源于一国原有的自然禀赋状况。

Krugman(1987)对"干中学"效应下动态比较优势内生决定机制所作的探讨强调的是贸易开放后贸易品产量增加通过学习效应会形成比较优势,这一思路为后来的动态比较优势理论发展奠定了基础。但Krugman的这一模型没有考虑不同产品具有不同学习效率的情形,该工作开始于Lucas(1988)的研究。

3.1.2 Lucas 的解释

Lucas(1988)通过对不同产品具有不同学习效率(外生给定)的考虑,将Krugman(1987)的动态比较优势理论进行了扩展。在Lucas模型中,每一产品的生产和技能的积累都取决于该产业中的平均技能水平,因而相对价格就取决于各自的人力资本水平。Lucas首先强调自给自足均衡时的经济将趋向于专门生产一种产品,而生产何种产品是由初始条件决定的;一国一旦选择了擅长生产的产品,就会形成规模报酬递增。遵循Lucas模型的开放化路径,当国际贸易发生时,只有当贸易品之间的替代弹性较高时,才能保证技术进步对生产率的直接效应超过技术进步引起的贸易条件变化的效应。Lucas(1988)与Krugman(1987)的结论相似,即各国从事各自擅长的生产从而通过"干中学"效应积累技术、不断强化初始的比较优势。但Lucas是从不同商品具有不同学习效率的角度来阐述的,选择生产不同的产品就意味着选择了不同的人力资本积累率,比较优势取决于以前所积累的产品专有的人力资本水平。

Lucas(1988)特别强调新产品不断被引入,否则"干中学"效应就无法保证规模报酬递增。Lucas(1988)的这一比较优势理论被许多经济学家进行了扩展,如Matsuyama(1992),所扩展的主要结论都强调比较优势因学习效应而具有动态性,强调初始条件并不足以决定一个具有外部效应的经济的均衡位置,动态的学习效应使得落后国家实现经济起飞成为可能。

基于外部规模报酬递增的Lucas(1988)模型假定在同一组产品上学习是以同一速度进行的,抽象掉了诸如需求结构等一些对贸易模式有重要影响的因素。同时,虽然Lucas考虑到了不同的商品具有不同的学习效率,但还是显得有点粗糙,实际上处于生命周期不同阶段上的产品都具有不同的学习效率。一种产品在引进阶段时具有较高的学习效率,随着生命周期的演进,当其进入成熟阶段,学习效率就不断下降。

3.1.3 Stokey 和 Young 的解释

Stokey(1988)根据学习效应阐述了生产结构的内生变化过程,他从静态角度描述了"干中学"的前向溢出效应大于后向溢出效应的情形,即"干中学"所引起的高质量产品成本的下降程度大于低质量产品的成本下降程度。Stokey(1991)将该模型进行了开放化处理并强调,发达国家因其在生产经验积累方面具有优势而在高质量产品的生产上具有比较优势,而欠发达国家在低质量产品的生产上具有相对优势,这从"干中学"效应角度对Vernon(1966)的产品周期现象进行了解释。

Stokey(1991)的静态模型未能将增长纳入一般均衡框架之中,该任务由 Young(1991)得以完成。虽然 Lucas 考虑到了不同的商品具有不同的学习效率,但实际上处于生命周期不同阶段上的产品都具有不同的学习效率。Young 在 Stokey(1988)模型的基础上对 Lucas(1988)模型进行了扩展,将产品生命周期不同阶段学习效率进行了内生化,考察贸易开放对生产结构内生变化以及产业分工动态演进的影响。

Young(1991)考虑了"干中学"效应的有界性问题,将知识的溢出效应范围界定为国内,贸易是由技术差异引起的,据此刻画了规模经济对基于学习效率的动态比较优势的影响机制。在该模型中,产品的复杂程度随产品数量的增加而上升,学习的效率随着产品复杂程度的上升而增加,而一般技术知识存量的变化要取决于这种学习的效率,人均实际收入增长率等于学习效率的变化率。Young 进一步考察了贸易的作用。贸易首先是使消费人口规模扩大,规模效应使一国技术知识的增长率上升,比较优势得以动态演进。两国的经济规模大小和相对单位劳动成本决定着两国之间的分工模式。若本国比外国发达(经济规模大),则本国专业化生产复杂产品,因为新产品处于产品周期的引入阶段,学习效应强;与此相反,欠发达国家专业化生产相对简单产品。

初始条件对国际分工模式的影响也很大,但与传统的比较优势理论不同。Young(1991)指出,国际分工模式不再是由外生的自然禀赋决定的,而是由技术知识存量的差异来决定了。欠发达国家虽然不可能生产最复杂的产品,但它可以生产"干中学"效应仍有空间的产品,因为"干中学"效应是知识技术积累的重要渠道。

Young(1991)进一步区分了各种自由贸易均衡。Aghion 和 Howitt (1998,中译本第 344 页)总结了这些贸易均衡所反映出的一般性结论:一是发达国家将资源配置于更复杂的产品部门,而这些部门产品的"干中学"效应较强,从而自由贸易使得增长率大于或者等于自给自足条件下的增长率,并且会促进发达国家的技术知识更快地积累;二是欠发达国家将资源配置于简单产品部门,而这些部门产品的"干中学"效应几尽枯竭,自由贸易使得增长率必不大于自给自足条件下的增长率,但国际贸易的规模效应使得欠发达国家的技术知识积累加快。

尽管在贸易开放的初始阶段,发达国家在新产品的生产上具有比较优势而专业化生产此类产品,因为新产品处于产品周期的引入阶段,学习效应强。但 Young(1991)的多种贸易均衡中也预言了穷国赶超富国的均衡,当穷国的人口规模扩大产生很强的规模效应时,学习效率的提高使得技术差距消除的可能性存在。在"干中学"效应的作用下,一国如果能很好地将资源集中于其现有能力所能达到的技术水平产品的生产就越容易实现产业结构的升级,Lucas(1993)认为,"东亚奇迹"就是这样发生的。

3.1.4 Lucas 的"东亚奇迹"观

Krugman(1987)的动态比较优势是作为整体出现的,但没有一个国家能在一般意义上的某一产业拥有比较优势,而 Stokey、Young 和 Lucas 的动态比较优势是体现在单个产品上的,这更符合现实情形。Lucas(1993)承认,Stokey(1988,1991)和 Young(1991)解决了如何将特定生产过程中的"干中学"与整个经济的增长结合起来的问题,不同经济的不同增长速度就是源于其劳动力从简单产品部门向复杂产品部门转移的速度和程度的差异。据此,Lucas(1993)对 Stokey 和 Young 模型进行了应用,以解释"东亚奇迹"发生的根源。

Lucas(1993)对 Stokey 和 Young 的国内知识溢出条件下的动态比较优势进行了扩展和应用。这主要体现在两个方面:一是他将体现在单个产品上的比较优势与整个经济的增长率联系起来,从而使得快速的经济增长与贸易之间紧密联系的事实有了理论依据;二是他为"干中学"效应对经济增长率差异的解释找到了微观证据。Lucas 考虑了仅有劳动投入的学习技术,强调经验积累具有规模效应,但他没有深入分析这种规模效应,而是集中讨论学习行为。在他看来,经济就是通过不断生产更优质的产品来获得进步。因为更优质的产品具有更强的"干中学"效应。Aghion 和 Howitt(1998,中译本第176页)对 Lucas(1993)模型进行了简化,从而比较准确地表达了卢卡斯的比较优势思想:当一国工人从简单部门转移到复杂产品部门时,经济增长率不断提高;将"干中学"效应导致的动态比较优势结合进经济增长模型,就能解释"东亚奇迹"以及各国经济增长率之间差异的主要根源。

本章试图系统地考察"干中学"效应、贸易与经济转型之间的内在机制,解释"干中学"效应引起贸易发生以及经济增长的渠道的具体结果。下面的分析是这样安排的:第二节是基本模型,交代"干中学"效应对贸易模式和贸易利益的影响;第三节阐述"干中学"、出口贸易与经济转型之间的关系,将"干中学"与知识外溢模型开放化;第四节将"干中学"效应的动态性纳入模型,揭示进口贸易、"干中学"与经济转型之间的作用机制;第五节说明有关"干中学"、贸易与经济转型的相关证据;最后为总结性评论。

3.2 基本模型

3.2.1 经济环境

将"干中学"引入国际贸易理论,最易于处理的情形是假定外部性对厂商而言是外生的,因为这种形式的外部性与完全竞争相容,避免了市场结构问题。① 根据 Ethier(1982)模型、Helpman 和 Krugman(1985)的外部效应模型②,我们假设:(1)在外部性条件下,单个厂商处于规模报酬不变状态,而厂商所在的整个行业则处于规模报酬递增状态;(2)行业内单个厂商的市场结构是完全竞争的。③

Bhagwati 等(1998,ch.11)据此建立了完全竞争模型,行业 i 中代表性厂商 j 的生产函数为:

$$X_i^j = b(\overline{X}_i)f(K_i^j, L_i^j) \equiv b(\overline{X}_i)L_i^j g(k_i^j) \qquad (3.1)$$

---

① 报酬递增往往是与完全竞争不相容的,"完全竞争并不是分析报酬递增下贸易的唯一市场结构"。尽管如此,先重新考虑外部效应模型还是有用的,一是可以使这一方法更合理和一般化,二是以外部效应模型作为基准有助于对其他分析方法进行比较与评价(Helpman 和 Krugman,1985,中译本第 55 页)。

② 外部经济条件下的贸易模型可以追溯到 Graham(1923),Kemp 和 Negishi(1970)、Melvin(1969)以及 Panagariya(1981)都为这一理论做了贡献,但这些模型未能将报酬递增引入国际贸易理论,Krugman(1990)将不成功的原因归结为两个:一是未能将报酬递增和比较优势成功地结合起来;二是分析中是常规的技术,没有新技术。最具关键意义的创新是从 Ethier(1982)和 Helpman 和 Krugman(1985)开始的。

③ 对于单个厂商而言,只要存在内部规模经济,一般就不可能有完全竞争,也就是说,不可能以平均成本定价。但 Baumol 等(1982)提出了可竞争市场的概念,认为即便规模报酬递增导致市场上只有少数几个甚至一个厂商,只要进入的威胁存在,按平均成本定价仍是可能的。Helpman 和 Krugman(1985,ch.4)发展了这一思路,建立了可竞争市场下的贸易均衡理论。但从总体上而言,其分析所得到的结论与外部效应模型相似,因为无论是外部效应模型还是可竞争市场模型,都是将报酬递增与完全竞争处于相容的情况进行的分析。

其中，$f(\cdot)$对(K,L)是正线性齐次，也就是说，行业内单个厂商处于规模报酬不变的状态，k_i^j为代表性厂商的资本—劳动比率，$b(\bar{X}_i)$为外部效应（$b'(\bar{X}_i) > 0$），其取决于整个行业的规模$\bar{X}_i$。

在完全竞争市场结构下，行业内所有厂商都面临着相同的技术和要素价格，单个厂商的资本—劳动比率与整个行业的资本劳动比率相同。于是，整个行业的生产函数为：

$$X_i = b(\bar{X}_i)f(K_i, L_i) \equiv b(\bar{X}_i)L_i g(k_i) \tag{3.2}$$

单个厂商的资本—劳动比率与整个行业的资本—劳动比率相同，要素市场也是完全竞争的，所以，整个行业的租金率与工资率和代表性厂商是一样的。在两国的技术、偏好和规模都相同时，外部性是国际贸易产生的一个原因。Helpmarn和Krugman(1985，中译本第69—72页)阐述了这一问题。① 外部性使厂商的生产成本下降进而形成比较优势。

假设只有一种投入要素——劳动，外部效应有利于代表性厂商产量增加，式(3.1)的简约形式则为：

$$X_i^j = \frac{b(\bar{X}_i)L_i^j}{a_i^j} \tag{3.3}$$

在2×2模型中，本国代表性厂商的相对成本为：

$$\frac{a_i^j}{(a_i^j)^*} = \frac{b(\bar{X}_i)}{b(\bar{X}_i)^*} \tag{3.4}$$

在贸易均衡时，存在两种情形：

(1) 当$b(\bar{X}_i) = b(\bar{X}_i)^*$时，贸易模式与李嘉图贸易模式相同；

(2) 当$b(\bar{X}_i) \neq b(\bar{X}_i)^*$时，无法按照传统比较优势理论来判断贸易模式，此时的贸易模式不确定，专业化模式因外部效应的差异而存在着多重均衡。

---

① 这里的外部效应主要是产出或投资所引起的外部效应。对于产业特有和国家持有的外部效应，Helpman和Krugman(1985，中译本第73—77页)进行了具体分析，他们的分析方法是，首先建立一个参照点——"一体化经济"，然后将这个"一体化经济""分割"成不同的国家，阐明在何种条件下这个一体化经济可以通过贸易而"复原"的问题。在外部经济效应条件下，"复原""一体化经济"的条件是，每一个具有外部经济的产业都必须集中于一个国家，为此Helpman和Krugman构建了一个"$2 \times 3 \times 2$模型"(2个国家，3种商品，2种生产要素)，得出的结论是：(1)要素构成的相似性不一定提高要素价格均等化，外部经济效应使得要素价格均等化可能要求要素构成中具有特定的不相似性；(2)可能存在多个与要素价格均等化相一致的专业化和贸易模式；(3)报酬递增情形使资源禀赋相同的国家之间也可以有专业化和贸易。

3.2.2 比较优势

根据式(3.1),外部性是厂商生产率的来源,某个厂商过去积累的产量决定着当前的生产率。据此,Krugman(1987)引入了学习曲线,描述了"干中学"对动态比较优势的影响。

厂商 j 的生产率 $A_i^j(t)$ 取决于"干中学"效应 $d_i(t)$,于是,本国和外国代表性厂商的生产率分别为:

$$A_i^j(t) = d_i(t)^\xi \qquad (3.5)$$

$$A_i^{j*}(t) = d_i^*(t)^\xi \qquad (3.6)$$

其中,$\xi > 1$,它取决于贸易品种类数。贸易品种类数越多,"干中学"效应就越强。

由比较优势所诱致的资源再配置效应对贸易和经济增长的具体影响要取决于知识溢出效应的范围。Krugman(1987)考虑了知识国际溢出的情形,根据该模型,国际贸易使得产品种类数增加,此时,本国和外国的"干中学"效应与贸易品数量的关系可分别表达为:

$$d_i(t) = \int_{-\infty}^{t} [x_i(\tau) + \delta x_i^*(\tau)] d\tau \qquad (3.7)$$

$$d_i^*(t) = \int_{-\infty}^{t} [x_i^*(\tau) + \delta x_i(\tau)] d\tau \qquad (3.8)$$

其中,δ 为贸易比例,反映的是知识国际溢出程度。

根据式(3.5)、式(3.6),一国在某产品生产上的比较优势表示成了相对"干中学"效应的函数,于是,本国在 i 产品生产上的比较优势为:

$$\frac{A_i(t)}{A_i^*(t)} = \left[\frac{d_i(t)}{d_i^*(t)}\right]^\xi \qquad (3.9)$$

在动态情形下,本国和外国"干中学"效应的增长函数分别为:

$$\dot{d}_i(t) = x_i(t) + \delta x_i^*(t) \qquad (3.10)$$

$$\dot{d}_i^*(t) = x_i^*(t) + \delta x_i(t) \qquad (3.11)$$

本国和外国每种贸易品的生产函数分别为:

$$x_i(t) = A_i(t) L_i(t)^\alpha \qquad (3.12)$$

$$x_i^*(t) = A_i^*(t) L_i^*(t)^\alpha \qquad (3.13)$$

其中,$L_i(t)$ 和 $L_i^*(t)$ 分别为本国和外国产品 i 的生产中所投入的劳动数量。此外,外部性引起规模报酬递增。

在稳态下,存在着:

$$\left(\frac{d_i(t)}{d_i^*(t)}\right)^{\xi-1} = \left(\frac{L_i^*}{L_i}\right)^{\alpha} \left[\frac{1 - \delta d_i^*(t)/d_i(t)}{1 - \delta d_i(t)/d_i^*(t)}\right] \quad (3.14)$$

结合式(3.9)和式(3.14),比较优势是"干中学"效应、贸易开放程度以及李嘉图意义上的相对劳动数量或者说相对成本的函数。假设两国之间的劳动数量相同,即不存在李嘉图意义上的相对成本差异时,比较优势就是由"干中学"效应、贸易品种类数决定的。

3.2.3 贸易利益

基于"干中学"比较优势的国际贸易是否带来贸易利益的增加呢?假设本国在产品 i 的生产上相对于国外具有"干中学"比较优势,两国的技术、偏好和规模都相同时,"干中学"效应是国际贸易产生的原因。在竞争性均衡条件下,对于产品 i 的单位价格,本国和外国的确定原则分别为:

$$P_i = C_i(w, b(\overline{X}_i)) \quad (3.15)$$

$$P_i^* = C_i(w) \quad (3.16)$$

其中,w 为劳动要素的平均报酬。

遵循单一要素(劳动)和要素市场完全竞争的假设,于是有:

$$P_i = \frac{w}{b(\overline{X}_i)} \quad (3.17)$$

$$P_i^* = w \quad (3.18)$$

类似于 Ethier(1982)模型,令本国的劳动投入为 L_i,此时有:

$$X_i = \frac{b(\overline{X}_i)}{a_i} L_i \quad (3.19)$$

其中,a_i 的相对排序决定着各国的比较优势,$b(\overline{x}_i)$ 为"干中学"外部效应。①

令 $A_i = \frac{b(\overline{x}_i)}{a_i}$,且 $A = L_i^{\alpha}(\alpha > 0)$,于是由式(3.19)有:

$$X_i = L_i^{\alpha+1} \quad (3.20)$$

---

① 从理论上讲,外部效应不仅包含产出引起的外部效应、投入引起的外部效应,以及其他任何这一函数形式能反映出来的外部效应,而且还可认为是部门特有的效应、国家特有的效应、世界范围以及跨部门、跨国家的溢出效应(Helpman 和 Krugman,1985,中译本第56—57页)。这里对外部效应的处理,采取的是产出引起的外部效应,或者说,投入引起的外部效应。

外国部门 i 的劳动投入为 L_i^*，令 $L_i = L_i^* = L$，则外国产品 i 的产出水平为：

$$X_i^* = L \quad (3.21)$$

对于自给自足经济，均衡状态下本国产品 i 的相对价格为：

$$\frac{P_i}{P_i^*} = \frac{X_i^*}{X_i} = L_i^{-\alpha} = X_i^{\frac{1}{\alpha+1}-1} \quad (3.22)$$

在自由贸易条件下，本国专业化生产并出口具有"干中学"比较优势的产品 i，产品 i 的消费人口增加，按 Krugman(1979) 的思路，在均衡状态下，产品 i 的总需求等于总供给，假设产品 i 的消费人口由贸易前的 L 变为贸易后的 $2L$，则此时本国产品 i 的相对价格为：

$$\frac{P_i}{P_i^*} = 2^{-(\alpha+1)} X_i^{\frac{1}{\alpha+1}-1} \quad (3.23)$$

比较式(3.22)和式(3.23)，显然，本国从贸易中获利，贸易后本国产品 i 的相对价格较贸易前下降，专业化分工使资源配置到规模报酬递增部门，从而导致生产率提高。①

根据式(3.14)、式(3.22)和式(3.23)，可以归纳出命题1：

命题 1：在两国的技术、偏好和规模都相同的情况下，专业化模式因外部效应的差异而存在着多重均衡。"干中学"效应是比较优势的重要来源，以此为基础的贸易模式能带来利益的增加。

3.3 "干中学"、出口贸易与经济转型

最早以知识外溢和"干中学"外部性来解释经济增长的模型是 Arrow(1962)，其借鉴了 Kaldor(1957)将技术进步视为由要素积累决定的观点，认为技术进步或生产率提高是资本积累的副产品，从而将技术进步内生化。与 Arrow 的"干中学"模型不同，Shell(1967)模型使知识积累明显地依

---

① Graham(1923)的贸易损失论是以国内生产总值下降作为标准的，即当贸易导致资源从规模报酬递增产业转移到规模报酬递减产业时，实际国内生产总值下降。对于这一问题，Kemp 和 Negishi(1970)证明了贸易受益论，即当贸易导致资源从规模报酬递减产业转移到规模报酬递增产业时，一国总是能从贸易中受益。Helpman 和 Krugmaon(1985,ch.3)一方面论证了贸易受益论，另一方面认为贸易得益也有得不到保证的时候。具体而言，Helpman 和 Krugman(1985,ch.3)在论证贸易受益论时，假定的是一个由两个经济规模大小相等的国家构成的世界中的贸易均衡情形，而对于一个由两个经济规模大小不相等的国家构成的世界中的贸易均衡，Graham 的贸易损失论可能成立(Helpman 和 Krugman,1985,中译本第67—68页)。但有一点可以肯定，在两国的技术、偏好和规模都相同时，因外部效应导致的规模报酬递增是国际贸易产生的一个原因，对传统的比较优势说提出了挑战。

赖于投入发明活动的资源数量,即将知识看作一种意愿生产的商品进而将技术内生化。在 Shell 模型中,单个厂商的规模报酬不变,而全社会的经济则表现为规模报酬递增。Romer(1986)沿着 Arrow(1962)的思路,假设知识的创造是投资的一个副产品,以此来考察报酬递增与经济增长的关系,即一个增加了其物质资本的企业同时通过"干中学"增强了对生产率的正向影响。Barro 和 Sala-I-Martin(1995)一般化了 Romer(1986)模型,阐述了"干中学"和知识外溢对经济增长的作用,其中,"干中学"依赖于单个企业的投资规模,知识外溢取决于知识所具有的非竞争性。

3.3.1 厂商部门

Barro 和 Sala-I-Martin(1995)虽将"干中学"和知识外溢结合起来对 Romer(1986)模型进行了一般化处理,但其并未考虑国际贸易因素。本章基于 Romer(1986)、Barro 和 Sala-I-Martin(1995)的"干中学"和知识外溢模型,考察"干中学"、出口贸易与经济增长之间的内在机制。假设:(1)知识增长是投资的副产品;(2)出口贸易使本国产品的市场范围扩大,或者说消费人口增加;(3)"干中学"效应是产品产量的正函数,经济增长是"干中学"效应的正函数;(4)产品市场是完全出清的。

根据假设,以单个厂商资产(k_i)加总的社会总资产 K 表示厂商技术水平 A_i[①],于是,厂商 i 的生产函数为:

$$Y_i = F(K_i, A_i L_i) = F(K_i, KL_i) \tag{3.24}$$

其中,Y_i 是关于 k_i 和 K 的一次齐性的凹函数。生产因总知识资本(Knowledge Capital)K 的递增性而具有规模报酬递增的性质。可见,知识资本增加或者说总投资的增长所导致的知识外部性将会提高所有厂商的生产率。

在均衡状态下,每个厂商老师相同的,此时 $K_i = K$、$K = KL$。将式(3.24)中的要素投入与产出总量写成人均变量,并以柯布—道格拉斯型的函数表达,从而有:

$$y = Ak^\alpha K^{1-\alpha} \tag{3.25}$$

其中,k 为人均资本,$1-\alpha$ 代表溢出效应的贡献,$1 > \alpha > 0$。

由于产品市场是出清的,因此有:

$$Y_i = c_i L \tag{3.26}$$

其中,c_i 为厂商 i 所生产产品的人均消费量,L 则为总消费人口。

[①] Romer 对知识资本增长率进行了限制,旨在确保竞争性均衡的存在,Xie 等(1999)认为,Romer 的这一限制完全没有必要。

根据式(3.24)和式(3.25),厂商 i 的利润函数为:
$$\pi_i = L_i(f(k,K) - rk - w) \tag{3.27}$$
其中,w 为工资率,r 为利率(资本租金率)。

遵循对称性假设,在均衡状态下,每个企业所面对的工资和利率水平相同,当每个企业的生产技术都相同时,各个企业的人均资本也都相同①,单个厂商视 K 为既定的外生变量。根据式(3.25)和式(3.27),利润最大化条件意味着:
$$r = \frac{\partial f(k,K)}{\partial k} = AL^{1-\alpha} \tag{3.28}$$
$$w = f(k,K) - k\frac{\partial f(k,K)}{\partial k} \tag{3.29}$$

3.3.2 家庭部门

代表性家庭的效用最大化问题和约束条件分别为:
$$\text{Max} \int_0^\infty \frac{c^{1-\theta}-1}{1-\theta} e^{-\rho t} dt \tag{3.30}$$
$$\text{s.t.} \quad \dot{a}_t = ra + w_t - c_t \tag{3.31}$$
横截性条件为:$\lim_{t \to \infty} \lambda k e^{-\rho t} = 0$

根据式(3.30)和式(3.31),构建 Hamilton 方程:
$$H = \frac{c_t^{1-\theta}-1}{1-\theta} e^{-\rho t} + \lambda(ra + w_t - c_t) \tag{3.32}$$
居民部门最大化问题的最优一阶条件意味着:
$$\frac{\dot{c}(t)}{c(t)} = \frac{r-\rho}{\theta} \tag{3.33}$$

3.3.3 出口贸易与竞争性均衡

由式(3.33)和式(3.28),竞争性均衡状态下的经济增长率为:
$$g_Y = \frac{\dot{c}(t)}{c(t)} = \frac{AL^{1-\alpha}-\rho}{\theta} \tag{3.34}$$

---

① 对于整个社会而言,厂商考虑所有知识资本的作用,而对于私人而言,单个厂商视为既定的外生变量,由于经济中存在着"干中学"效应和知识溢出,因此私人的资本边际生产力小于社会的资本平均生产率。这意味着贸易和产业政策对经济增长能发挥作用。Romer(1986)认为,政府可以通过对资本投资进行适当补贴或实施投资优惠政策使私人的资本边际生产力与社会的资本边际生产力相一致,也可以通过对生产进行必要的补贴以提高私人厂商生产知识的激励,从而使分权经济状态下的经济增长率与集权经济状态下的经济增长率一致。

根据式(3.34),存在着:

$$\frac{\partial g_Y}{\partial \alpha} > 0, \quad \frac{\partial g_Y}{\partial L} > 0 \qquad (3.35)$$

显然,"干中学"和知识溢出效应(α)对经济增长有着正向影响。①"干中学"和知识外溢最大的贡献是产生了规模效应,而经济增长率与经济规模正相关,这种规模效应事实上是大部分内生增长模型的一个普遍特点。规模效应在社会水平上对 K 和 L 产生递增报酬,从而使经济能持续增长。同时,这种外溢效应是当作厂商外部的,这就保证了能在完全竞争的市场结构中处理报酬递增问题。在经济规模与经济增长之间存在正相关关系的一个直接意义就是贸易自由化可能会导致经济的快速增长(Aghion 和 Howitt,1998,p.28)。

根据式(3.26),可以引入国际贸易,因为出口贸易使厂商 i 所生产产品的消费人口(L)增加,且一种产品的消费人口增加的幅度总是大于其人均需求下降的幅度(Krugman,1979)。于是有:

$$\Delta \ln Y = \Delta \ln c + \Delta \ln L \qquad (3.36)$$

根据式(3.35),可以总结出命题2。

命题2:国际贸易不仅通过知识溢出效应使一国知识资本存量增加,而且使出口产品的消费规模扩大,均衡的经济增长率因此提高。

均衡的经济增长率随着知识国际溢出和产品消费人口的增加而上升,或者说,出口贸易促进着经济增长。这也印证了 Aghion 和 Howitt(1998)的解释。

对 Romer(1986)、Barro 和 Sala-I-Martin(1995)的"干中学"和知识外溢模型的简单扩展对于理解开放条件下的经济增长具有两大启示:一是揭示了规模经济对经济增长的作用,这在逻辑上与新贸易理论将规模经济视为贸易产生的原因是一致的;二是一国知识资本存量具有"连续增进"(continous improvement)或者"报酬递增"的特性,从而使一国在经济增长上具有优势。基于此,该模型还较好地预测了国际要素流动的现实,即实物资本和知识资本流向富国,因为知识的溢出效应具有报酬递增的特性,发达国家的知识资本丰裕,其投资收益率也就较高。

---

① 为了分析具有学习效应和知识溢出效应的经济增长模型的 Pareto 最优问题,Barro 和 Sala-I-Martin(1995)将分权经济模型解与集权经济模型解进行比较。与分权经济不同,集权经济模型中的社会计划者可将私人资本之间的知识溢出效应内部化。由于社会计划者将知识的溢出效应内部化,社会的资本边际生产力成为决定经济增长的一个因素。

3.4 "干中学"、进口贸易与经济转型

一国尤其是发展中国家的产品的复杂程度随中间品进口数量的增加而上升,学习效率随着产品复杂程度的上升而增强。Young(1991)指出,发达国家(经济规模大)在复杂产品的生产上具有优势,欠发达国家专业化生产相对简单产品。显然,进口贸易将会使发展中国家的新产品处于产品周期的引入阶段,"干中学"效应强。

Lucas(1988)将人力资本的溢出效应解释为向他人学习或相互学习①,一个拥有较高人力资本水平的个体对其周围的个体会产生更多有利的影响,提高其生产率,但拥有较高人力资本的个体并不会因此而得到任何收益。Lucas(1988)强调人力资本积累是可持续增长的另一源泉②,当然,它不同于技术进步,而是当作一种可替代的技术变迁。对于一个开放的发展中国家,向他人学习的一个重要渠道就是进口复杂度高的资本品,进而在"干中学"效应的作用下,将资源集中于其现有能力所能达到的技术水平产品的生产上,进而就越容易实现产业结构的升级。Lucas(1993)认为,"东亚奇迹"就是这样发生的。依据这条路径,我们试图在Lucas(1988)模型的基础上进行延伸:一方面,将"干中学"效应的动态性纳入模型;"干中学"效应的动态性意味着,新引入产品上的"干中学"效应比旧产品上的"干中学"效应强;另一方面,揭示进口贸易、"干中学"与经济转型之间的作用机制。

3.4.1 生产技术

首先对模型做如下假设:(1)在进口竞争性行业的工人数为 L,其技术水平为 h,于是,有效劳动为 Lh;(2)产出取决于国内资本存量(K)、有效劳动(Lh)和进口资本品的"干中学"效应;(3)"干中学"效应体现为进口的资本品规模(m)。

根据假设,将厂商的生产技术定义为柯布—道格拉斯型,即

---

① Lucas(1988)受Becker(1964)人力资本理论的启发,在Arrow(1965)、Uzawa(1965)和Romer(1986)模型的基础上讨论人力资本的外部性与经济增长的关系。
② Lucas模型隐含着个体教育报酬在其一生中保持不变,这一假设与经验证据和Becker(1964)的人力资本理论不符,即在一个当事人的一生中,教育报酬倾向于减少。Azariadis和Drazen(1990)、d'Autume和Michel(1993)在迭代框架下重新设定了Lucas模型,认为当事人可以继续父母所积累的人力资本。

$$Y = AK^{\beta}(Lh)^{1-\beta}m^{\gamma} \tag{3.37}$$

资本存量的变化率为：

$$\dot{K}(t) = AK(t)^{\beta}[h(t)L(t)]^{1-\beta}m(t)^{\gamma} - L(t)c(t) \tag{3.38}$$

其中，$c(t)$为人均消费水平。

技术水平的增长$\dot{h}(t)$取决于其既有的存量水平和国际知识溢出程度$\delta(\delta>0)$，即

$$\dot{h}(t) = h(t)\delta \tag{3.39}$$

3.4.2 进口贸易与竞争性均衡

标准化总人口以后，代表性消费者的效用最大化问题为：

$$\text{Max}U = \text{Max}\int_0^{\infty} e^{-\rho t}\frac{c^{1-\theta}-1}{1-\theta}dt \tag{3.40}$$

在均衡路径上，不仅所有工人都是相同的，而且资本品和工人也是相同的，于是有：

$$m = h \tag{3.41}$$

定义 Hamilton 方程：

$$H = \frac{c^{1-\theta}-1}{1-\theta}e^{-\rho t} + \lambda_1[AK^{\beta}(Lh)^{1-\beta}m^{\gamma} - Lc] + \lambda_2(\delta h) \tag{3.42}$$

方程(3.42)的一阶最优条件为：

$$c^{-\theta} = \lambda_1 \tag{3.43}$$

$$\lambda_1(1-\beta)AK^{\beta}(Lh)^{-\alpha}Lh^{1+\gamma} = \lambda_2\delta h. \tag{3.44}$$

λ_1和λ_2的动态方程分别为：

$$\dot{\lambda}_1 = \rho\lambda_1 - \lambda_1\beta AK^{\beta-1}(Lh)^{1-\beta}h^{\gamma} \tag{3.45}$$

$$\dot{\lambda}_2 = \rho\lambda_2 - \lambda_1(1-\beta)AK^{\beta}L^{1-\beta}h^{\gamma-\beta} - \lambda_2\delta \tag{3.46}$$

令$g_c = \frac{\dot{c}(t)}{c(t)}$，$g_h = \frac{\dot{h}(t)}{h(t)}$，根据式(3.43)和式(3.45)，国内资本的边际生产率条件为：

$$\beta AK(t)^{\beta-1}[h(t)L(t)]^{1-\beta}h(t)^{\gamma} = \rho + \theta g_c \tag{3.47}$$

对式(3.47)进行微分，则人均消费的增长率为：

$$g_c = \frac{1-\alpha+\gamma}{1-\alpha}g_h \tag{3.48}$$

由式(3.39)可知：

$$g_h = \delta \tag{3.49}$$

结合式(3.48)和式(3.49),竞争性均衡状态下的经济增长率为:

$$g_Y = g_c = \left(\frac{1-\alpha+\gamma}{1-\alpha}\right)\delta \quad (3.50)$$

显然,依据式(3.50)可总结出命题3。

命题3:进口贸易带来的"干中学"效应以及"干中学"速度决定着均衡的经济增长率。随着进口规模扩大所带来的"干中学"效应增强,经济得以持续增长。

命题3揭示了源于进口贸易的"干中学"效应作为实现经济持续的机制,物质资本生产部门在"干中学"效应的作用下显示出报酬递增现象。该模型既能解释经济长期增长的原因又能解释人均收入跨国差异的原因。经济就是通过不断引进更复杂的产品来获得进步,"干中学"源于这些复杂程度较高的进口资本品的经验积累。

3.5 讨论:"干中学"、国际贸易与经济转型的证据

新增长理论特别强调知识和人力资本的溢出对经济增长的影响,将技术进步视为经济主体持续投资的结果,Stokey(1991)和Young(1991)还描述了"干中学"对技术内生进步的作用,而Barro和Sala-I-Martin(1995)将"干中学"和知识外溢结合起来,构建了内生增长模型,他们继Arrow(1962)、Shell(1967)和Romer(1986)之后,强调"干中学"和知识外溢意味着规模报酬递增的存在,并将知识外溢视为外部经济,从而在完全竞争的框架下处理了规模报酬递增问题,外溢效应正好抵消掉了单个厂商所面临的规模报酬递减问题,从而经济能够持续增长。更为关键的是,Barro和Sala-I-Martin(1995)模型还体现着规模经济,消费人口规模的扩大提高了人均增长率,国际贸易具有扩大消费人口的效应,因而从中能看出贸易对经济增长具有正向影响。

传统观点一直认为,开放经济比封闭经济具有更高的收入和消费水平,但这并非意味着开放经济就会使经济长期增长。国际贸易存在着竞争效应,该效应对经济增长具有抵消作用。因此,传统贸易理论认为,贸易具有水平效应而不具有增长效应。若将国际贸易、人力资本与知识溢出结合起来分析,在贸易与增长问题上就会得出不同的结论。作为技术进步的载体,人力资本在新增长理论中成为内生技术进步的主要表现形式之一,Lucas(1988,1993)、Stokey(1988,1991)、Young(1991)考察了人力资本溢出、国际贸易与经济增长之间的作用机制,强调人力资本的外部效应意味

着其具有公共产品属性,国际知识溢出促进着经济增长,无论是人力资本禀赋较低的南方国家还是人力资本禀赋较高的北方国家,动态均衡中的经济都会因开放而增长。要是认为穷国永远赶不上富国,那原因在于穷国的"干中学"效应受到了抑制(Stokey,1988;Young,1991)。Young(1991)指出,至少在理论上存在着南方国家赶超北方国家的情形,其条件是南方具有更多人口而引起较强的规模经济效应。

Lucas(1988)强调,通过学习机制,各国从事自身擅长的生产积累知识与技术,从而强化它们的初始比较优势。Lucas(1993)在此基础上进一步阐明了经济奇迹发生的机制[①],"所有创造奇迹的国家中劳动力都不断向更高端的产品转移。在这种技术下,一个快速增长的经济或部门必然成功地把劳动力集中到前沿产品的生产上,通过提高学习效率(由新产品的生产和经验外溢触发到更新的产品生产所致)快速进行人力资本积累"(Lucas,1993)。Lucas(1993)认为,物质资本积累和学校教育产生的人力资本对于解释各国的经济增长差异没有多大潜力,经济增长的差异主要源于"干中学"和人力资本的差异,技术外溢能很好地解释快速的经济增长与贸易开放之间的密切关系。一国贸易开放带来的国际知识溢出确实具有增长效应。[②] Grossman 和 Helpman(1991a,1991b,1991c,1991d)在强调国际贸易影响经济增长机制时特别强调一体化效应,即国际贸易促进了知识在全球范围的流动,各国从其贸易伙伴国吸取创新成果和思想,增大了本国的知识存量,降低了本国 R&D 成本,提高了各国 R&D 部门的生产效率和创新率。

技术溢出导致生产率提高在经验研究方面也得到了证明。Coe 和 Helpman(1995)通过比较全要素生产率(TFP)对国内外 R&D 弹性,支持了通过贸易渠道的技术溢出假说,发现在 22 个工业化国家中,国外 R&D 弹性大于国内 R&D 弹性,国际技术溢出对一国生产力水平的影响是显著的。Eaton 和 Kortum(1999)发展了一个一般均衡模型,将一国生产率增长与中间产品质量的提高联系起来,结果显示,OECD 成员国的技术进步主要地

---

① Lucas(1993)接受了 Stokey 和 Young 关于比较优势的观点,认为比较优势与产品分类密不可分,或者说与产品差异性密不可分,强调"没有一个国家会在一般意义上的制造业具有比较优势,甚至无法在某一类产品如化工产品类之中的原材料或印刷出版业中具有比较优势"。

② 技术国际溢出导致经济增长可分为两类:(1)物化技术溢出(embodied spillovers),即知识和技术通过商品的流动而发生技术溢出;(2)非物化技术溢出(disembodied spillovers),即知识和技术通过学术会议、专业期刊等渠道发生。通过国际商品贸易而发生的知识和技术溢出一方面使一国学习到其他国家先进技术的机会增加,另一方面通过在国外先进产品上的"干中学"效应促使一国的技术进步。

并不是依赖于国内的研发投入,而是依赖于国际技术扩散。Keller(2000)的经验研究也得出了类似的结论,Keller(2002)采用局部均衡方法分析了国外 R&D 与本国生产率之间的关系,结果表明,对于欠发达国家,国外公司与国内公司的相互学习,特别是通过使用国外已生产出的先进中间产品而获得技术扩散对技术进步和生产率提高具有显著作用。

许多文献对于通过贸易发生的技术溢出的分析都集中于制成品,因为制成品包含着更多的技术成分。Coe 等(1997)以 77 个欠发达国家 1971—1990 年的数据作为样本,发现发展中国家的 TFP 与其工业国贸易伙伴的 R&D 活动以及机械设备进口量呈显著正相关。但是,对于不同的发展中国家,国际知识和技术溢出过程中的吸收能力存在差异,也就是说,一国必须具备一定的知识积累与技术水平(具体指人力资本水平和 R&D 水平)等前提条件才能在利用国际知识和技术溢出上成功。有关吸收能力的研究文献也比较多,典型的是 Griffith 等(2000)从 R&D 水平的角度研究了吸收能力与国外技术溢出之间的关系,发现对于低生产率水平的国家,当 R&D 投入增加时,它们的赶超速度就会加快。而 Xu(2000)则从人力资本角度分析了吸收能力与国际技术溢出之间的关系,结果显示,人力资本相对富裕的国家能从发达国家获得国际知识技术溢出的好处,人力资本的门槛效应(threshold effect)使人力资本相对稀缺的国家在国际技术溢出过程中往往难以成功。显然,"干中学"效应确实影响着进出口贸易和经济增长,且技术溢出导致生产率提高在经验研究方面也得到了充分的证明。一种产品的相对价格与相对产量之间的关系随着"干中学"效应产出弹性大小的变化而变动。Wong(2000)进一步讨论了外部效应对国际贸易理论中的 Rybczynski 定理和 Stolper-Samuelson 定理的影响,认为只有进行贸易的产业的外部效应产出弹性不大时,这两大定理才可能成立。

3.6 总结性评论

在两国的技术、偏好和规模都相同的情况下,专业化模式因外部效应的差异而存在着多重均衡。"干中学"效应是比较优势的重要来源,以此为基础的贸易模式能带来经济利益的增加。国际贸易不仅通过知识溢出效应使一国知识资本存量增加,而且使出口产品的消费规模扩大,均衡的经济增长率由此得以提高。均衡的经济增长率随着产品消费人口的增加而上升,或者说,出口贸易促进着经济增长与转型。这也印证了 Aghion 和 Howitt(1998)的解释。进口贸易带来的"干中学"效应以及"干中学"的速度决定着均衡的经济增长率。随着进口规模扩大所带来的"干中学"效应增强,经济得以持续增长。物质资本生产部门在"干中学"效应的作用下显示出报酬递增现象。这既能解释经济长期增长的原因又能解释人均收入跨国差异的原因。经济就是通过不断引进更复杂的产品来获得进步,"干中学"源于这些复杂程度较高的进口资本品的经验积累。

"干中学"、知识溢出对国际贸易与经济增长的影响不仅存在着理论证据,而且有着充实的经验证据。"干中学"和知识外溢意味着规模报酬递增的存在,外溢效应抵消掉了单个厂商所面临的规模报酬递减问题,从而使经济持续增长。消费人口规模的扩大提高了人均增长率,国际贸易因具有扩大消费人口的效应,进而对经济增长产生正向影响。不仅如此,一国贸易开放还带来了国际知识溢出,各国从其贸易伙伴国吸取创新成果和思想,增大了本国的知识存量,降低了本国 R&D 成本,提高了各国 R&D 部门的生产效率和创新率。国际技术溢出导致生产率提高在经验研究方面也得到了广泛的证实。

第4章 水平创新、国际贸易与产业升级

4.1 引　言

生产性服务业作为一种中间投入性质的部门,其功能在于作为其他部门的商品生产或者提供服务的生产过程中的投入。或者说,生产性服务业实际上就是创新活动,其发展程度和水平决定着一个国家的经济增长速度和方式。生产性服务业和制造业间是相互补充和影响的。Stigler(1951)认为服务业外部化决策的影响因素之一是制造业企业的规模。Hansen(1990)认为生产性服务业对制造业的影响在于其外部化和内部化过程,外部化主要表现为生产性服务业发展的市场化,提高了制造企业的生产率。一个有竞争力的制造业会对生产性服务产生较大的需求,能够成为生产性服务业主要的消费对象,促进生产性服务业的专业化水平,最终形成一个良性循环的产业价值链。生产性服务业以人力资本和知识资本作为主要投入品,通过贸易和市场开放促进生产性服务业发展以及产业技术创新,这是发展中国家经济转型的重要路径。

传统的比较优势理论是建立在外生技术的基础上,其无法解释为什么一国会在一组特定产品上获得技术优势。技术创新对动态比较优势的决定不仅取决于各国企业家开发出来的新技术数量,而且还受知识溢出范围的影响(Grossman 和 Helpman,1991)。当知识在全球范围内溢出时,商品贸易是各国之间知识扩散的载体,贸易使各国的知识存量增大,而一国的知识存量与R&D活动的累积经验成正比,知识国际溢出因此促进各国创新和经济增长。人力资本相对丰裕国家(技术创新领先国)的R&D部门具有相对比较优势,它将生产更多的差异产品(Dixit 和 Norman,1980;Helpman 和 Krugman,1985),人力资本丰裕国家的实际产出增长率因此将

快于非熟练劳动丰裕的国家(Grossman,1990)。① 贸易开放引起知识国际溢出进而影响一国的技术创新和长期增长,其具体渠道可概括为两个方面:(1)一体化效应。贸易是各国之间知识扩散的载体,贸易要么是促进了知识溢出,要么使中间产品种类数增加,从而实现知识生产的规模报酬递增(Rivera-Batiz 和 Romer,1991)。(2)资源配置效应。一方面,国际贸易使厂商获利机会增加的同时使市场竞争加剧,从而激励着更强的研发活动;另一方面,贸易对人力资本和非熟练劳动的相对报酬产生影响,从而导致资源重新配置(Grossman 和 Helpman,1991)。资源配置效应对一国的创新率和长期增长率的影响相当复杂,既有促进的作用又有抑制的情形(Aghion 和 Howitt,1998)。Grossman 和 Helpman(1991)总结了贸易开放阻碍长期增长的四种情形,其中有两种情形与知识不能实现国际溢出有关。"战后大量的证据表明自由贸易引致更高的经济增长"(Bhagwati,2002),这不仅得益于知识的国际溢出,而且是资源配置效率提高的结果,Keller(2002)、Eaton 和 Kortum(2006)为此提供了经验证据,"资源在行业内企业间的转移更为重要"(Bhagwati,2002)。

当知识在国内范围溢出时,贸易不能直接带来各国知识资本存量的增加,比较优势源于人力资本要素禀赋的差异和初始条件。在知识积累方面具有比较优势的国家,产品创新速度就快;在知识积累方面处于劣势的国家只能专业化生产传统产品(Grossman 和 Helpman,1991)。初始条件尤其是历史和预期在决定长期贸易模式中起着重要作用。Krugman(1991)和 Matsuyama(1991)对此提供了证明,那些造成某一国在知识积累方面具有先发优势的历史事件决定着贸易模式。Grossman 和 Helpman 还为政府实施干预政策以改变"一步落后、步步落后"的被动局面提供了理论依据。② 他们尤其强调,如果落后国家在经济规模上远大于其贸易伙伴国时,且该国消费者对高科技产品的支出份额较大时,大国有可能克服在初始知识资本积累方面的相对劣势。③ Krugman(1984)证实了市场规模大的国家从事规模报酬递增经济活动所带来的成本优势。Grossman 和 Helpman(1991)

---

① Aghion 和 Howitt(1998,中译本第 341 页)则认为,自由贸易对长期增长和福利的影响是模糊的:人力资本丰裕的国家在比较优势作用下更多地生产高技术产品,它向高技术产品生产部门投入更多的资源,其创新率可能会下降;非熟练劳动丰裕的国家退出高技术产品的生产,其创新率反而会上升。

② 例如,可以通过给予 R&D 部门足够的补贴来弥补初始劣势,一旦这种干预使该国的 R&D 部门在某一时点上具有了比较优势即可停止干预,显然这一暂时的干预可能获得长期的比较优势。

③ Krugman(1984)证明了大国从事规模报酬递增的经济活动具有成本相对优势的情形。

认为,知识国内溢出时的贸易对技术领先国和落后国所带来的增长效应是不对称的:对于技术领先国,初始优势使其具有更强的研发激励;对于技术落后国家,初始劣势使 R&D 的预期利润率下降,资源从 R&D 部门转向低技术生产部门,创新率和增长率下降。这种判断也可以从基于要素(包括知识)无法在国际自由流动假设的 SS 定理的预测中得到佐证:对于人力资本丰裕的国家,贸易将使丰裕要素(人力资本)的回报率上升,创新激励增强;对于人力资本相对稀缺的国家,贸易使人力资本的回报率下降,其专业化于传统产品的生产。

显然,在 Grossman 和 Helpman(1991)的南北贸易框架中,当知识溢出仅限国内范围时,发展中国家是最大的受害者。贸易竞争的加剧不仅使小国知识投资获利可能性下降,而且研发上的初始劣势扭曲资源配置导致创新率下降。可真如此吗?不可否认,在知识全球溢出情形下,贸易对发展中国家的创新和增长的正面影响是明显的,尤其是增长了知识资本存量,减少了研发重复。但是,知识的国际溢出与国内溢出并不能割裂,它们是相互联系的。有关知识到底是国内溢出还是国际溢出的结果复杂(Branstetter,2001)。基本达成共识的包括:知识溢出是确实存在的,知识国际溢出的外部效应明显(Griliches,1992),外国研发对发展中国家生产力有正面影响且效果随开放度的提高而上升(Coe 和 Helpman,1995)。但本国与外国研发对创新和增长的相对重要性在不同的国家是不同的(Nadiri 和 Kim,1996)。对于发展中国家,知识的国际溢出效应的发挥离不开知识的国内溢出。现有框架总体上是将知识的国际溢出与国内溢出分开讨论,强调知识的国际溢出在技术创新与经济增长中的促进作用,以及小国的知识国内溢出在技术创新和经济增长中的阻碍作用。这不符合发展中国家尤其是大国的现实,忽视了发展中大国也有高技术部门从事创新的事实。

将知识的国际溢出与国内溢出结合起来论证发展中大国的技术创新、贸易与产品竞争之间的关系,尤其是知识的国内溢出如何对发展中国家的技术进步与产品竞争产生促进作用,这是产品创新模型在贸易与增长理论中的重要扩展方向。本章试图为此建立理论模型,论证产品创新、知识溢出范围、经济增长与贸易竞争之间的作用机制和结果。接下来的研究是这样安排的:第二节为基本模式,描述 Krugman 型贸易模式与贸易福利;第三节刻画水平创新、知识国际溢出与经济增长之间的影响机制与结果;第四节讨论贸易开放与经济增长之间的相关理论解释与经验证据;第五节揭示水平创新、知识国内溢出与产品竞争之间的理论关系;最后是结论及政策含义。

4.2 基本模式

4.2.1 S-D-S 型偏好

产品可以在不同的方面加以区分,理论界往往以偏好结构来区分差异产品,其最典型的方法是 Spence—Dixit—Stiglitz 的变体偏好分析法(Spence,1976;Dixit 和 Stiglitz,1977)(S-D-S 型偏好),其认为人们偏爱消费多种多样的变体。

S-D-S 型偏好分析法通常以对称且凹的子效用函数 $u_i(D_{i1}, D_{i2} \cdots)$ 来表示消费者对产品多样化的偏好,其中,$D_{i\omega}$ 是变体 ω 的消费量。Helpman 和 Krugman(1985,ch.6)将子效用函数表达成一个易于处理的 CES 函数:

$$u_i(D) = \left[\int_{\omega \in \Omega_i} (D_i(\omega))^{\beta_i} d\omega\right]^{\frac{1}{\beta_i}} \quad (4.1)$$

其中,Ω 为所有变体(品种)的集合。

在 CES 型效用函数中,每一对变体都能同样地相互替代,且替代弹性 ε 是常数,即

$$\varepsilon_i = \frac{1}{1 - \beta_i} \quad (4.2)$$

标准化消费支出后,对 CES 子效用函数最大化就能得到对变体 i 的需求函数:

$$D_i(\omega) = \frac{P_i(\omega)^{-\varepsilon_i}}{\int_{\omega' \in \Omega_i} [P_i(\omega')]^{1-\varepsilon_i} d\omega'} \quad (4.3)$$

其中,$P_{i\omega}$ 为变体 ω 的价格。

式(4.3)的需求函数是从消费者对变体偏好中形成的,Helpman 和 Krugman(1985)将这种偏好称为产品的水平相异性,或者说,这种产品就是水平差异产品。[1]

4.2.2 Krugman 型贸易模式

Krugman(1979,1980)将 S-D-S 型偏好运用于国际贸易分析,形成了新张伯伦垄断竞争模型。该模型假设每一变体都是以规模报酬递增形式生

---

[1] 差异产品偏好的第二种方法是 Lancaster 型偏好(Lancaster,1979)。

产的,单个生产者同其他生产者处于相同的竞争地位,没有一种变体是由一个以上的厂商生产的,且该产业能容纳许多生产者,因为一种产品有许多不同的变体。这种假设与 Chamberlin(1933)的垄断竞争市场结构是不谋而合的。正如 Helpman 和 Krugman(1985,中译本第 161 页)所概括的,"每个公司把产业中其他生产者的变体选择和定价策略作为给定条件下选择一个变体并决定它的价格以求利润最大化"。

Krugman(1979)模型假设厂商只使用一种要素——劳动,引入规模经济,创造性地将代表性厂商生产第 i 种产品的成本函数设为:

$$l_i = \alpha + \beta x_i, \quad i = 1, \cdots, n \tag{4.4}$$

其中,α 为固定成本,β 为边际成本,x_i 为第 i 种产品的产量。

产品市场和劳动力市场都是完全出清的,c_i 为产品 i 的人均消费量,L 为产品 i 的消费人口,于是有:

$$x_i = c_i L \tag{4.5}$$

$$\sum_{i=1}^{n} l_i = L \tag{4.6}$$

在对称性假设下,根据式(4.4)和(4.6),得出内生的产品种类数:

$$n = \frac{1}{\dfrac{\alpha}{L} + \beta c} \tag{4.7}$$

Krugman(1979)引入国际贸易的方法是,贸易双方实行自由贸易时,对本国的任何一种产品都意味着一个更大的市场和更多的消费人口。假设贸易伙伴国和本国有着相同的消费偏好、技术和资源禀赋,其人口规模为 L^*。于是,式(4.5)变为:①

$$x_i = c_i'(L + L^*) \tag{4.8}$$

随着贸易的开放,每种产品的消费人口扩大,此时的产品种类数为:

$$n' = \frac{1}{\dfrac{\alpha}{L + L^*} + \beta c'} \tag{4.9}$$

比较式(4.9)和式(4.7),从而有:

$$n' > n \tag{4.10}$$

由式(4.10),国际贸易使一国的产品种类数增加,规模经济使产品的实际价格下降,进而决定着贸易模式。

---

① 一种变体的消费人口因贸易而增加,Krugman(1979)证明了每种变体的人均消费量下降,即 $c_i' < c_i$。

Krugman(1980)进一步令 $u = \sum_{i=1}^{n} c_i^{\theta}(0 < \theta < 1)$,在零利润条件下,代表性厂商的产量为:

$$x_i = \frac{\alpha\theta}{\beta(1-\theta)} \quad (4.11)$$

根据式(4.6),内生的产品种类数又可写成:

$$n = \frac{L}{\alpha + \beta x} = \frac{L(1-\theta)}{\alpha} \quad (4.12)$$

贸易的作用在于世界市场比起国内市场能提供更多的产品品种,提高了消费者的消费机会。假设 δ 为本国居民对每种外国产品的需求量与对每种本国产品的需求量的比率,于是有:

$$\frac{n}{n^*} = \frac{L/L^* - \delta}{1 - \delta(L/L^*)} \quad (4.13)$$

对于式(4.13),当 $\frac{L}{L^*} = 1$ 时,$\frac{n}{n^*} = 1$。这说明,两国的需求模式此时与两国的生产模式相同,只要 $\delta < L/L^* < \frac{1}{\delta}$,每个国家就会分工生产在本国有较大市场份额的那种产品,也就是说,出口模式由本国市场决定(Krugman,1980),这在一定程度上解释了 Linder(1961)的贸易模式。

4.2.3 贸易福利

在 Krugman 型贸易模式中,消费者通过产品种类数的增加提高了福利。产品种类数增加不仅使消费者的效用提高,而且使生产者的规模扩大形成规模经济,进而增加贸易利益。但是规模经济可能会导致垄断,引起社会福利下降。

Helpman 和 Krugman(1985,ch.7)将代表性厂商的规模经济程度以平均成本与边际成本之比表示:

$$S(w,x) = \frac{C(w,x)/x}{C'(w,x)} \quad (4.14)$$

其中,w 是投入品价格向量,$C(\cdot)$ 是成本函数,$C'(w,x)$ 为边际成本。

Helpman 和 Krugman(1985,ch.7)还以 $R(\cdot)$ 度量产品垄断力量,即

$$R(\cdot) = \frac{P}{MR(\cdot)} \quad (4.15)$$

代表性厂商利润最大化问题意味着:

$$\frac{R(\cdot)}{S(w,D(\cdot))} = \frac{P(w,D(\cdot))}{C(w,D(\cdot))/x} \quad (4.16)$$

当 $P(w,D(\cdot)) = C(w,D(\cdot))/x$ 时,存在着:

$$R(\cdot) = S(\cdot) = \frac{e_d(x)}{e_d(x) - 1} \quad (4.17)$$

其中,$e_d(x)$为产品的需求价格弹性。

在S-D-S型偏好下,$e_d(x)$取决于变体的种类数;在Lancaster型偏好下,$e_d(x)$取决于人们的理想选择与实际选择的最接近于理想变体的距离。因此,贸易利益来自贸易国可能得到更多品种的消费机会和单个品种递增的规模报酬。① 这也就是Helpman和Krugman(1985)所强调的"张伯伦大组案例"②。Helpman(1981)对此还进行了强调:贸易的结果将导致差异产品部门的产品数量和产品种类数增加,该部门产品价格下降,贸易国从中获益。

4.3 水平创新、知识国际溢出与经济增长

Romer(1990)发展了Romer(1987)模型,③不仅使得人们能够在经济增长模型中处理报酬递增问题,而且使知识积累的渠道扩展到有意识的研发活动,大大丰富了技术进步的来源。Romer(1990)考虑了厂商为进入一个新的中间产品生产而必须承担的固定成本,该成本由垄断租金来补偿,而垄断租金就是来自中间产品的规模报酬递增。④ Romer强调内生技术变化是内生增长的来源,具体体现在两个方面:一是以中间产品种类数增加来体现内生技术进步;二是研究部门能够增加知识存量,知识的溢出效应同时又具有内部效应和外部效应,从而实现内生经济增长。

Romer(1990)模型暗含着贸易与内生增长的关系,贸易使市场规模扩

---

① H-O模式下的斯托珀—萨缪尔森定理认为,自由贸易提高了一国出口行业所密集使用的要素收益,降低了进口行业所密集使用的要素收益;参与贸易的各方必然有部分生产要素的报酬出现损失。但在张伯伦—赫克歇尔—俄林模型中,参与贸易的各方的所有生产要素的报酬都不可能出现损失。

② 此时差异产品产业内的竞争者数目是由直至使利润为零的那一点的进入与退出程度内生决定的。

③ Romer(1987)扩展了对知识增长源泉的解释,认为知识是投入品种类连续增加的结果,将Young(1928)的经济增长源于劳动专业化分工深化的思想进行了形式化,引入了中间产品环节的不完全竞争,考虑了技术的垄断租金。这使得内生经济增长发展到了第二代。

④ Romer(1990)模型中的知识具有两个特性:部分排他性和非竞争性。Romer以"widges"设计的例子说明了这一问题,独立的设计因专利保护使得其报酬是排他性的,但并不是具有完全排他性,"widges"的发明者无法阻拦人们从该设计中进行学习。规模报酬递增来自劳动专业化(产品差别)和技术的溢出效应。也正是因为如此,均衡增长率通常是社会次优。Benassy(1998)采用Dixit和Stiglitz(1977)产品多样化模型证明了均衡增长率有可能超过最优增长率。

大进而对中间产品厂商和研发部门产生规模报酬递增的激励。我们试图将国际贸易和知识溢出纳入 Barro 和 Sala-I-Martin(1995,ch.6)模型考察产品创新、国际贸易、知识国际溢出与内生增长之间的关系。

4.3.1 经济环境

经济环境界定技术进步的含义以及与技术进步相联系的最终产品厂商和家庭部门特征。代表性厂商的生产函数为：

$$Y = AL_y^{1-\alpha} \sum_{i=1}^{n} x_i^{\alpha} \tag{4.18}$$

其中,L_y 为劳动投入,x_i 为中间产品投入,n 为中间产品的种类数,$1 > \alpha > 0$。

假设 L_y 和 x_i 具有规模报酬不变的技术,生产率是中间产品种类数的增函数,技术进步体现为中间产品种类数的增加。根据 Barro 和 Sala-I-Martin(1995),对称性假设下的式(4.18)的简式为：

$$Y = AL_y^{1-\alpha} n x^{\alpha} = AL_y^{1-\alpha}(nx_i)^{\alpha} n^{1-\alpha} \tag{4.19}$$

其中,随着 n 的连续增加,nx_i 就代表技术进步。

标准化最终产品价格,令工资率为 w,中间产品 i 的价格为 p_i。假设一种中间产品只由一个厂商生产,该产品的价格就是垄断者的决策变量,垄断者制定 p_i 以最大化垄断租金 $(p_i - 1)x_i$,此时的中间产品垄断价格就是边际成本基础上加价 $1/\alpha$ 倍。但行业是自由进入的,厂商的零利润条件存在。于是,每种中间产品的产量为：

$$x_i = L_y A^{\frac{1}{1-\alpha}} \alpha^{\frac{2}{1-\alpha}} \tag{4.20}$$

完全竞争条件下的中间产品市场均衡条件意味着：

$$x_i = c_i l = c_i \phi L_y \tag{4.21}$$

其中,c_i 为中间产品 i 的单位需求,消费者数量为 l；中间产品的消费者是厂商,为分析方便,将 l 表示成 L_y 的线性函数,即 $l = \phi L_y (1 > \phi > 0)$。

代表性家庭的动态决策问题为：

$$\text{Max} U = \text{Max} \int_0^{\infty} \frac{c_t^{1-\theta}}{1-\theta} e^{-\rho t} dt \tag{4.22}$$

代表性家庭的预算约束条件为

$$c_t + \dot{s}_t = rs_t + w \tag{4.23}$$

其中,s_t 代表 t 时期的储蓄水平。

4.3.2 R&D 行为

根据 Barro 和 Sala-I-Martin(1995),中间产品创新依赖于 R&D 行为,R&D 部门的生产技术取决于研发第 i 种中间产品所获报酬的现值:

$$v(t) = \int_t^T (p_i - 1) x_i e^{-r(\tau-t)} d\tau \qquad (4.24)$$

其中,$(p_i - 1)x_i$ 为第 i 种中间产品所产生的利润流 π_i(标准化 R&D 部门的边际成本),r 为回报率,垄断厂商制定价格以最大化每种中间产品的利润。

根据式(4.20)、式(4.21),式(4.24)的简约形式为:

$$v(t) = \frac{l}{\phi} A^{\frac{1}{1-\alpha}} \frac{1-\alpha}{\alpha} \alpha^{\frac{2}{1-\alpha}} \int_t^T e^{-r(\tau-t)} d\tau \qquad (4.25)$$

市场套利活动将使 R&D 部门的利润等于对无风险债券的投资回报(Grossman 和 Helpman,1991),即套利条件为:

$$\frac{\pi}{v} + \frac{\dot{v}}{v} = r \qquad (4.26)$$

假设中间品的需求是对称的,且标准化总消费支出水平,则代表性中间产品的利润为 $(1-\alpha)/n$,根据式(4.26),厂商价值的变化是最新技术的现值和获得的品牌数目的函数:

$$\dot{v} = rv - \frac{1-\alpha}{n} \qquad (4.27)$$

当然,R&D 行为离不开 R&D 成本,若 $v(t)$ 小于 R&D 成本 $\tilde{v}$,则 R&D 行为就会失去激励。Barro 和 Sala-I-Martin(1995)讨论了具有正 R&D 投资均衡时的自由进入条件 $\tilde{v} = r$,即要求 $r(t) = r$,此时由式(4.25)有:

$$r = \frac{l}{\phi} \frac{1}{\tilde{v}} A^{\frac{1}{1-\alpha}} \left(\frac{1-\alpha}{\alpha}\right) \alpha^{\frac{2}{1-\alpha}} \qquad (4.28)$$

在均衡增长路径上,$v(t) = \tilde{v}$ 且 $\dot{v} = 0$,于是由式(4.27)有:

$$\tilde{v} = \frac{1-\alpha}{rn} \qquad (4.29)$$

每个研发活动的成果代表着一个新的中间产品,根据 Grossman 和 Helpman(1991),R&D 部门的生产函数可表达为:

$$\dot{n} = \frac{L_n K_n}{a} \qquad (4.30)$$

其中,K_n 为 R&D 活动的知识资本投入,$K_n = f(n)$,L_n 为 R&D 活动的人力投入。

4.3.3 竞争性均衡

依据代表性家庭的动态决策问题,构建 Hamilton 方程:

$$H = e^{-\rho t}(c^{1-\theta} - 1)/(1-\theta) + \lambda(rs + w - c) \tag{4.31}$$

由 Hamilton 方程的最优一阶条件可得均衡的消费增长率:

$$g_c = \frac{r - \rho}{\theta} \tag{4.32}$$

将式(4.28)、式(4.29)代入式(4.32),可得均衡的经济增长率:

$$g_c = g_y = \frac{1}{\theta}\left[\frac{l}{\phi}\frac{rn}{1-\alpha}A^{\frac{1}{1-\alpha}}\left(\frac{1-\alpha}{\alpha}\right)\alpha^{\frac{2}{1-\alpha}} - \rho\right] \tag{4.33}$$

根据式(4.33),存在着:

$$\frac{\partial g_y}{\partial n} > 0, \quad \frac{\partial g_y}{\partial l} > 0 \tag{4.34}$$

由式(4.34)可总结出命题 1。

命题 1:内生增长具有显著的规模报酬递增性质,产出增长率随着中间产品的种类数和消费者的增加而提高。

经济增长的规模效应体现为消费者的增加,贸易开放以后,每种中间产品的消费者随之增加。虽然存在着规模效应不引起经济增长的经验证据,但 Barro 和 Sala-I-Martin(1995)指出,这种不一致的问题可能出在知识不能跨国流动的假设上,如果允许技术模仿,则可能解决理论与经验证据之间的矛盾。贸易带来的中间市场规模扩大使本国的知识存量扩大,R&D 行为的激励加强,不仅如此,产品种类数的增加还降低了下一种产品的发明成本,或者说,每种中间产品对整个经济产生了正的外部效应。Rivera-Batiz 和 Romer(1991)、Grossman 和 Helpman(1991)在阐述贸易影响增长时特别强调这种一体化效应。

4.3.4 贸易、知识溢出与经济增长

引入贸易伙伴国,假设本国和贸易伙伴国的偏好、技术、资源禀赋都相同,该国中间产品的消费者为 l^*。

1. 知识没有国际溢出而商品自由贸易的情形

根据 Krugman(1979)的思路,商品的自由贸易使本国的每种创新产品的市场范围扩大,或者说,消费者数量扩大了 l^*,本国研发第 i 种中间产品获得的报酬现值为:

$$v(t)^T = \frac{1}{\phi}(l + l^*)A^{\frac{1}{1-\alpha}}\frac{1-\alpha}{\alpha}\alpha^{\frac{2}{1-\alpha}}\int_t^T e^{-r(\tau-t)}d\tau \tag{4.35}$$

比较式(4.35)与式(4.25),显然,贸易开放使 R&D 活动的报酬现值提高。

类似于式(4.33),贸易开放条件下市场均衡时的本国经济增长率为:

$$g_c^T = \frac{1}{\theta}\left[\frac{1}{\phi}(l+l^*)\frac{1}{\tilde{v}^*}A^{\frac{1}{1-\alpha}}\left(\frac{1-\alpha}{\alpha}\right)\alpha^{\frac{2}{1-\alpha}} - \rho\right] \qquad (4.36)$$

其中,$\tilde{v}^*$ 为贸易伙伴国研发成本。

比较式(4.36)与式(4.33),显然,只有当 $\frac{l+l^*}{\tilde{v}^*} > \frac{1}{\tilde{v}}$ 时,$g_c^T > g_c$。除非两个相互贸易国家的 $\tilde{v} = \tilde{v}^*$,否则贸易是否促进经济增长存在不确定性。因为,两国在贸易中未能实现知识的国际溢出。根据式(4.30),在知识溢出范围仅为国内时,$K_n = n$,此时 $\frac{\dot{n}}{n} = \frac{L_n}{a}$,也就是说本国创新产品种类数的增加只取决于本国的 R&D 人力投入,无法从其贸易伙伴国的产品创新中增大本国的知识存量、降低 R&D 成本。由此我们总结出命题 2。

命题 2:若商品贸易是自由的、知识却没有发生国际溢出,那么贸易对经济增长的影响是不确定的。只有当贸易带来的创新产品规模效应超过研发成本的增加时,贸易才有利于一国的经济增长。

2. 知识国际溢出而商品自由贸易受阻的情形

根据 Grossman 和 Helpman(1991),当两国之间发生知识溢出时,本国的知识资本存量 $K(n) = n + \delta n^*$,$\delta(0 < \delta \leq 1)$ 代表国际知识溢出程度。此时,R&D 成本 $\tilde{v}^T$ 随着知识的国际溢出而下降,不仅如此,本国的中间产品的创新率随着知识的国际溢出而提高,根据式(4.30)有:

$$\dot{n} = \frac{L_n(n+\delta n^*)}{a} \qquad (4.37)$$

类似于式(4.36),在知识国际溢出情形下,均衡状态下本国的经济增长率为:

$$g_c^T = \frac{1}{\theta}\left[\frac{l}{\phi}\frac{1}{\tilde{v}^T}A^{\frac{1}{1-\alpha}}\left(\frac{1-\alpha}{\alpha}\right)\alpha^{\frac{2}{1-\alpha}} - \rho\right] \qquad (4.38)$$

由于 $\tilde{v}^T < \tilde{v}$,$g_y^T > g_y$,由此可总结出命题 3。

命题 3:只要知识发生国际溢出,即使贸易受到限制,一国的经济增长率也将因此提高。

3. 既有知识的国际溢出又有商品自由贸易的情形

当商品在国际自由流动时,外国代表性消费者购买本国中间产品 i 的支出份额为 s_i,本国代表性中间品的销量即 s_i/np,每种中间产品的利润为

$(1-\alpha)s_i/n$(Grossman 和 Helpman,1991)。根据式(4.27),此时厂商价值变化的函数为:

$$\dot{v} = rv - \frac{(1-\alpha)s_i}{n} \tag{4.39}$$

当知识在国际溢出时,本国的知识资本存量 $K(n) = n + \delta n^*$。当各国的研究活动不存在重复劳动时($\delta = 1$),贸易通过竞争避免了重复劳动,每个厂商都有强烈动机研究下一种新产品。于是,均衡状态下本国的经济增长率为:

$$g_y^s = \frac{1}{\theta}\left[\frac{l}{\phi}\frac{r(n+\delta n^*)}{(1-\alpha)s_i}A^{\frac{1}{1-\alpha}}\left(\frac{1-\alpha}{\alpha}\right)\alpha^{\frac{2}{1-\alpha}} - \rho\right] \tag{4.40}$$

比较式(4.40)与式(4.33),由于 $1 \geq s_i > 0$,显然,$g_y^s > g_y$,由此可总结出命题4。

命题 4:当知识溢出和商品流动的范围都是国际之间时,一国的经济增长率因贸易开放而提高。

4.4 讨论:相关理论解释与经验证据

关于贸易开放与经济增长的关系,其在新古典贸易理论中难以得到满意的回答。新古典贸易理论强调经济增长的消费效应和生产效应,贸易开放仅有水平效应,不具有增长效应。大量经验研究也围绕该问题进行讨论。Harrison(1995)、Frankel 等(1996)以及 Frankel 和 Romer(1999)都以贸易份额作为解释变量来检验贸易对经济增长的影响,发现贸易对经济增长具有正向影响。同样以贸易份额作为解释变量,Levine 和 Renelt(1992)则认为,贸易对经济增长具有负向影响。Sala-I-Martin(1997)和 Romer(1993)分别以初级产品出口和机械设备进口为解释变量检验贸易与增长之间的关系,前者结果为负相关,后者结果为正相关。Harrison(1995)还以开放水平作为解释变量时发现,贸易与经济增长之间呈正相关,而 Levine 和 Renelt(1992)以经济开放度作为解释变量时发现,两者关系是不确定的。从这些经验研究来看,贸易与经济增长之间的关系非常复杂。贸易的动态利益直到以"干中学"和创新为研究重点的新增长理论出现才有了新的进展。第二代新增长理论强调创新是企业通过投资进行研究开发的成果,创新的过程表现为新产品的产生、质量阶梯的提升。

Grossman 和 Helpman(1991a,1991b,1991c,1991d)在垄断竞争的市场结构下分析了创新、贸易与经济内生增长之间的关系。从 Grossman 和 Helpman 的水平创新模型来看,影响一国实际产出增长速度的因素包括消费者对差异产品多样化的偏好程度和创新增长速度,而创新增长速度取决于人力资本的数量、研究部门的生产率等因素。贸易影响一国创新率的机制和渠道多样。商品贸易是各国之间知识扩散的载体,贸易使贸易国的知识资本存量增大,促进各国创新和经济增长。如果贸易并没有促进本国知识资本存量的增加,那么贸易开放就不存在 Grossman 和 Helpman 意义上的一体化效应。经济一体化扩大了市场规模,如果此时知识只局限于国内溢出,则初始阶段的技术领先将转化为动态比较优势,更强的研究活动激励只针对于技术领先国;对于技术落后国家的厂商预期 R&D 投资利润率将由于国外进口产品的竞争而下降,最终使资源从 R&D 部门向生产部门转移,创新率和增长率下降。总之,当知识仅限于国内溢出时,贸易开放对技术领先国和技术落后国所带来的增长效应是不对称的。

贸易开放还会对熟练劳动和非熟练劳动相对报酬产生影响,从而导致资源重新配置。根据 SS 定理,对于人力资本丰裕的国家而言,贸易开放将使其国内丰裕要素(人力资本)的价格上升,创新成本上升,尽管该国可以从知识的国际溢出中增加知识存量,但其创新成本仍可能上升;但从长期来看,因其专业化于高技术产品的生产,产出增长率不一定下降。而对于劳动力丰裕的国家而言,贸易开放将使国内稀缺要素(人力资本)的价格下降,创新成本下降,加之可以从知识的国际溢出中增加知识存量,创新成本进一步下降,其创新率会高于自给自足水平;但从长期来看,因其专业化于传统产品的生产,产出增长率不一定提高。

贸易开放对一国长期创新率和增长率的影响是相当复杂和不确定的。Grossman 和 Helpman(1991a,ch.9)总结了贸易开放抑制一国的创新率和增长率的情形:(1)在国际溢出仅限国内范围时,小国在世界创新产品市场上的份额不断下降,竞争的加剧使知识投资获利可能性下降;(2)初始阶段在研发活动上处于劣势的国家,知识溢出仅限于国内范围时,在间接资源配置效应的作用下,创新率将会下降;(3)非熟练劳动力相对丰裕的国家在资源配置效应的作用下,产出增长率不一定会提高;(4)人力资本相对丰裕的国家,因世界市场给人力资本带来巨大报酬,这可能使从事R&D 活动的动力下降。① 在这四种情形中,前面两种都与知识不能全球溢

---

① Grossman 和 Helpman(1991a,ch.9)也总结了贸易的获益方面:一是国际贸易使各国的消费者效用水平提高,因为消费者能有机会消费到各国的创新产品;二是各国按比较优势从事专业化生产具有贸易静态利益。

出有关。① 在知识全球溢出的情形下,贸易开放对创新和增长的正面影响还是很明显的,例如,贸易促进了各国知识技术交流,增长了各国的知识资本存量,减少了各国研究努力的重复。

4.5 水平创新、知识国内溢出与产品竞争

在南北贸易框架下,创新发生在北方,南方只能模仿,南方的技术进步和经济增长取决于知识溢出的国际范围。但实际上发展中国家尤其是大国也有技术部门从事技术创新。我们将发展中国家的创新部门分为高技术部门和低技术部门,高技术部门的活动体现为垄断租金的获取过程,新产品具有报酬递增性质且依赖于贸易和知识国际溢出,低技术部门模仿生产创新于高技术部门的产品,高技术部门与低技术部门之间实现着知识的国内溢出。

4.5.1 消费者行为

假设代表性消费者对多样化产品进行消费,式(4.22)描述了其最大化行为。对于在时点 t 的瞬间消费指数 c_t,采用 Dixit 和 Stiglitz(1977)模型(DS 模型)中的 CES 形式,将每两种产品之间的替代弹性视为常数且相等,即

$$c_t = \left[\int_0^n x(j)^\sigma \mathrm{d}j\right]^{\frac{1}{\sigma}} \tag{4.41}$$

其中,每两种产品之间的替代弹性为 $\varepsilon = 1/1 - \sigma (1 > \sigma > 0)$,代表性消费者同时消费高技术部门和低技术部门的产品,高技术部门的产品种类数为 n_h,低技术部门产品的种类数为 n_l,$n = n_h + n_l$,σ 为代表性消费者对第 j 种产品的消费比例,x_j 为代表性消费者对产品 j 的消费量。

将式(4.41)代入式(4.31),由消费者最大化问题可得出对 x_j 一阶最优条件(Barro 和 Sala-I-Martin,1995)。于是,高技术部门的新产品与低技术部门的旧产品之间的相对需求 (x_h/x_l) 是它们相对价格 (p_h/p_l) 的函数,即

---

① 有关知识到底是国内溢出还是国际溢出的研究结果比较复杂。总体而言,知识溢出的存在看上去基本上是被认同的事实。但对于知识的国际溢出问题结论不一,Griliches(1992)认为知识国际溢出的外部效应非常明确;Coe 和 Helpman(1995)指出,外国研发对本国生产力有正面影响,其效果随开放度的提高而上升;Nadiri 和 Kim(1996)的研究显示,本国及外国研发的相对重要性在不同的国家是不同的。有关知识的国内溢出与国际溢出的文献综述可参见 Branstetter(2001)。

$$\frac{x_h}{x_l} = \left(\frac{p_h}{p_l}\right)^{-\varepsilon} \tag{4.42}$$

4.5.2 高技术部门行为

对于高技术部门厂商,其人力资本同时用于研发部门和差异产品生产部门(Butler,1990),H_h^P 和 H_h^R 分别表示用于生产部门和研发部门的人力资本量,则高技术部门的人力资本总量为 $H_h = H_h^P + H_h^R$。

在知识国内溢出的情形下,差异产品 j 的生产水平取决于生产部门的生产率参数 a_h 和熟练劳动的投入 H_{hj}^P,即 $Q_{hj} = a_h H_{hj}^P$。此外,生产活动还需要研发部门提供创新成果。于是,高技术部门代表性厂商的利润函数为:

$$\pi_h = p_{hj} Q_{hj} - w_h H_{hj}^P - w_h H_{hj}^R \tag{4.43}$$

其中,w_h 为高技术部门熟练劳动的工资率。

高技术部门代表性厂商利润最大化条件意味着:

$$p_{hj} = \frac{w_h}{a_h} \tag{4.44}$$

高技术部门的创新使产品种类数不断增加,其增加速度取决于 R&D 部门的人力资本投入与生产率(g)、低技术部门的模仿速度(m),这体现了知识的国内溢出,于是

$$\dot{n}_h = g H_h^R - m n_h$$

高技术部门的创新动力在于追求垄断租金,即

$$\text{Max } v = \int_0^\infty e^{-\rho t} \pi_h dt$$

从这两方面的特征来看,发展中大国的高技术部门创新行为与发达国家的创新行为类似。Butler(1990)对发达国家(北方)的创新行为进行了描述,依据创新厂商现在的 R&D 成本的贴现值与未来的产品利润的贴现值相等,在稳态状态下($\dot{n}_h = 0$)和对称性条件下,求得了北方技术创新厂商用于生产部门和研发部门的人力资本量以及高技术部门产品种类数。我们借鉴 Butler(1990)的结果,将发展中大国高技术部门的资源配置状况描述为:

$$H_h^P = \sigma(\rho + m) H_h / (m + \sigma\rho) \tag{4.45}$$

$$H_h^R = (1 - \sigma) m H_h / (m + \sigma\rho) \tag{4.46}$$

$$n_h = (1 - \sigma) g H_h / (m + \sigma\rho) \tag{4.47}$$

从式(4.45)至式(4.47)可见,知识的国内溢出通过资源配置效应作用于高技术部门的人力资本投入和产品种类数。与知识国际溢出不同,知

识国内溢出的资源配置效应的直接渠道就是人力资本在国内各部门之间自由流动。

4.5.3 低技术部门行为

低技术部门不仅通过知识的国际溢出模仿发达国家的创新产品,而且通过知识的国内溢出模仿国内高技术部门的创新产品。于是,低技术部门产品种类数的变化率取决于发达国家创新产品种类数(n^*)、国内高技术部门的产品种类数(n_h)、低技术部门的模仿率,以及旧产品退出生产的速度(obsolescence rate)$\tau(1>\tau>0)$,即

$$\dot{n}_l = m(n_h + n^*) - \tau n_l \tag{4.48}$$

令 $n^* = \varphi n_h (\varphi \geq 1)$,则在比较静态均衡状态下,$\dot{n}_l = 0$,即 $m(1+\varphi)n_h = \tau n_l$,根据式(4.47)有:

$$n_l = \frac{(1-\sigma)(1+\varphi)gmH_h}{\tau(m+\sigma\rho)} \tag{4.49}$$

4.5.4 产品相对价格与相对成本

高技术部门创新与低技术部门模仿行为不仅作用于人力资本的配置状况和产品种类数的变化,而且对两部门的产品相对价格和相对成本产生影响。

在知识国内溢出的情形下,高技术部门代表性差异产品的生产水平 $x_h = a_h H_h^P/n_h$。同样,当低技术部门的生产率为 a_l,且将该部门的模仿与生产视为一种"综合活动"(composite activity)时,低技术部门代表性差异产品的生产水平 $x_l = a_l H_l/n_l$。于是,根据式(4.42),高技术部门所生产的新产品和低技术部门所生产的相对于高技术部门而言算是旧产品的相对价格为:

$$\frac{p_h}{p_l} = \left(\frac{n_h}{n_l}\frac{a_l}{a_h}\frac{H_l}{H_h^P}\right)^{1-\sigma} \tag{4.50}$$

将式(4.45)、式(4.47)和式(4.49)代入式(4.50),则有:

$$\frac{p_h}{p_l} = \left[\frac{\tau a_l H_l(m+\sigma\rho)}{\sigma(1+\varphi)a_h H_h m(\rho+m)}\right]^{1-\sigma} \tag{4.51}$$

创新产品由高技术部门转移到低技术部门是因为低技术部门所具有的成本优势,即 Grossman 和 Helpman(1991)意义上的"巨大差异情形"(wide-gap case),模仿活动的 Bertrand 竞争使得 $p_l = w_l/a_l$。根据式(4.44),存在着:

$$\frac{w_h}{w_l} = \left[\frac{\tau H_l(m+\sigma\rho)}{\sigma(1+\varphi)H_h m(\rho+m)}\right]^{1-\sigma}\left(\frac{a_h}{a_l}\right)^{\sigma} \quad (4.52)$$

4.5.5 比较静态结果

从式(4.51)、式(4.52)发现,知识国内溢出影响发展中大国高技术部门与低技术部门的产品相对价格和相对成本的主要因素来自三个方面:低技术部门的模仿率、两部门的生产率以及两部门之间人力资本配置状况。

首先,低技术部门的模仿率对高技术部门产品相对价格和相对工资水平会产生影响,其结果为:

$$\frac{\partial(p_h/p_l)}{\partial m} < 0, \quad \frac{\partial(w_h/w_l)}{\partial m} < 0 \quad (4.53)$$

当低技术部门的模仿率提高时,高技术部门配置于差异产品生产的人力资本量下降,配置于研发的人力资本量上升。低技术部门的模仿使得高技术部门的产品价格下降,高技术部门集中资源研发新一代产品,但在新产品未生产之前,研发投入的现值回报相对较低。于是,由式(4.53)可总结出命题5。

命题5:知识从国内的高技术部门向低技术部门溢出,提高了低技术部门的产品相对价格和相对工资。

其次,高技术部门和低技术部门的生产率影响着两部门产品相对价格和相对工资,影响结果为:

$$\frac{\partial(p_h/p_l)}{\partial a_h} < 0, \quad \frac{\partial(w_h/w_l)}{\partial a_h} > 0 \quad (4.54)$$

$$\frac{\partial(p_h/p_l)}{\partial a_l} > 0, \quad \frac{\partial(w_h/w_l)}{\partial a_l} < 0 \quad (4.55)$$

部门生产率的上升将使其优势活动得到强化,高技术部门的优势活动在于研发,该部门的资源配置向研发部门转移;低技术部门的优势活动在于生产,资源向生产转移导致高技术研发的回报或者说高技术产品相对价格提高。由式(4.54)、式(4.55),两部门生产率的变化对产品相对价格和相对工资的影响机制概括为命题6。

命题6:高技术部门生产率的上升,降低了该部门产品相对价格,提高了该部门的相对工资。低技术部门生产率的上升,提高了高技术部门产品的相对价格,降低了高技术部门的相对工资。

最后,发展中大国高技术部门和低技术部门之间人力资本配置状况是影响两部门产品相对价格和相对工资的重要因素,其影响结果是:

$$\frac{\partial(p_h/p_l)}{\partial H_h} < 0, \quad \frac{\partial(w_h/w_l)}{\partial H_h} < 0 \qquad (4.56)$$

$$\frac{\partial(p_h/p_l)}{\partial H_l} > 0, \quad \frac{\partial(w_h/w_l)}{\partial H_l} > 0 \qquad (4.57)$$

教育部门扩张、教育部门生产率的提高、"干中学"以及技术进步等因素都会导致一国人力资本增加。对于高技术部门，人力资本增加一方面使差异产品生产活动的投入增加，产量增加导致价格下降；另一方面使研发活动的人力资本增加，在新产品未投产之前，研发投入的现值报酬相对较低。对于低技术部门，生产和模仿是"综合活动"，人力资本增加导致高技术研发的收益增加进而使高技术部门人力资本报酬上升。基于此，我们可总结出命题7。

命题 7：高技术部门人力资本的增加，降低了该部门的产品相对价格和相对工资。低技术部门人力资本的增加，提高了高技术部门的产品相对价格和相对工资。

4.6 结论及政策含义

将技术创新、知识溢出范围、经济增长与产品竞争之间建立起理论联系，这是产品创新模型在贸易与增长理论中的一个重要扩展。经济增长率随着中间产品的种类数和消费者的增加而提高，贸易使中间产品的市场规模扩大，从而实现规模报酬递增。在南北贸易框架下，发展中国家的技术进步和经济增长取决于知识溢出的范围。在商品贸易是自由的而知识却没有发生国际溢出时，贸易对经济增长的影响是不确定的，此时南方创新产品种类数的增加只取决于本国的 R&D 人力投入，无法从其贸易伙伴国（北方）的产品创新中增大本国的知识存量、降低 R&D 成本。只要国际知识发生溢出，即使自由贸易受到限制，一国的经济增长率也将因此提高。当知识溢出和商品流动的范围都是国际之间时，经济一体化能有效地剔除重复研究，每次创新都增大了各国的知识资本存量。

南北贸易框架忽视了发展中大国也有高技术部门从事技术创新的事实，本章将发展中国家的创新部门区分为高技术部门和低技术部门，通过高技术部门创新与低技术部门模仿对两部门产品的相对价格和相对成本的影响发现，知识的国内溢出通过人力资本的跨部门配置对发展中国家技术进步与产品竞争产生显著的促进作用。知识的国内溢出提高了低技术部门的产品相对价格和相对工资。高技术部门生产率的上升，降低了该部门产品相对价格,提高了该部门的相对工资;低技术部门生产率的上升,提高了高技术部门产品相对价格,降低了高技术部门的相对工资。高技术部门人力资本的增加,降低了该部门的产品相对价格和相对工资;低技术部门人力资本的增加,提高了高技术部门的产品相对价格和相对工资。

  从政策含义上看,提升一国的产品竞争力要遵循高技术部门和低技术部门之间所具有的相互影响性,刺激政策的实施需注重两部门的协调。例如,对高技术部门的创新实施补贴政策,有利于增加低技术部门的产品种类数;对低技术部门生产率实施刺激政策以及增加低技术部门的人力资本投入,有利于提高高技术部门的研发回报或者说产品相对价格。

第5章 垂直创新、国际贸易与产业升级

5.1 引　言

生产性服务的发展不仅源于水平创新,而且取决于垂直创新。基于产品多样性(无论是生产性产品还是消费性产品)研究内生技术进步的方法有一个明显的局限,即没有考虑多样性产品的消失问题。[①] Segerstrom、Anant 和 Dinopoulos(1990)、Aghion 和 Howitt(1992,1998)将熊彼特方法引入内生增长理论,将内生技术进步描述为产品质量连续改进的过程,增长是由一系列随机垂直创新所带来的,而这些创新本身源于具有不确定性的研发活动。这种类型的内生技术进步具有"创造性毁灭"效应,即新发明会使旧技术或旧产品过时或消失,垄断租金由现任创新者向新来者转移。

对于垂直创新情形下动态比较优势的演进,Grossman 和 Helpman(1991a,ch.7)进行了阐述,他们将熊彼特模型纳入了贸易理论并指出,垄断竞争的市场结构下各行业贸易模式由技术领先的行业数量决定,而后者又是由一国先前的 R&D 投资水平决定的。Aghion 和 Howitt(1998,ch.2)建构了基本的熊彼特模型以强调:一方面,商品贸易的繁荣使得用于研发部门的人力资本下降;另一方面,贸易加剧了产品市场的竞争,即倾向于使中间产品垄断程度下降,从而使创新厂商的垄断利润下降、创新激励变小。当研究部门不是竞争性的而是垄断性时,贸易对经济增长的影响又是怎样的呢? 在 Aghion 和 Howitt(1998,ch.7)看来,当研究部门(单部门)为垄断部门时,在位创新厂商一方面具有内部化当前创新的市场抢夺效应;在位创新者内部化当前创新对未来研究具有正的效应;这两种效应谁占主导地位是不确定的。Aghion 和 Howitt(1998,ch.7)进一步指出,这种不确定性可以通过多部门假设来消除。也就是说,在多部门情形下,中间产品贸易

[①] 在通常的研究路径中,对于厂商,假设中间投入品种类之间是互补的;对于消费者,假设是 S-D-S 型多样化消费偏好。

就能促进经济增长。①

　　内生技术进步包括技术创新与技术模仿。开放条件下南方国家的模仿行为和北方国家的创新行为一起作用于国际专业化模式以及产品周期。现有关于贸易与技术转移的文献主要关注于创新与模仿的关系、产品周期以及干预政策对创新率和模仿率的影响。Krugman(1979)的南北贸易模型对 Vernon(1966)的产品周期理论进行了扩展和形式化,认为技术转移的渠道是模仿而非 FDI,但 Krugman 未能分析技术转移的经济效应和政策影响。该工作由 Feenstra 和 Judd(1982)完成。Krugman(1990,ch.10)在李嘉图框架下解释了国家与产品特性间的相互关系,指出发达国家和不发达国家之间的技术进步是不对称的,发达国家的技术进步所造成的技术差距对不发达国家也有好处,不发达国家的技术追赶使技术差距缩小对技术发达国家也有不利。但 Krugman(1990)模型与 Feenstra 和 Judd(1982)模型都属于外生技术进步模型。

　　内生技术创新与转移模型是由 Grossman 和 Helpman(1991a,1991b,1991c,1991d)开始完成的。Grossman 和 Helpman(1991a,ch.11;1991c)全面讨论了世界经济中两国间的长期创新率、模仿率和增长率如何受国际贸易、经济规模以及政策的影响,其基本结论包括:(1)伴随国际贸易的技术转移影响着南方国家的技术进步,创新与模仿之间存在着正向反馈关系。(2)当南方具有较大成本优势时,北方经济规模扩张对长期创新率没有影响,但会使南方模仿率下降;当南方具有微小成本优势时,北方经济规模扩张会使创新率上升、模仿率下降;但无论谁在成本上具有优势,南方经济规模扩张都会使长期创新率和模仿率都上升。(3)当南方具有较大成本优势时,北方的补贴政策使模仿率下降,但创新率不变;当南方具有微小的成本优势时,北方的补贴政策使创新率与模仿率都上升;对于南方的鼓励本国知识积累的政策,在其具有较大成本优势时,政策使创新率和模仿率同时上升;在其具有微小成本优势时,政策对长期创新率和模仿率都没有影响。

　　Grossman 和 Helpman(1991a,ch.12;1991d)在分析技术创新与转移时建立了产品周期理论,即领导国—跟随国—模仿国模型,区分了三种均衡下的贸易模式。Dinopoulos 和 Segerstrom(2003)构建了南北贸易和产品周期的动态一般均衡模型,发展了 Grossman 和 Helpman 模型,该模型的主要

---

　　① Aghion 和 Howitt(1998,ch.7)具体阐述了三种可能情形下竞争有利于经济增长,即产品市场竞争的达尔文效应、渐进式技术进步效应和卢卡斯效应,这也就意味着贸易在这三种可能情形下有利于经济增长。

贡献在于：(1)舍弃了Grossman和Helpman模型中的人口增长为零的假设，将正的人口增长纳入了南北贸易模型；(2)舍弃了CD型消费偏好的假设，采用CES消费偏好函数。但Dinopoulos和Segerstrom模型未能如Li(2001)那样区分不同类型的创新。

关于最优干预与内生技术进步的研究自20世纪80年代将贸易政策与产业政策引入不完全竞争市场以来就在不断地讨论。Bulow等(1985)提出了多市场寡头的概念，指出了寡头市场结构对干预政策(贸易政策和产业政策)设计的含义。Brander与Spencer(1985)、Eaton与Grossman(1986)研究了市场分割和寡头竞争情形下干预政策的作用机制，但它们存在着一个明显的缺陷，即模型中只关注单个市场尤其是出口市场干预问题。Markusen与Venables(1988)虽然分析了不同产业结构和市场结构组合对于最优干预的影响，但边际成本为常数的假设意味着两个市场的均衡结果是独立决定的，从本质上说，这一模型也归入单市场干预模型(马捷，2002)。Li(2001)模型基于内生技术创新研究了最优干预政策，在CES消费偏好函数下发展了GH模型，并将技术创新分为激进式创新(radical innovation)与非激进式创新(non-radical innovation)。但Li(2001)模型是个封闭经济下的模型或者说是个产业模型。Cheng和Tao(1999)也讨论了作用于创新与模仿的公共政策，但他们的分析也是局限于产业层面，未能扩展到国家层面。关于国际知识产权保护与内生技术转移问题也有讨论，但结论并不统一。Helpman(1993)扩展了Krugman(1979)的外生创新模型和Grossman和Helpman的内生创新模型，分析了国际知识产权保护的福利效应，认为国际知识产权保护不利于南方模仿也不利于北方创新，而且其福利效应也不明确。Taylor(1994)模型与Helpman(1993)模型不同，其强调，如果国际知识产权保护不得力，则会对世界范围内的R&D活动与经济增长产生不利影响。Yang和Maskus(2001)建立了产品周期的动态一般均衡模型，认为南方加强对国际知识产权保护会提高北方的创新水平并促进技术转移。

本章一方面试图为产品质量阶梯提升、贸易与经济增长之间建立起理论框架，另一方面试图在Li(2001)模型和Dinopoulos和Segerstrom(2003)模型的基础上发展Grossman和Helpman(1991a,1991c)的南北贸易模型，将Cheng和Tao(1999)模型以及Li(2001)模型开放化，基于垂直技术创新与转移研究双市场情形下的最优干预政策。接下来的研究是这样安排的：第二节建立模型，证明垂直创新、贸易与经济增长之间的关系；第三节讨论贸易对垂直创新与经济增长影响的理论与经验证据；第四节阐述垂直创新和国际贸易对南北产品周期运动的作用渠道和结果;第五节析政府的R&D补贴和国际知识产权保护加强对北方创新与南方模仿行为的影响结果;最后是总结性评论。

5.2 基本模式

垂直创新意味着,将内生技术进步描述为产品质量连续改进的过程,增长是由一系列随机垂直创新带来的,而这些创新本身源于具有不确定性的研发活动。Aghion和Howitt(1998)建构了基本的熊彼特模型,Barro和Sala-I-Martin(1995)阐述了质量阶梯提升与经济增长的关系,我们运用Aghion和Howitt(1998)、Barro和Sala-I-Martin(1995)模型分析垂直创新、贸易与经济增长之间的内在关系。

5.2.1 研发行为

研发部门是人力资本密集型部门,且具有不确定性。垂直创新服从泊松分布,创新成功的概率为p,其取决于研发部门的技术参数λ和该部门的劳动投入L^n。于是,研发部门的劳动要素套利条件为:

$$w_j = \lambda v_{j+1} \tag{5.1}$$

其中,w_j为研发部门人力资本投入的单位成本,v_{j+1}为第$j+1$个创新所获得的预期回报。

v_{j+1}由资产方程决定:

$$rv_{j+1} = \pi_{j+1} - \lambda L_j^n v_{j+1} \tag{5.2}$$

其中,r为资产回报率,L_j^n为第$j+1$个创新所需的人力资本投入。

根据式(5.2),第$j+1$个创新所获得的预期回报可表达为:

$$v_{j+1} = \frac{\pi_{j+1}}{r + \lambda L_j^n} \tag{5.3}$$

令A_j为应用第j个创新的最终产品部门的技术参数,根据式(5.1)、式(5.3)有:

$$\frac{w_j}{A_j} = \frac{\lambda \pi_{j+1}/A_j}{r + \lambda L_j^n} \tag{5.4}$$

为分析方便,假定最终产品部门代表性厂商的生产函数为:

$$Y_j = A_j f(x_j) = A_j x_j^\alpha \tag{5.5}$$

假设一单位劳动投入就有一单位中间品产出,标准化最终产品价格

后,第 j 个创新行为的利润函数为:

$$\pi_j = A_j \alpha x_j^{\alpha-1} - w_j x_j \tag{5.6}$$

根据利润最大化问题的一阶条件,存在着:

$$\frac{w_j}{A_j} = \frac{\alpha(\alpha-1)}{x_j^{2-\alpha}} \tag{5.7}$$

Aghion 和 Howitt(1992)指出,第 j 个创新会带来一正一负两种效应:一方面,"毁灭"了第 $j-1$ 个创新而形成利润;另一方面,正的溢出效应提高了第 $j+1$ 个创新成功的概率。根据式(5.7), w_j/A_j 是 x_j 的递增函数;根据式(5.4), w_j/A_j 又是 x_{j+1} 的递减函数,以此保证了源于研发行为的内生增长。这种增长具有明显的规模经济效应。与此同时, x_j 的变化还意味着劳动要素在研发部门的配置变化,进而代表着产品的竞争程度。于是,可总结出命题 1。

命题 1:中间产品竞争对于经济增长的影响取决于两种效应的比较。一方面,产品竞争可能减少新发明的回报,从而不利于创新和增长;另一方面,产品竞争使研发部门的要素投入增加,从而有利于创新和增长。

5.2.2 厂商行为

熊彼特基本模型将技术描述为一个参数,与其他要素一起进入总生产函数,未能刻画技术到底是如何内生进步的。Grossman 和 Helpman(1991a)、Barro 和 Sala-I-Martin(1995)将技术进步描述为平均质量更好的中间产品的出现,同时旧的质量较次的中间产品就可能退出最终产品的生产过程。据此,将国际贸易行为引入 Barro 和 Sala-I-Martin(1995)模型,考察垂直创新、贸易与经济增长的关系。

根据式(5.5),代表性厂商的生产函数具体形式可表达为:

$$Y = A L_y^{1-\alpha} \int_0^\infty q^{k_j} x_{jk_j}^\alpha \, \mathrm{d}j \tag{5.8}$$

其中, L_y 为劳动投入, x_j 是第 j 种中间产品(第 j 个创新)的使用量。若某部门发生过 k_j 次质量调整,则该部门所生产的中间品的质量等级为 q^{k_j},于是, x_{jk_j} 就为代表性厂商所使用的质量梯级为 k_j 的第 j 种中间产品的数量。

根据式(5.8),代表性厂商利润最大化问题意味着:

$$x_{jk_j} = L_y \left[A\alpha q^{\alpha k_j}/p_{jk_j} \right]^{\frac{1}{1-\alpha}} \tag{5.9}$$

其中, p_{jk_j} 为目前质量最优产品的单位价格。

在垄断定价的情形下,令 $p_{jk_j} = 1/\alpha$,此时,次级质量产品生产者最多只

能定价 $1/\alpha q$,于是,式(5.9)的简约形式为:

$$x_{jk_j} = L_y A^{\frac{1}{1-\alpha}} \alpha^{\frac{2}{1-\alpha}} q^{\frac{k_j\alpha}{1-\alpha}} \tag{5.10}$$

将式(5.10)代入式(5.8),并令总质量指数 $Q = \sum_{j=1}^{N} q^{\frac{\alpha k_j}{1-\alpha}}$,则代表性最终产品厂商和中间产品厂商的简约生产函数分别为:

$$Y = A^{\frac{1}{1-\alpha}} \alpha^{\frac{2\alpha}{1-\alpha}} L_y Q \tag{5.11}$$

$$x = A^{\frac{1}{1-\alpha}} \alpha^{\frac{2}{1-\alpha}} L_y Q \tag{5.12}$$

5.2.3 垂直创新

根据式(5.11),当质量梯级为 k_j 时,创新者的利润流为:

$$\pi_{jk_j} = L_y A^{1/(1-\alpha)} \alpha^{2/(1-\alpha)} \left(\frac{1-\alpha}{\alpha}\right) Q \tag{5.13}$$

质量梯级为 k_j 的创新者面临着下一轮创新的挑战,在下一次创新没有来临之前,他在 $T_{jk_j} = t_{k_j+1} - t_{k_j}$ 的时间区间里就是技术领先者。令 p 为创新成功或者说质量阶梯从 k_j 到 k_{j+1} 的概率, v_{jk_j} 为研发成本,根据 Barro 和 Sala-I-Martin(1995)给出的第 k_j 次创新的利润期望现值的概率密度函数可得:

$$E(v_{jk_j}) = \pi_{jk_j}/(r + p) \tag{5.14}$$

当厂商进行第 k_j+1 次创新时,其能获得的期望回报为 $pE(v_{jk_j+1})$,假设 R&D 活动是自由进入的,且每个阶段的研发成功概率都相同,此时,目前处于质量阶梯 k_j 的厂商进一步研发以达到 k_j+1 的质量阶梯的期望利润最终等于研发成本。于是,R&D 部门的自由进入条件为:

$$r + p = L_y Q A^{1/(1-\alpha)} \alpha^{2/(1-\alpha)} \left(\frac{1-\alpha}{\alpha}\right) \frac{1}{v} \tag{5.15}$$

当人力资本投入的回报率为 w 时,R&D 成本为:

$$v = \frac{aw}{K(n)} \tag{5.16}$$

其中,$K(n)$ 为知识资本存量。

5.2.4 垂直创新、贸易与经济增长

假设代表性消费者的最大化问题为:

$$\text{Max } u = \text{Max} \int_0^\infty \frac{c_t^{1-\theta} - 1}{1-\theta} e^{-\rho t} dt \tag{5.17}$$

该最大化问题意味着:

$$g_c = \frac{r - \rho}{\theta} \tag{5.18}$$

在市场均衡条件下，$x_{jk_j} = c_j l$，c_j 和 l 分别表示质量阶梯为 k_j 的第 j 种中间产品的单位需求和消费者数量，并令 $l = \theta L_y (1 > \theta > 0)$。将式(5.15)代入式(5.18)，从而有：

$$g_c = \frac{1}{\theta}\left[\frac{1}{\theta}lQA^{1/1-\alpha}\alpha^{2/1-\alpha}\frac{1-\alpha}{\alpha}\frac{K(n)}{wa} - p - \rho\right] \tag{5.19}$$

1. 知识没有国际溢出而商品自由贸易的情形

引入国际贸易，并假设本国和贸易伙伴国的偏好、技术、资源禀赋都相同，贸易伙伴国的劳动人口为 L_y^*，质量阶梯为 k_j 的中间产品消费者为 $l^* = \theta L_y^*$。此时，本国研发的质量阶梯为 k_j 的中间产品的消费规模扩大，在市场均衡状态下，第 j 种中间产品的总需求等于总供给，于是有：

$$x_{jk_j}^T = c_j(l + l^*) = \frac{1}{\theta}A^{\frac{1}{1-\alpha}}\alpha^{\frac{2}{1-\alpha}}Q(l + l^*) \tag{5.20}$$

自由贸易条件下，质量梯级为 k_j 的创新者的利润流为：

$$\pi_{jk_j}^T = (L_y + L_y^*)A^{1/(1-\alpha)}\alpha^{2/(1-\alpha)}\left(\frac{1-\alpha}{\alpha}\right)Q \tag{5.21}$$

比较式(5.21)与式(5.13)，显然，贸易开放使创新者的利润流增加。

类似于式(5.19)，自由贸易条件下市场均衡时的本国经济增长率为：

$$g_c^T = \frac{1}{\theta}\left[\frac{1}{\theta}(l + l^*)QA^{1/1-\alpha}\alpha^{2/1-\alpha}\frac{1-\alpha}{\alpha}\frac{K(n)}{wa} - p - \rho\right] \tag{5.22}$$

比较式(5.22)与式(5.19)，显然，$g_c^T > g_c$。

2. 既有知识国际溢出又有商品自由贸易的情形

当两国之间知识自由交流时，本国的知识资本存量为：

$$K(n) = n + \delta n^* \tag{5.23}$$

其中，δ 代表国际知识溢出程度。

R&D 活动的成本随着知识的国际溢出而下降，即

$$v = \frac{aw}{n + \delta n^*} \tag{5.24}$$

此时，均衡状态下本国的经济增长率为：

$$g_c^T = \frac{1}{\theta}\left[\frac{1}{\theta}(l + l^*)QA^{1/1-\alpha}\alpha^{2/1-\alpha}\frac{1-\alpha}{\alpha}\frac{n + \delta n^*}{wa} - p - \rho\right] \tag{5.25}$$

比较式(5.25)与式(5.19)，显然，$g_c^T > g_c$。在垂直创新中，国际贸易同样通过竞争避免了重复劳动，从长期来看，经济一体化有效地剔除重复研究，每个厂商都有强烈的动机从事下一轮更新的创新，每次垂直创新都

增加全球知识存量。

根据式(5.22)和式(5.25),可以总结出命题2。

命题2:当知识溢出和商品流动的范围都是国际之间时,规模效应和研发成本的下降刺激着垂直创新活动和厂商提升产品质量阶梯的努力,一国的经济增长率也因此提高。

5.3 讨论:垂直创新、贸易与增长的证据

垂直创新中的"创造性毁灭"意味着残酷的产品竞争。市场竞争与经济增长之间存在着复杂的关系,Aghion和Howitt(1998,ch.7)分析了三种可能下竞争有利于经济增长,这也就意味着国际贸易在这三种可能下是有利于经济增长的:

(1)产品市场竞争的达尔文效应。产品竞争的增强使非利润最大化企业通过迫使经理加速新技术采纳以避免破产或减少控制权,从而促进经济增长。[①]

(2)渐进式技术进步效应。Aghion和Howitt(1998)模型不像基本熊彼特模型那样假设蛙跳式技术进步,而是假设渐进式的技术进步。由于行业中存在着沉默性知识(tacit knowledge),这种知识不可能被竞争对手复制和模仿,竞争对手必须首先进行研发活动赶上技术领先者才能与领先者在同一水平上进行竞争。面对产品的激烈竞争,无论是领先者还是竞争对手,他们都会进行创新,领先者试图保持领先地位,竞争对手试图取而代之。Aghion和Howitt(1998)将经济中的中间品部门分为水平部门和非水平部门,前者是指各个企业在同一水平上进行竞争,而后者则指领先者以一步领先于竞争对手。在渐进式技术进步假设下,中间产品竞争将提高中间品之间的替代弹性,从而使处于同一竞争水平的企业利润减少,非水平部门中追随企业的研发密度就会下降,水平部门中各个企业的研发密度就会上升。从这个角度看,贸易对经济增长的影响是模糊的。因为,此时水平部门增长率上升,非水平部门增长率下降,而到底谁占主导地位是不确定的。但Aghion和Howitt(1998)指出,水平部门占主导地位时,非熊彼特效应占主导,当熊彼特效应占主导地位时,产品竞争加剧或者说商品贸易将使任何时刻的非水平部门都占绝对优势。因为,当产品竞争不激烈时,

---

[①] Aghion和Howitt(1998,ch.7)分析了利润最大化企业的技术采纳问题并指出,当创建于某一时刻的中间品厂商没有面临代理问题时,产品市场竞争越强就越不利于采纳新技术,从而不利于经济增长。

在沉默知识的保护下和渐进式技术进步假设下,水平部门获取相对于追随者更高的技术领先的激励不够。可见,渐进式技术进步效应倾向于贸易有利于经济增长。

(3) 卢卡斯效应。该效应考虑的是当工人转换工作的速度增加且为内生时将会导致经济增长,贸易导致竞争加剧,这明显地会增加工人转换生产线从而有利于经济增长。Aghion 和 Howitt(1998,ch.6)的"干中学"模型内生化了工人的适应速度,这种适应性主要体现在工人能够转换到更新的生产线或研究岗位的速度提高。① 贸易以及由此产生的竞争提高了新旧生产线之间的替代程度,生产线的升级一方面意味着新生产线开发者的价值增长,另一方面意味着新生产线开发者增多,潜在价值下降,但时间贴现率为正意味着前者效应大于后者,因而,贸易引起的生产线转换有利于经济增长。

显然,若这三种效应同时发生,则贸易对创新和经济增长的确切效应将是模糊和相当混杂的。在一定条件下,贸易有利于创新和增长,但也存在贸易不利于创新和增长的情形。

更大的市场规模或者说国际贸易一方面使厂商的市场机会增多,从而能承担范围更大、种类更多的研究项目;另一方面,国际贸易使一国所面临的知识存量增大,世界范围的知识库可能比当地的知识库包含更多的机会,尤其是对发展中国家而言。随着全球范围内研发项目的增加,以及知识库的全球共享,研发资源引发新产品和新的生产方法的能力不可能呈边际收益递减的趋势,从而保证了经济能持续增长。贸易引起的人力资本或知识资本的增加不同于有形资本的增加,它能够不断地提高边际收益,引起规模报酬递增。②

贸易对垂直创新和经济增长还有着很多间接影响。③ 例如,国际贸易使各差异产品之间的替代弹性增大,削弱了单个厂商的市场垄断程度,使不完全竞争情形下的厂商定价行为发生变化,进而使消费者剩余增加。

---

① Lucas(1993)在阐述经济增长奇迹时就支持这种结果,Lucas 认为,东亚奇迹的重要原因就是熟练工人迅速在部门间转换,但 Lucas 强调的是这种转换提高了"干中学"效应,而 Aghion 和 Howitt(1998)认为这种转换一方面因生产线更新而增加了研究盈利的能力,另一方面因产生新的研究岗位而对增长有正的作用。

② Schultz(1961)观察第二次世界大战后德日遭受有形资产巨大损失后经济迅速恢复的情形,将其中原因归结为第二次世界大战中两国人力资本没有遭到破坏,人力资本为经济的恢复起了重要作用。Barro 和 Sala-I-Martin(1995)也对此问题进行了深入分析。

③ Mill(1848)在《政治经济学原理》中指出了对外贸易的三种效应:"对外贸易的直接经济优势"、"间接效应"、"贸易对知识和道德的影响比贸易的经济利益更为重要"。其中,在 Mill 看来,"间接效应"是更高、更重要的利益。

Irwin(2002,中译本第33页)指出,贸易壁垒减少了实际商品的种类数,限制了特殊的消费者和生产商使用特殊的中间产品范围,从而会阻碍生产率的提高和产出的增加。① 同样,Hicks认为,"贸易范围的扩大并不一定就是指拥有更多商品,它的主要作用不是增加商品生产的数量,而是重新安排商品以便它们更有用"(转引自Irwin,2002,中译本第34页)。贸易范围扩大使中间产品范围扩大的结果的更大作用在于要素重新配置而达到的更高生产效率。但无论是对消费品而言,还是对中间产品而言,这种重新配置所引起的经济收益和产出增加却难以衡量,"甚至也难于描述"(Irwin,2002,中译本第34页)。

国际贸易对垂直创新和经济增长的间接影响更多地体现在提高生产率方面:(1)通过"干中学"和国际知识溢出提高劳动生产率,国际贸易使中间产品的进口相对于传统产品的进口对技术进步和生产率提高具有更大作用。因为,中间产品的技术含量丰富,它是一国R&D投资的结果。"一项研究表明,国家间生产率的差异是由于资本设备的价格不同引起的"(Irwin,2002,中译本第36页)。同时,国际研发投资具有较强的外部性,这种外部性一方面通过进口高技术中间品来实现,此一方面通过进口商品的逆向工程来实现,另外还可以通过普通知识和思想的交流来实现。② (2)国际贸易加剧了竞争,对国内厂商形成了压力,这种压力甚至是生死攸关的,其一方面迫使他们提高劳动生产率,另一方面迫使他们加强研发、提高创新率。

大量文献通过对一些国家贸易自由化前后的实证研究发现,贸易自由化带来了显著增长,贸易不仅优胜劣汰,解放了生产力,而且使各生产要素以更具效率和竞争力的方式运作。Sachs和Warner(1995)就认为经济开放后比开放前经济增长得更快;Frankel和Romer(1999)从国家属性角度分析贸易和收入之间的关系,认为高收入的国家只是贸易量更多,较多的贸易与较高的收入并没有直接关系,但一旦将贸易中不是由收入带动的部分单独考虑,贸易对收入就产生影响,仅贸易中的地理决定因素就可提高

---

① Hausman(1997)估计了进口新的消费品或者说消费品种类数增加对一国消费者剩余的显著影响。Petrin(2002)估计了进口小型货车在1984—1988年间给消费者所带来的剩余为28亿美元。进口消费品的福利收益如此巨大,那可想而知,进口新的资本品对一国的经济收益和产出增加的影响将更大。

② Irwin(2002,中译本第36页)用了一个故事说明该问题:中国农村从前长期遭受稻瘟病的破坏,这使农民每年损失数百万吨水稻,耗费几十亿美元,后来在数位国际科学家的指导下,采用简单的多样化生物技术,即在同一稻田里种植两种不同类型的水稻,国际研发成果的外溢不仅消除了稻瘟病,而且实现了产量翻番和收入的增长。

收入约两个百分点。Irwin 和 Tervio(2002)进一步证实了 Frankel 和 Romer (1999)的结论。Frankel 和 Romer 的研究还强调贸易对收入的影响渠道,即通过提高劳动生产率和增加股本。① Irwin(2002,中译本第 41 页)将贸易对收入的影响归结为投资的作用,Mazumdar(2001)、Mahadevan 和 Suardi (2008)的经验研究都认为资本品的进口促进了投资。可见,贸易对创新和增长的影响是巨大的,但过程又是复杂的。②

5.4 垂直创新、贸易与产品周期

5.4.1 经济环境

假设世界由发达的北方国家和处于发展中的南方国家构成。从消费角度看,它们各自的代表性消费者有着同样的消费偏好,偏好类型采用 Li (2001)模型和 Dinopoulos 和 Segerstrom(2003)模型中的 CES 型式。从生产角度看,北方由于人力资本丰裕从事的是激进式创新,即针对南方模仿成功的产品进行整体性的产品升级换代;南方在模仿北方产品成功后所进行的是非激进式创新,即南方无法对所模仿的产品进行整体性升级换代,而只能进行产品质量的改进。

借鉴 Dinopoulos 和 Segerstrom(2003)的南北贸易与产品周期模式。在自由贸易条件下,产业 j 的产品从北方向南方转移,当南方成功地模仿了北方产品后,由于北方的边际成本大于南方,北方不再生产已被模仿的产品而是进行激进式创新、生产质量更高的产品,在模仿成功的威胁下,北方厂商始终要不断研发新的产品,但只有当南方模仿成功后北方才开始生产新的质量更高的产品。北方从事生产的产业为 β_N,模仿发生在 β_N 产业;南方从事生产的产业为 β_S,北方激进式创新发生在 β_S 产业。南方模仿成功后对产品的质量进行改进(非激进式创新),北方的激进式创新难度随着南方非激进式创新的增强而增大。

---

① 有些研究怀疑贸易能带来更高增长率,Irwin(2002,中译本第 41 页)将其中原因归结为缺乏单一变量来精确评估贸易政策,无法对贸易政策进行形式化分析,贸易政策的影响不仅难以衡量,而且其影响被其他那些难于测量的因素淹没了。

② Irwin(2002)、Bhagwati(2002)都具体阐述了贸易自由化影响,如贸易对政治体制改革和民主化的影响、贸易对环境的影响、贸易与收入分配的关系、贸易对社会和道德进程的推进等。作为自由贸易的忠实捍卫者,Bhagwati(2002)试图"使自由贸易能应对今天的怀疑和批评,真正使每一个公众在面临有关自由贸易的争论以及做出谁对谁错的判断时,对自由贸易有一个正确理解" (Bhagwati,2002,中译本前言)。

5.4.2 消费者行为

代表性消费者力图使跨时效用函数最大化,即

$$\text{Max} U = \text{Max} \int_0^\infty e^{-\rho t} \ln D(t) dt \tag{5.26}$$

其中,ρ 为时间偏好率,$D(t)$ 为消费指数,其具体函数形式为:

$$D(t) = \left\{ \int_0^1 \left[\sum_m q_m(j) x_{mt}(j) \right]^\alpha dj \right\}^{1/\alpha} \tag{5.27}$$

其中,$q_m(j)$ 为产业 j 所生产产品的最高质量水平,现行最高质量的产品在质量阶梯中已经过了 m 次的提升,最新生产技术(state of the art)所生产的产品能够提供其前代产品 λ 倍的功能(λ 实际上也就是研发部门的技术参数),即 $q_m(j) = \lambda q_{m-1}(j)$($\lambda > 1$),$x_{mt}(j)$ 为 t 时期 $q_m(j)$ 质量的产品消费量,产品之间的替代弹性为 $\varepsilon = 1/(1-\alpha)$。

根据 Li(2001)模型,代表性消费者的消费函数为:

$$x_{mt}(j) = \frac{q_m(j)^{\varepsilon-1} p_{mt}(j)^{-\varepsilon}}{\int_0^1 [q_m(j)/p_{mt}(j)]^{\varepsilon-1} dj} \tag{5.28}$$

代表性消费者的跨期预算约束条件为:

$$\dot{a}(t) = w(t) + r(t)a(t) - c(t) \tag{5.29}$$

其中,$a(t)$ 为 t 时期代表性消费者的资产,$w(t)$ 为 t 时期代表性消费者的工资水平,$r(t)$ 为市场利率水平,$c(t)$ 为消费支出。

式(5.26)的最优一阶条件为:

$$\frac{\dot{c}(t)}{c(t)} = r(t) - \rho \tag{5.30}$$

在 Bertrand 竞争均衡下,存在着 $p_{mt}(j) \leq \lambda w(t)$,生产质量最高产品的厂商将使 $p_{mt}(j) = w(t)/\alpha$(当 $\lambda \geq 1/\alpha$ 时),在 Li(2001)模型中,此即 Grossman 和 Helpman(1991a)模型意义上的创新(激进式创新),Li 还认为存在着 $\lambda < 1/\alpha$ 的情形,此即非激进式创新,此时 $p_{mt}(j) = \lambda w(t)$。于是,$p_{mt}(j)$ 的具体形式要取决于 λ 值$\left(与 \frac{1}{\alpha} 相比较\right)$的大小,即

$$p_{mt}(j) = \frac{w(t)}{\theta} \quad \left(\theta = \begin{cases} \alpha & \lambda \geq 1/\alpha \\ 1/\lambda & \lambda < 1/\alpha \end{cases}\right) \tag{5.31}$$

5.4.3 厂商行为

将 Li(2001)模型中的激进式和非激进式创新纳入 Dinopoulos 和 Segerstrom(2003)模型。北方国家的厂商进入旨在进行激进式创新,即提高质量阶梯,南方国家的厂商进入旨在模仿现行最高质量的产品并进行质量改进(非激进式创新)。无论创新还是模仿,都需要进行研发投入,都属于R&D部门的活动。假设北方的创新部门和新产品生产部门以及南方的模仿部门和模仿成功后产品生产部门只使用人力资本这种生产要素。北方厂商创新活动的边际成本为 w_N,南方厂商模仿活动的边际成本为 w_S,并假定 $w_N > w_S > w_N/\lambda$。于是北方和南方厂商代表性产品的价格分别为 $p_N = \frac{w_N}{\alpha}$、$p_S = \lambda w_S$;此时,标准化消费总支出后,北方和南方厂商代表性产品的总需求分别为 $\frac{\alpha}{w_N}$、$\frac{1}{\lambda w_S}$。由此可知,北方厂商的利润为:

$$\pi_N = 1 - \alpha \tag{5.32}$$

同样,南方厂商的利润为:

$$\pi_S = 1 - \frac{1}{\lambda} \tag{5.33}$$

北方产业 j 的厂商为创新所从事的 R&D 活动是一项具有风险性的活动,北方创新是针对南方厂商目前所生产的产品而进行的,假设创新活动成功的概率服从泊松分布,则:

$$I = \frac{H_{NR}}{a_N \int_{\beta_S} q_m(j)^{\varepsilon-1} \mathrm{d}j} \tag{5.34}$$

其中,I 为平均创新强度,H_{NR} 为北方投入到创新活动中的劳动力数量,a_N 为北方 R&D 部门的生产率变量,北方产业的质量水平为 $Q_N(t) = \int_{\beta_S} q_m(j)^{\varepsilon-1} \mathrm{d}j$。

南方产业 j' 的厂商为创新而从事模仿活动,这同样也是一项具有风险性的活动,南方模仿是针对北方创新成功后所生产的新产品而进行的,假设模仿活动成功的概率也服从泊松分布,则:

$$C = \frac{H_{SR}}{a_S \int_{\beta_N} q_m(j')^{\varepsilon-1} \mathrm{d}j'} \tag{5.35}$$

其中,C 为平均模仿强度,H_{SR} 为南方投入到模仿活动中的劳动力数量,a_S 为南方 R&D 部门的生产率变量,南方产业的质量水平为 $Q_S(t) = \int_{\beta_N} q_m(j')^{\varepsilon-1} \mathrm{d}j'$。

北方厂商的利润流一方面通过南方成功模仿而丧失,另一方面通过北

方厂商所进行的激进式创新而丧失。在竞争性市场中,北方创新活动与南方模仿活动的非套利条件分别为:

$$\frac{\pi_N}{v_N} + \frac{\dot{v}_N}{v_N} - I - C = r \tag{5.36}$$

$$\frac{\pi_S}{v_S} + \frac{\dot{v}_S}{v_S} - I = r \tag{5.37}$$

其中,v_N、v_S 分别为北方创新活动和南方模仿活动的预期收益。

在稳定状态下,根据式(5.36)和式(5.37),v_N、v_S 可表达为:

$$v_N = \frac{\pi_N}{\rho + I + C} \tag{5.38}$$

$$v_S = \frac{\pi_S}{\rho + I} \tag{5.39}$$

由于北方厂商 R&D 活动的预期成本为 $w_N H_{NR} \mathrm{d}t$,于是,北方 R&D 活动的自由进入条件为:

$$v_N = w_N a_N \int_{\beta_S} q_m(j)^{\varepsilon-1} \mathrm{d}j \tag{5.40}$$

由于南方厂商 R&D 活动的预期成本为 $w_S H_{SR} \mathrm{d}t$,于是,南方 R&D 活动的自由进入条件为:

$$v_S = w_S a_S \int_{\beta_N} q_m(j')^{\varepsilon-1} \mathrm{d}j' \tag{5.41}$$

5.4.4 质量阶梯提升

整个世界的产品质量阶梯($Q(t)$)的提高程度 $q_{m+1}(j)^{\varepsilon-1} - q_m(j)^{\varepsilon-1}$ 与 I 和 C 相关,$Q(t)$ 的演进路径为:

$$\dot{Q}(t) = \int_0^1 [q_{m+1}(j)^{\varepsilon-1} - q_m(j)^{\varepsilon-1}] I \mathrm{d}j = (\lambda^{\varepsilon-1} - 1) I Q(t) \tag{5.42}$$

在南北贸易过程中,$Q(t) = Q_N(t) + Q_S(t)$。北方是世界产品质量的领先国,它进行激进式创新;南方是世界产品质量的模仿国,它在成功模仿北方产品以后进行非激进式创新。于是,北方和南方的产品质量阶梯演进路径分别为:

$$\dot{Q}_N(t) = \int_{\beta_S} [q_{m+1}(j)^{\varepsilon-1} - q_m(j)^{\varepsilon-1}] I \mathrm{d}j = (\lambda^{\varepsilon-1} - 1) I Q_N(t) \tag{5.43}$$

$$\dot{Q}_S(t) = \int_{\beta_S} q_m(j)^{\varepsilon-1} C \mathrm{d}j - \int_{\beta_S} q_m(j)^{\varepsilon-1} I \mathrm{d}j = C Q_N(t) - I Q_S(t) \tag{5.44}$$

在平衡增长路径上,$Q_N(t)$ 和 $Q_S(t)$ 都以不变的速度增长,根据式

由式(5.43)、式(5.44)有:

$$Q_N(t) = \frac{\lambda^{\varepsilon-1}I}{\lambda^{\varepsilon-1}I + C}Q(t) \tag{5.45}$$

$$Q_S(t) = \frac{C}{\lambda^{\varepsilon-1}I + C}Q(t) \tag{5.46}$$

当世界对北方产品的消费份额为 δ 时,北方和南方厂商的充分就业条件分别为:

$$\frac{\alpha\delta}{w_N} + a_N I Q(t) = H_N \tag{5.47}$$

$$\frac{1-\delta}{\lambda w_S} + a_S C Q_N(t) = H_S \tag{5.48}$$

根据式(5.32)、式(5.38)和式(5.40),可得:

$$w_N = \frac{1-\alpha}{(\rho + I + C)a_N Q_N(t)} \tag{5.49}$$

根据式(5.33)、式(5.39)和式(5.41),可得:

$$w_S = \frac{\lambda - 1}{(\rho + I)\lambda a_S Q_S(t)} \tag{5.50}$$

产业 β_S 的均衡创新强度 I(equilibrium intensity of innovation)和产业 β_N 的均衡模仿强度 C(equilibrium intensity of imitation)之间存在着相互反馈的关系。类似于 Dinopoulos 和 Segerstrom(2003)的方法,为了反映 I 和 C 之间的关系,我们将式(5.49)和式(5.50)分别代入式(5.47)和式(5.48),于是,北方和南方的充分就业条件可重写为:

$$\frac{a_N Q(t)}{H_N(t)}\left[\frac{\alpha\delta}{1-\alpha}(\rho + I + C)\frac{\lambda^{\varepsilon-1}I}{\lambda^{\varepsilon-1}I + C} + I\right] = 1 \tag{5.51}$$

$$\frac{a_S Q(t)}{H_S(t)}\left[\frac{1-\delta}{\lambda-1}(\rho + I)\frac{C}{\lambda^{\varepsilon-1}I + C} + C\frac{\lambda^{\varepsilon-1}I}{\lambda^{\varepsilon-1}I + C}\right] = 1 \tag{5.52}$$

其中,$\frac{Q(t)}{H_N(t)}$ 描述的是北方进行激进式创新时的研发难度。

令 $\psi_N = \frac{H_N(t)}{Q(t)}$,由式(5.51)有:

$$\left[\frac{\lambda^{\varepsilon-1}I}{\lambda^{\varepsilon-1}I + C} - (\rho + I + C)\frac{\lambda^{\varepsilon-1}I}{(\lambda^{\varepsilon-1}I + C)^2}\right]\frac{\partial C}{\partial I}$$
$$= \frac{1-\alpha}{a_N\alpha\delta}\frac{\partial \psi_N}{\partial I} - \left[\frac{\lambda^{\varepsilon-1}I}{\lambda^{\varepsilon-1}I + C} + (\rho + I + C)\frac{C\lambda^{\varepsilon-1}}{(\lambda^{\varepsilon-1}I + C)^2}\right] - \frac{1-\alpha}{\alpha\delta} \tag{5.53}$$

根据式(5.51)和式(5.53),存在着:

$$\frac{\partial \psi_N}{\partial I} \gtrless 0 \qquad (5.54)$$

$$\frac{\partial C}{\partial I} \gtrless 0 \qquad (5.55)$$

从式(5.54)和式(5.55)可知,激进式创新的难度与北方创新率之间的关系存在着短期和长期两方面影响,创新率与模仿率之间的关系也较为复杂,因为模仿激进式创新产品具有较高的"门槛效应"。这些可总结为命题3。

命题3:从短期来看,北方研发难度增加会使北方的创新率下降,但从长期来看,由于北方是人力资本和知识资本丰裕的国家,随着研发部门投入的增加和知识的积累,研发难度增加会促使创新率提高。北方激进式创新既有可能会促进南方模仿,又有可能阻碍模仿。

与式(5.51)相对应的 NN 曲线和与式(5.52)相对应的 SS 曲线在两维空间中的关系就要分短期和长期两种情形来描述(见图5-1和图5-2)。

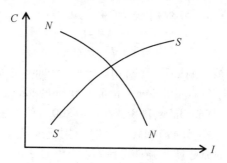

图5-1 北方创新与南方模仿的短期关系

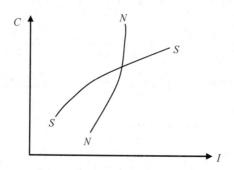

图5-2 北方创新与南方模仿的长期关系

5.5 R&D 补贴、知识产权保护与产业升级

基于北方创新与南方模仿的干预政策主要体现在政府的 R&D 补贴和国际知识产权保护两方面。Grossman 和 Helpman(1991a, ch. 9)和 Li(2001)模型都论证了私人的实际创新率会低于社会最优创新率的情形。因此,政府需要对 R&D 部门进行适当的补贴以刺激创新和模仿。

假设北方和南方政府的 R&D 补贴分别为为 s_N 和 s_S,按 Cheng 和 Tao(1999)的思路,实际上,这就相当于北方厂商的创新成本中有 s_N 的份额由北方政府承担了,南方厂商的模仿成本中有 s_S 的份额由南方政府承担了。于是,北方厂商创新的预期利润为:

$$\pi_N = v_N I \mathrm{d}t - (1 - s_N) w_N H_{NR} \mathrm{d}t \tag{5.56}$$

北方厂商的自由进入条件为:

$$v_N = (1 - s_N) w_N a_N \int_{\beta_S} q_m(j)^{\varepsilon-1} \mathrm{d}j \tag{5.57}$$

同理,南方厂商模仿的预期利润为:

$$\pi_S = v_S C \mathrm{d}t - (1 - s_S) w_S H_{SR} \mathrm{d}t \tag{5.58}$$

南方厂商的自由进入条件为:

$$v_S = (1 - s_S) w_S a_S \int_{\beta_N} q_m(j')^{\varepsilon-1} \mathrm{d}j' \tag{5.59}$$

与推导式(5.51)与式(5.52)的过程一样,可得到北方和南方的充分就业条件:

$$\frac{a_N Q(t)}{H_N(t)} \left[\frac{\alpha \delta}{1-\alpha} (\rho + I + C)(1 - s_N) \frac{\lambda^{\varepsilon-1} I}{\lambda^{\varepsilon-1} I + C} + I \right] = 1 \tag{5.60}$$

$$\frac{a_S Q(t)}{H_S(t)} \left[\frac{1-\delta}{\lambda-1} (\rho + I)(1 - s_S) \frac{C}{\lambda^{\varepsilon-1} I + C} + C \frac{\lambda^{\varepsilon-1} I}{\lambda^{\varepsilon-1} I + C} \right] = 1 \tag{5.61}$$

根据式(5.60)和式(5.61),当北方国家对 R&D 部门进行补贴时,NN 曲线将右移至 N'N'(见图 5-3)。北方的 R&D 补贴将对北方的创新率和南方的模仿率产生短期和长期的经济影响,这种影响可总结为命题 4。

命题 4: 当北方对 R&D 部门实施补贴政策时,无论是在短期内还是在长期内,北方创新率和南方模仿率都同时得以提高。

当南方国家对 R&D 部门进行补贴时,SS 曲线将左移至 S'S'(见图 5-3)。南方的 R&D 补贴将对北方创新率和南方的模仿率产生短期和长期的经济影响,这种影响可总结为命题 5。

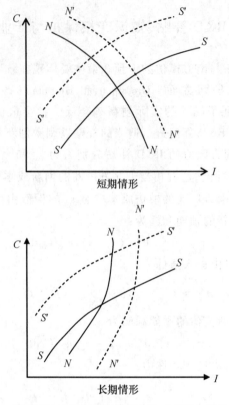

图 5-3　北方和南方的 R&D 补贴政策对创新与模仿的影响

命题 5：当南方对 R&D 部门实施补贴政策时，在短期内，模仿率提高、创新率下降；在长期内，模仿率和创新率都提高。

当北方和南方同时对 R&D 部门进行补贴时，NN 和 SS 曲线同时移动（见图 5-3），类似于 Grossman 和 Helpman(1991a,ch.12)的结论，SS 曲线移动的幅度要大于 NN 曲线。北方的创新率和南方的模仿率会随着北方和南方同时实施 R&D 补贴政策而发生变化，这种变化可总结为命题 6。

命题 6：当北方和南方同时对 R&D 部门进行补贴时，在短期内，南方模仿率得以提高，但北方创新率下降，因为南方模仿率提高使得北方创新的难度增加，而短期内北方创新难度的提高使得创新率下降；在长期内，北方创新率与南方模仿率都会提高。

国际知识产权保护也会对创新和模仿行为产生重要影响。借鉴 Dinopoulos 和 Segerstrom(2003)对国际知识产权保护的分析，我们以 a_N 的上升或者 a_S 的下降来描述国际知识产权保护的加强。显然，国际知识产权保护加强的经济效果相当于北方生产率的提高和南方生产率的下降。在式(5.60)和式(5.61)中,当 a_s 下降时,SS 曲线向右移至 S'S',当 a_N 上升时,NN 曲线向右移至 N'N'(如图5-4),并且 SS 曲线移动的幅度要大于 NN 曲线。国际知识产权保护的加强对南方模仿率和北方创新率产生影响,这种影响可以总结为命题7。

命题7:当国际知识产权保护加强时,无论是在短期内还是在长期内,北方的创新率都提高,南方的模仿率都下降。

从图5-3和图5-4的比较中能看出,南方政府的 R&D 补贴与国际知识产权保护加强的作用相反,而北方政府的 R&D 补贴与国际知识产权保护加强的作用相同。

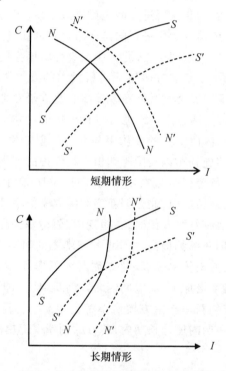

图 5-4　国际知识产权保护的加强对创新与模仿的影响

5.6　总结性评论

本章不仅为产品质量阶梯提升、贸易与经济增长之间建立起理论框架,而且论证了垂直创新、国际贸易对经济增长和产品周期的影响机制和结果,发展了 Grossman 和 Helpman 的贸易模型,在此基础上,基于垂直创新与技术转移行为研究了双市场情形下的最优干预政策。

垂直创新意味着,将内生技术进步描述为产品质量连续改进的过程,增长是由一系列随机垂直创新所带来的,而这些创新本身也是源于具有不确定性的研发活动。垂直创新的结果是加剧了中间品的竞争,而这对于经济增长的影响是复杂的。一方面,产品竞争可能减少新发明的回报,从而不利于创新和增长;另一方面,产品竞争使研发部门的要素投入增加,从而有利于创新和增长。但贸易通过竞争肯定是避免了垂直创新中的重复劳动,经济一体化使每次垂直创新都增加了全球知识存量。当知识溢出和商品流动的范围都是国际之间时,规模效应和研发成本的下降刺激着垂直创新活动和厂商提升产品质量阶梯的努力,一国的经济增长率也因此提高。

作为质量领导者的北方所进行的是激进式创新,作为质量模仿者的南方在模仿北方产品成功以后所进行的是非激进式创新,模仿率的提高使得北方研发难度增加。从短期来看,北方研发难度增加会使得北方的创新率下降,但从长期来看,随着北方研发部门所投入的人力资本量增加以及知识的积累,研发难度增加会刺激创新率提高。北方研发难度的增加并不影响南方的模仿率,因为南方厂商对北方进行模仿的对象是北方的产品而不是北方的研发部门,因而南方的模仿率与北方的创新率之间总是正相关。政府对R&D部门实施补贴以及国际知识产权保护的加强会对北方的创新行为和南方的模仿行为产生影响。当北方对R&D部门实施补贴政策时,无论是在短期内还是长期内,北方创新率和南方模仿率都会同时提高。当南方对R&D部门实施补贴政策时,在短期内,模仿率提高、创新率下降;在长期内,模仿率和创新率都提高。当北方和南方同时对R&D部门实行补贴时,在短期内,南方模仿率提高,北方创新率下降,因为南方模仿率提高使得北方创新的难度增加了,而短期内北方创新难度的提高使得创新率下降;在长期内,北方创新率与南方模仿率都会提高。当国际知识产权保护加强时,无论是在短期内还是长期内,北方的创新率都提高,南方的模仿率都下降。

第6章 垂直一体化、技术创新与产业竞争

6.1 引　言

早在 20 世纪 90 年代,发生于跨国内部贸易的份额日益增大,全球跨国公司内部贸易占世界贸易总额的比重已达 33%(李俊,2000),当时 32 个国家不同产业跨国公司内部出口贸易在其总出口中的比重为:计算机 91.3%、汽车 62.4%、机械 52.6%、石油 51%、电子 36.5%、医药化工 35%、纺织 12.8%、食品 9.8%、造船 8.79%。21 世纪的前 10 年,跨国公司内贸易无论是规模还是结构都发生了深刻变化。垂直一体化发展的特点主要包括:一是在产业上日益发生于技术密集度高的制造业和高端服务业;二是在国家上主要发生于资源禀赋、技术水平、人均收入等方面都相似的发达国家。①

企业层次对解释进出口贸易的类型和数量至关重要,但传统的贸易理论中没有考虑单独的企业,Krugman 的新贸易理论中的垄断竞争模型虽考虑了企业,但它作了一个简单的对称性假设而又避免了对企业层次的分析。20 世纪 70 年代以来,企业内贸易日益精细,产品生产过程包括的不同工序或区段在空间上分散化展开,这种将生产分工深入到区段工序层面的企业内贸易,卢锋(2004)称之为产品内分工(intra-product specialization)。随着特定产品的生产过程中不同工序或工段通过空间分散化展开成跨区域或跨国性的生产链条体系,有越来越多的国家参与特定产品生产过程的不同环节或区段的生产或供应活动。产品内分工主要发生于跨国公司内部,这种垂直一体化是企业内分工日益细化的一种结果。就拿美国福特汽车生产例子来说,20 世纪 30 年代的福特 River Rouge 汽车制造厂的

---

① 如 1997 年美国跨国公司内部贸易达到 36%,日本和德国分别达到 23% 和 33%(International Settlement Bank,1997,转引自李俊(2000))。

生产过程被 Krugman(1995)形容为,"在一端吃进焦炭和矿石,在另一端吐出客座轿车",而相对 80 年代的日本汽车制造,1986 年日本已在 7 个东亚国家发展了 256 个部件供应商,日本汽车制造已开始将空间分散的生产分工体系扩展到国外,80 年"世界汽车战略"的实施(world car strategy),美国和日本汽车业都开始了大规模的国际化生产过程(卢锋,2004)。[①]

垂直一体化一般包括两个部分:一是总部服务贸易(无形贸易);二是中间产品贸易(有形贸易)。Helpman 和 Krugman(1985,ch.12)阐述了总部服务贸易情形以及一般均衡体系中导致公司选择跨国生产形式的条件,跨国公司的出现源于各国要素禀赋的相对差异;对于单产品公司而言,公司内贸易仅由"总部服务贸易"构成。"这种模型是有用和有启发的,但它忽略了实际跨国企业的某些重要方面"(Helpman 和 Krugman,1985,中译本第 298 页)。其中一个重要的方面就是中间产品贸易。Helpman 和 Krugman(1985,ch.13)将分析视角转向公司在两个或两个以上国家进行中间产品的公司内贸易的情形,即垂直一体化。通过一体化均衡方法得出结论:只要要素禀赋相对差异不是太大,那么贸易量和公司内贸易份额就随这种差异的扩大而增加;当要素禀赋相对差异足够大时,公司内贸易份额会减少(Helpman 和 Krugman,1985,中译本第 312 页)。要素价格均等化要求一些跨国公司将中间投入品的生产转移到海外子公司以扩大市场范围。[②]

Dixit 和 Grossman(1982)描述了多区段生产系统在不同国家从事不同工序的生产活动的情形。Feenstra(1996)、Feenstra 和 Hanson(2003)将企业内分工的不同工序或工段的分工称为"全球经济生产的非一体化"(disintegration of production in the global economy)。Markusen 和 Venables(2000)把贸易成本(运输成本)纳入 Helpman 和 Krugman 模型解释了跨国公司的形成,即运输成本缩小了要素价格均等化(FPE)区域,扩大了垂直一体化分工的范围。垂直一体化使具有不同最佳有效规模的中间产品或生产过程分布到不同区位的生产单位进行,从而带来成本的节约和交易效率的提高。

相对于垂直一体化,产业间贸易和产业内贸易可称为社会分工,垂直

[①] 卢锋(2004)将国际分工划分为三类:行业间分工、行业内分工和产品内分工。实际上,产品内分工就是企业内分工的一种形式,企业内分工的对象可以是总部服务,也可以是中间产品,还可以是不同工序或工段。

[②] 无论是单产品公司情形还是垂直一体化情形,它们都是基于要素禀赋差异的,不同的是,垂直一体化打破了要素禀赋相对差异和贸易量之间的单调关系。

一体化则意味着公司内分工或者产品内分工(不同工序之间的分工),这种不断深化的分工格局使交易和协调成本上升,从而形成对分工自身的限制因素:一方面,分工的细化使每个分工领域的资产具有专用性,资产专用性当然会使生产效率提高;资产专用性还意味着沉淀成本的增加,促使生产者日益局限于某一专业领域,专业领域的增多使各分工领域之间的信息等协调成本上升。① 在交易涉及的资产专用性程度较高时,就有可能导致公司内贸易替代产业内贸易;当由信息不对称所造成交易的不确定性程度较高时,也有可能导致公司内贸易替代产业内贸易。

厂商的垂直一体化过程并不是没有边界的,公司内分工达到一定规模时可能会使交易费用上升,这种交易费用的上升主要体现于公司内的协调成本上升。② 公司内分工与公司外分工(产业间分工与产业内分工)之间的资源配置取决于这两种机制在组织生产和交易方面的相对效率。或者说,正是这种相对效率决定了分工到底是采取公司内形式还是公司外形式。规模经济和技术进步都会使相对效率发生变化,从而改变着社会分工在公司内与公司外的配置状况和边界。Silver(1984,pp.59—61)对规模经济和技术进步使企业机制和市场机制之间配置状况发生变化的情形提供了经验事实。根据 Williamson(1985)、Silver(1984)、冼国明(1994,第45页)的思路,应当将交易费用的概念置于公司内分工和技术进步的框架下解释公司内贸易与产业内贸易是如何演变的。交易费用取决于资产专用性、信息分配不对称以及市场规模等因素。降低交易费用的要求是垂直一体化发展的一个内在原因,垂直一体化不仅能形成规模经济,同时还会形成范围经济,即产品多样化所产生正的外部性,以及协作经济,即跨国公司对产品生产的各个环节统筹安排使生产环节的内洽程度提高所产生的资源配置效率。

Buckley 和 Casson(1985,1996)从市场交易机制与企业机制的关系角度说明了企业内国际分工替代市场协调的国际分工的基本原因。正如冼国明(1994,第87页)所概括的,"跨国公司作为企业制度高度发达的形式,其形成与发展的根本原因不仅在于它替代国际市场,从而节约了交易成本,而且更重要的是它制造出企业内部国际分工与交易体系,从而实现

---

① 协调成本通常表现为社会或公司在组织和协调分工与交易过程中投入的资源,按 Casson(1985,pp.74—75)的说法,在市场规模和技术水平一定的条件下,无论是社会分工还是公司内分工,其发展将以其边际生产率与边际协调成本相等时为限。

② 这种逻辑实际上是 Coase(1937)在阐述企业机制对市场机制替代时所强调的交易机制的效率构成企业替代市场的一个界线。同样,冼国明(1994)也强调这一界限成为了社会分工在企业内部以及企业与市场之间进行分配的一个重要决定因素。

更高程度的节约或取得更大的规模效益"。可见,规模经济不仅可以解释产业内贸易形成的原因,而且可以解释垂直一体化形成的原因。因此,当企业制度发展到跨国公司时,垂直一体化的发展使国际分工的形式与协调机制发生了根本变化。

根据 Dunning(1988,pp.172—174)的阐述,跨国公司内贸易提高了跨国公司内部资源配置效率,交易成本的节约是跨国公司形成的基础,而协作经济或者说范围经济则为跨国公司内贸易的增长提供了动力。Dunning 所强调的主要是跨国公司内部水平国际分工,Teece(1983)则强调跨国公司内部垂直国际分工。按照冼国明(1994,第116页)的概括,跨国公司内部垂直国际分工的界限和范围取决于中间产品市场的交易效率,在交易效率高的中间产品市场上,跨国公司便利用市场来取得中间产品,从而形成产业内贸易,而在交易效率低的中间产品市场上,跨国公司进行垂直一体化,从而形成公司内贸易。

本章将交易成本引入贸易与增长理论,阐述交易成本对垂直一体化的影响,以及垂直一体化、技术进步与经济增长之间的关系。垂直一体化是解决产品种类数增加与交易成本上升之间的两难的一种生产组织形式,其在沉没成本、进入壁垒以及策略行为等方面具有比较优势。接下来的研究是这样安排的:第二节建立模型,证明垂直一体化、市场范围扩展和交易效率提高对技术进步和产业竞争的影响结果;第三节讨论沉没资产、垂直一体化与产业竞争之间的关系,证明垂直一体化在产量竞争、价格竞争以及研发规模竞争方面的优势;第四节讨论进入壁垒、策略行为、垂直一体化与产业竞争之间的联系,阐明垂直一体化在过剩生产能力、掠夺性定价等方面的优势;最后是本章的结论。

6.2 模 型

我们假设:(1)产品是差异性产品。差异产品之间不仅存在着相互替代的关系,而且每个厂商只生产差异产品中的一个种类。当存在很多厂商时,产品种类数增加,这将导致交易成本上升。(2)如 Brander 和 Krugman(1983)解释运输成本那样理解交易成本,交易成本使得需求外国差异产品的实际数量减少。(3)市场结构的类型是不完全竞争市场。(4)最终产品的差异性来自所使用中间产品的差异性。在这些假设的基础上,我们借鉴并引申 Perera-Tallo(2003)模型,阐述中间产品种类数增加与交易成本上升的两难冲突如何折中的问题。

6.2.1 厂商行为

代表性厂商 i 的生产函数为：

$$Y_i = A \left[\int_{j-D}^{j+D} x_{ij}^{\alpha} \mathrm{d}j \right] L_i^{1-\alpha} \tag{6.1}$$

其中，A 为外生技术水平，L_i 为制成品部门的劳动投入量，D 代表中间产品的使用范围，即市场范围为 $[j-D, j+D]$，中间产品的种类数为 $2D$。

最终产品厂商 i 的利润函数为：

$$\pi_i = A \left[\int_{j-D}^{j+D} x_{ij}^{\alpha} \mathrm{d}j \right] L_i^{1-\alpha} - \left[\int_{j-D}^{j+D} p_{ij} x_{ij} \mathrm{d}j \right] - w_i L_i \tag{6.2}$$

其中，p_{ij} 为厂商 i 所使用的中间产品 j 的价格，w_i 为劳动要素的价格。

标准化最终产品价格后，从最终产品厂商的利润函数中推导出中间产品的需求函数，即

$$x_{ij} = \left(\frac{\alpha A}{p_{ij}} \right)^{\frac{1}{1-\alpha}} L_i \tag{6.3}$$

令交易成本为：

$$\psi(\cdot) = \psi\left(\frac{j_1 - j_0}{B} \right) \tag{6.4}$$

其中，$j_1 - j_0 = \Delta j$，它代表中间产品种类数的增加量。随着中间产品种类数的增加，交易成本上升；B 代表交易效率，随着交易效率的提高，交易成本下降。

6.2.2 交易成本与市场范围

考虑中间产品种类数的增加引起交易成本上升的问题，此时，中间产品的定价原则是：

$$\underset{p_{ij}}{\mathrm{Max}} \int_{j-D}^{j+D} \left[p_{ij} - 1 + \psi\left(\frac{\Delta j}{B} \right) \right] x_{ij} \mathrm{d}j$$

其最大化问题的一阶条件意味着：

$$p_{ij} = \frac{1 + \psi\left(\frac{\Delta j}{B} \right)}{\alpha} \tag{6.5}$$

根据式(6.3)和式(6.5)，中间产品 j 的产量和利润分别为：

$$x_{ij} = \left(\frac{\alpha^2 A}{1 + \psi\left(\frac{\Delta j}{B} \right)} \right)^{\frac{1}{1-\alpha}} L_i \tag{6.6}$$

$$\pi_{ij} = \alpha(1-\alpha)\left[\frac{\alpha^{2\alpha}A}{\left(1+\psi\left(\frac{\Delta j}{B}\right)\right)^\alpha}\right]^{\frac{1}{1-\alpha}} L_i \qquad (6.7)$$

中间产品厂商的最大化利润条件为:

$$\text{Max}\pi = \text{Max}\int_0^\infty \left[(1-\alpha)\alpha A^{\frac{1}{1-\alpha}} L_i f(D,B)\right]e^{-\rho t}\mathrm{d}t \qquad (6.8)$$

其中,

$$f(D,B) = 2\alpha^{\frac{2\alpha}{1-\alpha}}\int_0^D \left(\frac{1}{1+\psi\left(\frac{\Delta j}{B}\right)}\right)^{\frac{\alpha}{1-\alpha}} \mathrm{d}D_j$$

根据式(6.8),于是有:

$$\frac{\partial f}{\partial D} > 0 \qquad (6.9)$$

$$\frac{\partial f}{\partial B} > 0 \qquad (6.10)$$

从式(6.9)和式(6.10)能看出,市场范围的扩展和交易效率的提高使得厂商的激励增强。交易效率的提高可通过一系列内生的和外生的制度安排来达到。市场范围的扩展一方面可通过国际贸易使水平差异产品的使用范围扩大,另一方面也表现为通过垂直差异产品的质量阶梯提升,以"创造性毁灭"的形式扩大市场范围。但当市场范围扩大时①,交易费用也在上升,从而形成两难,这种两难可通过提高交易效率来折中。据此总结出命题1。

命题1:市场范围的扩展和交易效率的提高使厂商的激励增强,随着交易效率的不断提高,市场范围扩大和经济持续增长才能维持。

6.2.3 两难冲突与经济增长

中间产品种类数增加与交易费用两难冲突对内生经济增长产生影响。为了刻画这种影响,借鉴 Perera-Tallo(2003)模型,将总产出函数描述为:

$$Y_i = A\left[\int_{j-D}^{j+D} x_{ij}^\alpha \mathrm{d}j\right] L_i^{1-\alpha} - \int_{j-D}^{j+D} x i_j\left[1+\psi\left(\frac{|\Delta j|}{B}\right)\right]\mathrm{d}j \qquad (6.11)$$

类似于 Perera-Tallo(2003)的方法,可得到人均产出水平:

---

① 当然,市场范围扩展是有边界的,只有当市场范围扩展的边际收益大于边际成本时,垄断厂商才有动力扩展市场范围。

$$y = (1-\alpha^2)A^{\frac{1}{1-\alpha}}f(D,B) \tag{6.12}$$

显然,最终品生产部门的生产效率 A 和交易效率 B 的提高,以及市场范围 D 的扩大都有利于人均产出的增加,但市场范围的扩大意味着中间产品种类数增加,而中间产品种类数增加将会提高交易成本。

代表性消费者的最大化问题为:

$$\text{Max} u = \text{Max}\int_0^\infty \frac{c_t^{1-\theta}-1}{1-\theta}e^{-\rho t}\mathrm{d}t \tag{6.13}$$

其中,c_t 为消费水平。

消费者最大化问题意味着:

$$g_c = \frac{r-\rho}{\theta} \tag{6.14}$$

根据式(6.8)的最优一阶条件,可知:

$$r = \frac{1}{2}[\alpha(1-\alpha)A^{\frac{1}{1-\alpha}}L]f'_D(D,B) \tag{6.15}$$

在平衡增长路径上,结合式(6.9)、式(6.15),则经济增长率为:

$$g_y = g_c = \frac{1}{\theta}\left[\alpha(1-\alpha)A^{\frac{1}{1-\alpha}}L\alpha^{\frac{2\alpha}{1-\alpha}}\left(\frac{1}{1+\psi\left(\frac{D}{B}\right)}\right)^{\frac{\alpha}{1-\alpha}} - \rho\right] \tag{6.16}$$

由式(6.16)可知:

$$\frac{\partial g_y}{\partial L} > 0 \tag{6.17}$$

$$\frac{\partial g_y}{\partial D} > 0 \tag{6.18}$$

引入贸易伙伴国,假设本国和贸易伙伴国的偏好、技术、资源禀赋都相同,贸易伙伴国的消费单位为 L^*。此时,本国中间产品的消费规模扩大,在市场均衡状态下,中间产品的总需求等于总供给,于是,式(6.6)和式(6.7)变为:

$$x_{ij}^T = \left(\frac{\alpha^2 A}{1+\psi\left(\frac{\Delta j}{B}\right)}\right)^{\frac{1}{1-\alpha}}(L+L^*) \tag{6.19}$$

$$\pi_{ij}^T = \alpha(1-\alpha)\left[\frac{\alpha^{2\alpha}A}{\left(1+\psi\left(\frac{\Delta j}{B}\right)\right)^\alpha}\right]^{\frac{1}{1-\alpha}}(L+L^*) \tag{6.20}$$

自由贸易使产品的市场范围扩大的同时,中间产品的种类数增加,假设产品种类数增加了 D^*,于是,贸易后本国的中间品种类数为 $(D+D^*)$。类似于式(6.16),国际贸易使本国经济的均衡增长率变为:

$$g_y = \frac{1}{\theta}\left[(1-\alpha)A^{\frac{1}{1-\alpha}}(L+L^*)\alpha^{\frac{2\alpha}{1-\alpha}}\left(\frac{1}{1+\psi\left(\frac{D+D^*}{B}\right)}\right)^{\frac{\alpha}{1-\alpha}} - \rho\right]$$

(6.21)

根据式(6.17)、式(6.18)和式(6.21),自由贸易通过扩大中间品的市场范围和消费人口而促进经济增长,这可总结为命题2。

命题2:自由贸易扩大了垂直一体化的市场范围与市场容量,进而促进着经济的增长。

命题1和命题2在杨小凯(2003)的新兴古典贸易理论中也得到了印证,他具体阐述了交易效率的作用并将其纳入贸易和增长理论。在杨小凯看来,分工的演进取决于交易效率,技术进步和新产品出现取决于分工的演进,分工带来市场规模的扩大,从而使新产品形成规模报酬递增;最后的结果是,经济发展、贸易和市场结构的变化、贸易品种类数增加、生产集中度提高、市场一体化程度增强等都是分工内生演进的结果。

6.3 沉没资产、垂直一体化与产业竞争

6.3.1 沉没资产与垂直一体化

在垂直一体化过程中,体现在资产专用性方面的主要是沉没资产(sunk asset)。沉没资产一般是指,投资于特定企业或产业资本一旦形成就无法无成本地撤回全部投资,即产业资本具有不可逆性,这种不可逆性决定着跨国公司投资时一旦撤资就会有成本损失,与沉淀成本相对应的资产即沉没资产。蒋殿春(1998)认为,"跨国公司的本质特征就在于它在两个以上国家拥有沉没资产",这种"海外沉没资产影响着其生产函数,由此,影响它本身和竞争对手的竞争行为,并进而影响市场结构"。对于跨国公司,这种沉没成本最突出的表现就在于 R&D 部门的研发投入。研发活动是技能密集型的活动,这种投入具有很大的风险性,以及投资不可逆性;同时,跨国公司还要具备与新技术相匹配的机器设备等生产环境,且这种生产环境的可转换性较差。资产专用性或者说海外沉淀成本使跨国公司内部贸易除了降低边际成本的作用外,还具有策略上的意义(蒋殿春,

1998,第 29—45 页)。运用 Dixit(1980)的结论,跨国公司内部贸易会比产业内贸易的边际成本降低,因为海外沉没成本使跨国公司在生产能力水平内的任一产量水平上的边际成本下降,并且使厂商不会减少产出来对付竞争。①

沉没资产和已形成的生产能力是垂直一体化分工形成规模经济优势的重要来源。这种优势产生了两方面的影响:一是跨国公司海外生产规模的扩张给潜在进入者造成了规模和效率上的障碍。二是规模经济可以挤出现有企业,即使现有企业扩大生产规模,其结果只会使产品市场价格下降。Bain(1956,p.55)对第二种情形进行了展开,将规模经济对进入者的障碍概括为两种效应,即"百分比效应"和"绝对资本需求效应"。"百分比效应"在企业的最小有效规模(minimum efficient plants, EMP)很大时出现。这种效应即规模经济可以挤出现有企业的情形,对于 EMP 已经很大的企业,潜在进入者进入后会使该产业产出成倍增加,从而使进入后的该产品市场价格下降。而"绝对资本需求效应"是在潜在进入者依据 EMP 绝对规模而必须进行大量投资时出现的。由于"百分比效应"和"绝对资本需求效应"的存在,即使进入能够成功,其结果往往是进入者进入以后因价格下降而获得的利润达不到在位厂商在进入发生前获得的利润。② Gomory 和 Baumol(2000,中译本第 17—18 页)也以"保留产业"(retainable industry)来描述启动成本高导致小规模产业难以进入的情形,强调规模经济所引起的保留产业对国际贸易和国际自由竞争的影响。③

由于沉没成本是在位厂商设置的潜在的退出壁垒,这对潜在竞争者的进入决策产生影响,它允许在位厂商采取策略行为,并为了获得利润在一个较大的规模水平上进行满足进入者需求的资本化(Goroski、Gilbert 和 Jacquemin,1990,中译本第 42 页)。Dixit(1980)基于沉没成本的策略行为

---

① 根据 Dixit(1980)和蒋殿春(1998,ch.1)模型,跨国公司海外沉淀成本对其生产成本的影响,还要考虑其已形成的生产能力,这种生产能力既包括机器设备等资本品,还包括研发投资。

② Stigler(1968)强调规模经济并不是一种进入壁垒,他将进入壁垒认定为,只有当进入条件对在位厂商而言比新进入者更容易满足时,进入壁垒才存在。进入者只能生产较低产量、承担较高成本,这种劣势是市场需求的结果,将规模经济解释为进入壁垒无异于在说需求不足是一种进入壁垒(转引自 Geroski、Gilbort 和 Jacquemin,1990,中译本第 13—14 页)。

③ Gomory 和 Baumol(2000)指出,除了规模经济以外,一个产业中的新进入者也需要经过长期经营才能获得与现有的主要竞争对手一样有效的生产技能和生产经验,而这种技能和经验的获取需要借助于大规模的生产活动过程中的边干边学和不断的投入。

暗含在 BSM 模型的限制性定价理论中①,Dixit(1980)是 Bain(1956)将规模经济视为进入壁垒的支持者。②

如果要以资产作为可信性威胁或承诺的手段,则这种资产必须在某种程度上具有产品专用性(Eaton 和 Kortum,2006)。显然,跨国公司海外资产投资中的"沉没"部分具有某种"可信性威胁",从而具有策略上的优势,博弈均衡的结果对跨国公司(相对于单国公司)是有利的。蒋殿春(1998,第1—4页)描述了海外沉没资产的策略意义:在第一阶段,跨国公司为了节约交易费用构筑自己的比较优势进行海外资产扩张,这种资产的专用性意味着跨国公司的海外沉没成本增加,基于此优势的跨国公司通过降低边际成本来影响第二阶段竞争优势。在第二阶段,跨国公司与对手的竞争可以在产量和价格两个方面展开。当选择产量作为策略变量时,假设价格变量就无法直接控制,此即 Cournot 竞争;当选择价格作为策略变量时,假设产量变量就无法直接控制,此即 Bertrand 竞争。

6.3.2 垂直一体化中的 Cournot 竞争与 Bertrand 竞争

假设本国和外国都只有一个企业,本国企业为跨国公司,它向第三国市场上销售商品采取的是公司内贸易,而外国企业为单国公司,它向第三国市场销售商品采取的是产业内贸易。在第三国市场上,每个企业的边际收入可以看作另一个企业产量的减函数。在 Cournot 竞争中,跨国公司和单国公司的收入函数分别为:

$$R_1 = R_1(x_1, \varepsilon x_2) \quad (6.22)$$

$$R_2 = R_2(x_2, \varepsilon x_1) \quad (6.23)$$

其中,ε 为差异产品之间的替代弹性。

根据 Krugman(1990,ch.12)模型,同一市场上两个企业的产量竞争是策略替代的,跨国公司和单国公司的反应曲线同方向。第三国市场上跨国公司和单国公司的反应函数分别由跨国公司和单国公司收益最大化问题的一阶条件定义。

在图 6-1 中,跨国公司和单国公司的反应函数分别以 AA 和 BB 曲线

---

① Bain(1956)、Sylos-Labini(1962)和 Modigliani(1962)在分析"百分比效应"时导出了关于占优厂商与卡特尔行为的古典"限制性定理"模型,Geroski、Gilbert 和 Jacquemin(1990,中译本第33—35)对 BSM 模型进行了概述。
② Geroski、Gilbort 和 Jacquemin(1990)否认 Stigler(1968)对 Bain(1956)的批判,其理由是,Stigler 理论中的在位厂商与新进入厂商在进入前成本是不对称的。但在 Dixit(1980)看来,沉没成本可能形成进入壁垒,而规模经济并不构成进入壁垒。Geroski、Gilbert 和 Jacquemin(1990)对此进行了折中,认为规模经济和沉没成本常常是紧密相连的。

表示。假如两种类型的公司的初始边际成本相同,但跨国公司的海外沉没资产降低了它在东道国的边际成本。这意味着它将在第三国占领更大的市场份额,即跨国公司的反应曲线右移,产量均衡点从 E 移到 E^*,垂直一体化规模扩大。于是,我们可以总结出命题3。

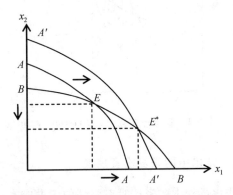

图6-1　垂直一体化中的 Cournot 竞争

命题3:跨国公司的海外沉没资产使其具有成本优势,这种优势使垂直一体化规模扩大。

每个企业的边际收入还可以看作另一个企业产品价格的增函数。在 Bertrand 竞争中,跨国公司和单国公司的收入函数分别为:

$$R_1 = R_1(p_1, p_2) \quad (6.24)$$

$$R_2 = R_2(p_2, p_1) \quad (6.25)$$

此时,两个企业的价格策略是互补的,根据 Krugman(1990,ch.12)模型还可确定跨国公司和单国公司的反应曲线是同方向的。跨国公司和单国公司利润最大化时的最优一阶条件定义它们在第三国市场上的反应曲线。

在图6-2中,跨国公司和单国公司的反应函数分别以 AA 和 BB 曲线表示,相对于单国公司,跨国公司在边际成本上的优势就反映在 AA 曲线向左移至 A'A'。在新的均衡点 E^* 上,跨国公司和单国公司的产品定价都在下降,从而导致激烈的市场竞争。在价格竞争中,由于跨国公司在东道国的边际成本比单国公司低,因而跨国公司采取垂直一体化具有竞争优势。这可归纳为命题4。

命题4:在 Bertrand 竞争中,跨国公司和单国公司的产品价格都在下降,面对市场竞争的加剧,垂直一体化基于海外沉没成本而具有竞争优势。

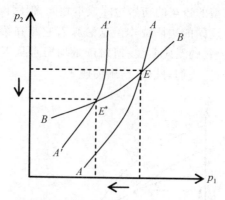

图 6-2　垂直一体化中的 Bertrand 竞争

6.3.3　垂直一体化中的研发投资规模

虽然垂直一体化过程中的资产具有强烈的沉没成本性质,但研发规模是动态沉没成本的重要决定因素。Caves(1982)将跨国公司的研发投资规模扩大归因为跨国公司相对于单国公司能更准确地预测到创新技术的市场价值。Dunning(1993,ch.5)认为,跨国公司的形成关键在于它具有技术优势。蒋殿春(1998)则建构了跨国公司与单国公司之间的技术创新竞争模型,考察海外沉没成本对跨国公司的新技术研发投资策略的影响。由于新技术研究与开发新产品在厂商内部转移成本较小,此即内部化效应,这也解释垂直一体化形成的原因。① 内部化效应使得跨国公司研发投资产生更为显著的规模报酬递增效应。②

根据 d'Aspremont 和 Jacquemin(1988)模型,当不存在研发投资时,跨国公司和单国公司单位产品的平均成本分别为 c_1 和 c_2,当博弈的第一阶段研发投资发生时③,新技术的形成对厂商的作用体现于成本节约上,令

---

① 许多经济学家都从不同角度分析跨国公司的研发投资规模和效率上的原因,蒋殿春(1998,第171—172页)对此进行了综合,综合的线索是 Galbraith(1952)及其追随者的论断,其内容包括:跨国公司具有大量资金和其他资源保证投入的优势,跨国公司的生产规模优势使其在对付研发不确定性风险上是有优势,由于跨国公司的市场规模较大,使得一项研发投资成功后可获得更大的规模经济和范围经济利益。

② Angilley(1973)的实证研究也支持了研发活动的规模报酬递增性质。有关研发活动收益率的研究相当丰富,Jones 和 Williams(1997)对该领域的文献进行了综述,并且认为,如果只考虑进行研发投资的产业的收益,则一项研发投资的收益率大约为 30%,但研发活动具有外部性和规模报酬递增的性质,当还考虑其他产业的收益时,则一项研发投资的收益率高达 100%。

③ d'Aspremont 和 Jacquemin(1988)模型中的创新是确定的,即进行研发投资必然会形成新技术。

跨国公司和单国公司的成本节约额分别为 s_1 和 s_2，于是，它们的平均总成本分别为：

$$AC_1 = c_1 - (s_1 + es_2) \tag{6.26}$$

$$AC_2 = c_2 - (s_2 + es_1) \tag{6.27}$$

其中，e 为产出的外溢参数，即一个厂商研发形成的新技术使另一厂商单位成本降低的程度。

跨国公司和单国公司的反需求函数分别为：

$$p_1 = a - b(x_1 + \varepsilon x_2) \tag{6.28}$$

$$p_2 = a - b(\varepsilon x_1 + x_2) \tag{6.29}$$

跨国公司和单国公司的利润函数分别为：

$$\pi_1 = [a - c_1 + s_1 + es_2 - b(x_1 + \varepsilon x_2)]x_1 \tag{6.30}$$

$$\pi_2 = [a - c_2 + s_2 + es_1 - b(\varepsilon x_1 + x_2)]x_2 \tag{6.31}$$

式(6.30)和式(6.31)的最优一阶条件分别定义了跨国公司和单国公司产量的反应函数，即

$$x_1 = \frac{1}{2b}(a - c_1 + s_1 + es_2) - \frac{\varepsilon}{2}x_2 \tag{6.32}$$

$$x_2 = \frac{1}{2b}(a - c_2 + s_2 + es_1) - \frac{\varepsilon}{2}x_1 \tag{6.33}$$

在 Cournot 竞争状态下，跨国公司和单国公司的均衡产量为：

$$x_1 = \frac{1}{(2+\varepsilon)b}[a - c_1 + (2-e)s_1 + (2e-1)s_2] \tag{6.34}$$

$$x_2 = \frac{1}{(2+\varepsilon)b}[a - c_2 + (2-e)s_2 + (2e-1)s_1] \tag{6.35}$$

将式(6.34)、式(6.35)分别代入式(6.30)、式(6.31)，则利润最大化的一阶条件就定义了跨国公司和单国公司研发投资的最优反应函数，即

$$s_1 = -\frac{(a-c_1) + (2e-1)s_2}{2-e} \tag{6.36}$$

$$s_2 = -\frac{(a-c_2) + (2e-1)s_1}{2-e} \tag{6.37}$$

对于跨国公司而言，根据内部化效应，其产出溢出参数是相当小的并且趋近于零，只要 $0 < e < \frac{1}{2}$，则研发投资规模的反应函数线是向下倾斜的（见图6-3）。

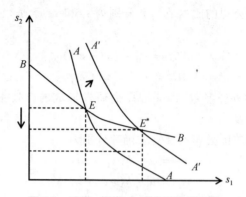

图6-3 垂直一体化中的研发投资规模

显然,当竞争对手增加研发投资规模时,厂商会降低自己的研发投资规模,因为对手增加研发投资规模意味着新技术的形成以致降低了厂商自己新技术研发投资的边际价值。跨国公司由于海外沉没资产以及规模经济的作用而具有较低的平均成本,相对于单国公司而言,其反应函数线 AA 右移到 A′A′,在新的均衡点上,跨国公司的研发投资规模扩大。由此可得到命题5。

命题5:垂直一体化具有扩大研发强度的倾向,跨国公司更愿意投资于研发活动。

6.4 进入壁垒、垂直一体化与产业竞争

垂直一体化在成本上的优势不仅体现于因海外沉淀成本引起边际成本的下降,还体现于规模经济和产品差异以及绝对成本优势所形成的进入壁垒。人们通常将进入壁垒看作进入者所面临的一种劣势,并将这种劣势视为进入者必须克服的调整成本。对于垂直一体化而言,进入壁垒是跨国公司内分工的原因和比较优势①,它与在位厂商和进入者之间的策略行为紧密相连。例如,跨国公司采取积极定价策略以及阻止"打了就跑"策略就可以阻止进入(Farrell,1986;Gilbert,1986;Stiglitz,1987)。

产业组织理论所面对的市场结构主要是寡头市场,其理论逻辑很容易

---

① 理论上对进入壁垒作出精确的定义并且要在实证研究中应用,是件困难的工作。对进入壁垒所进行的不同定义之间的差异在于对厂商进入的结构特征,进入引起的经济行为以及在位厂商对进入厂商的预期各有侧重,Geroski、Gilbort 和 Jacquemin(1990,中译本第10页)采用了 Caves 和 Porter(1977)的界定,即认可"经济行为取决于资源进入、退出或停留在产业中所施加的限制",选择流动性壁垒作为界定的标准。

延伸到垂直一体化的理论解释上。① 进入壁垒意味着市场集中和寡头垄断。Scherer(1970)指出,"有效的进入壁垒正是垄断和寡占的不可缺少的必要条件……当不存在进入壁垒时,卖者几乎没有力量决定价格,即使有也不会持久"(转引自,Martin,2002,中译本第6页)。Bain(1956,p.3)界定了进入壁垒,即取决于"产业里已有的卖方对潜在的要进入的卖方的优势";Bain(1956,p.10)进一步将进入条件视为"产业内现有企业相对于进入企业的优势"。Bain的研究强调了"集中度与进入壁垒一起提高了大企业的盈利,进入壁垒——规模经济、绝对成本优势和产品差别化——把市场内的企业同潜在进入者分开"。

对于垂直一体化形成进入壁垒的优势,按 Geroski、Gilbort 和 Jacquemin (1990)的概括,其主要有三种类型:产品差异优势、绝对成本优势以及规模经济优势。产品差异优势依据的是消费者具有多样化产品偏好,消费者在收集产品信息上具有成本以及消费网络与外部性的存在,人们偏好网络外部性显著的产品。因此,一个能够迅速建立起广泛消费者群体的先驱品牌,往往就能容易阻止其他企业的进入。消费者的消费惯性使得进入者在市场渗透时要支付"转换成本"(switching cost),对某一品牌进行优先投资的在位厂商就可以避免这种转换成本。显然,转换成本就是跨国公司在海外投资时相对于潜在进入者而言的比较优势。跨国公司在一个市场上成功地树立起某种品牌,其会在另一个市场上产生影响,同时,一种品牌的成功往往能带动其他产品的生产销售,许多跨国公司据此获得明显的范围经济利益(蒋殿春,1998,第81页)。跨国公司拥有成本上的绝对优势往往是来自它拥有某种特殊资产。例如,拥有某种自然资源的优先获取权,实际上,对一种稀缺生产要素的所有权本身并不是构成绝对成本优势的原因,稀缺要素的机会成本才是真正的原因。如果这种机会成本能被估量,该资产的价格对其所有者来说就是特定的。② 另外,专利也是绝对成本优势的一个来源,专利期限限制了新进入厂商取得最新技术的机会,按 Rosenberg (1976)、Cantwell(1989,1991)的技术发展过程理论(cumulative development process of technology),通常只有新技术开发厂商才能将其开发的技术的资本化价值最大化。其原因体现在两个方面:一是与新技术相匹配的资

---

① Bain(1949,pp.142—143)对产业组织理论研究的范围进行了界定,"关注市场结构的特征和历史渊源,包括集中度、产品差异性、进入、技术和法律环境以及地理关系,关注产业和企业面对的一系列需求与供给条件,关注价格测算、竞争与串谋行为的特征,关注利润、效率、销售成本、革新、价格刚性和价格歧视等定价的结果"(转引自 Martin,2002,中译本第5页)。

② Demsetz(1982)通过关于出租车牌照的例子阐明了这一情形,具体可参见 Geroski、Gilbert 和 Jacquemin(1998,中译本第55—56页)的阐述。

产具有专用性,厂商拥有与其开发的新技术相匹配的资产在某种程度上决定了它将长期停留在行业内或某一国家(海外沉淀成本);二是一个厂商开发出来的新技术与其他厂商的技术和设备往往不一定相容,加之不确定性因素,从而使技术在同一厂商内部转移的成本低于在不同厂商之间的转移成本。

相对于单国公司,跨国公司的竞争优势还体现于它的策略优势。[①] 按 Martin(2002,中译本第 218 页)的说法,寡占市场中的"策略性行为只对能影响竞争对手选择的资源进行投资",对于这种意义上的投资,跨国公司是具有优势的,而且这种策略性投资主要包括过剩生产能力与掠夺性定价。

过剩生产能力策略的分析始于 Spence(1977),他扩展了传统的寡占理论中将产量设定为决策变量的做法,将生产能力作为厂商竞争的一个决策变量,此即 Spence 竞争。[②] 在 Spence(1977)看来,当跨国公司的生产能力和固定成本越大时,进入者的期望利润就越低,此即跨国公司阻止进入的生产能力。跨国公司海外沉没成本增加的过程实质上就是固定成本增加的过程。当固定成本足够大时,跨国公司就不需要或仅需要维持较低的过剩生产能力就能阻止进入(蒋殿春,1998)。在 Spence 模型中,进入决策取决于单国公司在跨国公司把产量扩大到生产能力水平时是否能获得利润,垂直一体化规模越大,阻止进入的可能性愈大。但 Dixit(1980)的扩展模型强调生产能力的非刚性,生产能力并没有限制产量的上限,进入决策取决于进入者在古诺双寡头均衡中是否能获得利润。单国公司的利润水平随着进入发生而下降,其程度取决于跨国公司海外沉淀成本的大小。

掠夺性定价是厂商将产品价格降到竞争对手的平均成本以下,将竞争对手逐出市场,或者是为了保护现有市场规模而对对手采取的一种威胁手段。[③] 与单国厂商相比,跨国公司因规模效应和多市场经营(分隔市场),使其在实行掠夺性定价策略上具有优势。Telser(1966)的"长口袋(long purse)掠夺定价"阐述了在对对手资金和融资能力信息完全了解的情况

---

① Vickers(1985)、Gilbert(1989)、Ordover 和 Saloner(1989)以及 Martin(2002)等对策略性行为进行了较为全面的评述。

② Spence(1977)竞争后来被 Kreps 和 Scheinkman(1983)扩展为一个两阶段博弈模型,即两个厂商在第一阶段先选择各自的生产能力,然后在第二阶段于相互知晓双方生产能力的基础上进行 Bertrand 竞争。Fudenberg 和 Tirole(1983)、Eaton 和 Ware(1987)、Waldman(1987)等都对 Spence 竞争进行了扩展。

③ 关于掠夺性定价,Kamien(1987)、Milgrom 和 Roberts(1987)、Milgrom 和 Strulovici(2009)进行了一般性阐述。Gilbert 和 Vives(1986)、Lipman(1990)进一步讨论了寡占市场中的进入阻止问题。

下,大厂商通过掠夺性定价可耗尽小厂商的资金实力。该理论是以借贷市场上存在完全信息为前提,即大厂商知晓一旦发生掠夺性定价小厂商就无法获得信贷。Fudenberg 和 Tirole(1986)突破了这一假设,在不完全信息的借贷市场上解释大厂商采取掠夺性定价的策略优势,同样认为大厂商更容易获得优惠的银行信贷。① Selten(1988)明确了排除掠夺性定价成为均衡现象所必须具备的信息方面的严格条件。Kreps 和 Wilson(1982)、Milgrom 和 Roberts(1982)将不完全信息引入 Selten(1988)的连锁店博弈,指出掠夺性定价的出现是因为现有厂商对声誉进行投资以阻止未来的进入。② 类似于"长口袋掠夺性定价"理论,Benoit(1984)建立了一个多期的进入博弈模型,基于不完全信息阐述掠夺性定价是因为现有企业认为它也许能够把进入者逐出市场。

掠夺性定价策略优势还取决于跨国公司的多市场经营。各个市场中的需求弹性以及消费群体能够分割,这为跨国公司掠夺性定价策略的实施提供了前提条件。掠夺性定价手段在寡占市场上还"获得了一种声誉,对它在其整个市场范围内潜在的和实际存在的竞争对手起到一定程度的威吓作用"(蒋殿春,1998,第 105 页)。跨国公司甚至有可能在局部性市场上实行低价战略是得不偿失的,但当它考虑到其他市场所获得的声誉效应时,跨国公司也会考虑使用无利可图的局部性掠夺定价策略。可见,当多市场经营、掠夺性定价和跨市场声誉相结合时,垂直一体化的竞争优势就更为明显了。这种相互促进的作用在逻辑上也为许多经济学家所赞同,Shell 对此进行了概括,"假如一个在多市场内同时经营的厂商在市场 A 内的行动使它在 B 或 C 市场内的(潜在)竞争对手相信,如果它们在 B 或 C 市场上进入或扩张会面临这个多市场经营者大幅度降价等强硬的反应,那么这些竞争对手或许会收敛它们在 B 或 C 市场上的行为"(蒋殿春,1998,第 99 页)。

---

① 蒋殿春(1998,第 92—94 页)以简便的方式解释了 Fudenberg 和 Tirole(1986)模型。
② Milgrom 和 Roberts(1982)还建立了限制性定价模型,该模型考虑了竞争对手的不确定性问题,认为在限制性定价实际发生时,信息可能是不完全、不对称的,进入者对在位垄断者的真实成本的信息是不对称的,但此时的限制性定价的福利影响相当复杂:当进入前的价格并不影响实际进入时,相对于信息对称的情形,社会福利可能更高;在第二期的两个厂商的情形下,当进入没有受到限制性定价的影响时,第二期福利不受影响,但第一期福利因低成本在位者的价格低于垄断价格而提高了。具体可参见 Martin(2002,ch.8)。

6.5 结　论

本章将交易成本引入贸易与增长理论,阐述了交易成本对垂直一体化的影响,以及垂直一体化、技术进步与产业竞争之间的关系。市场范围的扩展和交易效率的提高使厂商的激励增强,随着交易效率的不断提高,市场范围扩大和经济持续增长才能维持。交易效率的提高可通过一系列内生的和外生的制度安排来达到。市场范围的扩展包括两个方面:一是通过国际贸易使水平差异产品的使用范围扩大;二是通过垂直差异产品的质量阶梯提升,以"创造性毁灭"的形式扩大市场范围。但当市场范围扩大时,交易费用也在上升,从而形成两难。垂直一体化是解决产品种类数增加与交易成本上升之间的两难的一种生产组织形式,其在沉没成本、进入壁垒以及策略行为等方面具有比较优势。

跨国公司的海外沉没资产使其具有成本优势,这种优势使垂直一体化规模扩大。在 Bertrand 竞争中,跨国公司和单国公司的产品价格都在下降,面对市场竞争的加剧,垂直一体化基于海外沉没成本而具有竞争优势。垂直一体化中的资产具有强烈的沉没成本性质,而研发规模则是动态沉没成本的重要决定因素。垂直一体化的生产组织形式具有扩大研发强度的倾向,跨国公司更愿意投资于研发活动。跨国公司的海外沉没成本、价格竞争优势以及研发强度优势造就了进入壁垒和策略行为优势。寡占市场中的策略性投资主要包括过剩生产能力与掠夺性定价。当固定成本很大时,跨国公司才会使进入者无法获得利润,从而阻止进入,垂直一体化规模扩大,因此形成的规模经济效应和多市场经营(分隔市场)又使跨国公司在实施掠夺性定价策略上具有优势。

第7章 国际贸易、技能积累与工薪差距

7.1 导 论

人们通常将不同技术水平的劳动者之间的工资收入差距称为工薪差距(wage inequality),简而言之,就是高技术工人的平均工资与低技术工人的平均工资之比。它反映了高技术工人的报酬薪水,因此其又被称为技能溢价(skill premium)。World Bank(2007)对工薪差距的发展趋势做了估计:发展中国家的工薪差距将从 2001 年的平均 3.5 提高到 2030 年的 4.2,其中,中国的增加幅度更高,从 5.4 增加到 7.7,撒哈拉以南的非洲地区也将从 5.1 提高到 6.8。面对工薪差距呈日益扩大的趋势,到底是什么因素导致了工薪差距的扩大以及如何缩小工薪差距?关于这些问题的研究一直是学术界关注的焦点之一。

Johnson(1997)、Aghion 和 Williamson(1999)对世界的工薪差距扩大的历史过程进行了详细的描述。围绕工薪差距扩大的现象及其原因的最近一次激烈辩论是在 20 世纪晚期。这次辩论主要是针对 20 世纪 80 年代以来许多国家工薪差距扩大的现象展开的。Katz 和 Murphy(1992)、Katz 和 Autor(1999)描述了 20 世纪 80 年代以来美国工薪差距迅速上升的现象。美国的不同技术水平工人周薪的最高值与最低值比率由 1963 年的 2.9 迅速上升到 1989 年的 4.4(Kosters,1994;Freeman,1995)。Freeman 和 Katz(1994)、Burtless(1995)、Richardson(1995)、Leamer(1998)、Slaughter(2000)则为这一现象在其他工业化国家的存在提供了翔实的证据。不仅如此,发展中国家的工薪差距也经历着不断扩大的现象(Wood,1997;Hanson 和 Harrison,1999;Das,2002)。Xu 和 Li(2008)还描述了中国工薪差距呈不断扩大的趋势,在 1996—2000 年的短短 5 年里,工薪差距就增长了 40%。具有总结意义的研究是 Zhu(2005),在其所展示的 28 个国家中,工

薪差距呈扩大趋势的,既有高收入国家,又有中等收入国家,还有菲律宾、危地马拉、秘鲁这些低收入国家。

人们在追寻20世纪80年代以来工薪差距显著扩大的原因时,首先联想到的就是同期世界贸易和技术领域发生了若干重要变化,进而将它们与工薪差距变化联系起来。目前具有代表性的理论解释主要有两条路径:一是将工薪差距扩大的原因归结为技能型技术进步所引起的高技术工人需求的上升;二是将工薪差距扩大的原因归于国际贸易所带来的高技术工人需求的上升。技能型技术进步无疑是引起熟练工人相对需求上升的重要原因(Lawrence,1996;Davis,1998;Dinopoulos和Segerstrom,1999;Krugman,2000;Feenstra,2000)。其佐证就是,产业内的技术进步与技能型工人就业率的增加呈正相关(Helpman,2004)。

对于工薪差距扩大的影响因素的实证研究,现有文献主要从两个角度展开:一是从零利润条件出发直接对Stolper-Samuelson定理进行检验;二是运用成本转换法对要素需求进行间接检验。Feenstra和Hanson(1999)通过美国制造业高技术工人相对需求变化影响因素的检验,总结出了美国产业技术升级的贡献因素,即外包贸易、技术进步、资本深化和产出规模的贡献度分别为22%、13%、9%和8%。Hsieh和Woo(2005)的研究发现,香港对中国内地的中间产品外包贸易使香港的工薪差距上升,其贡献度为50%。Xu和Li(2008)采用世界银行的企业调查数据检验了中国高技术工人和低技术工人收入差距的决定因素,并考虑地区之间、产业之间和不同所有制企业之间的差异;他们指出,工资份额对中国高技术工人相对需求变化的贡献度为21%,企业规模、出口贸易和资本深化的贡献度分别为6%、5%和2%。

虽然Lawrence和Slaughter(1993)、Lawrence(1994)等经验研究认为,国际贸易对技能溢价现象的解释力较弱;但Feenstra和Hanson(2003)指出,许多工业化国家的贸易占GDP的比例在20世纪70年代并不比第一次世界大战前高[1],贸易占GDP的比例可能在解释工资差异方面说明不了什么。问题的关键或许在于,第二次世界大战以后的国际贸易结构和性质在发生深刻的变化,中间产品贸易对技能溢价的影响相当明显。Feenstra和Hanson(1997,2003)特别强调,中间产品贸易是解释工资差距的一个重要原因,因为中间产品生产既是技能型劳动(non-production workers)密集

---

[1] 以美国为例,贸易总值占GDP的比例在1913年为6.1%,而在1970年为4.1%,到1980年才达到8.8%(Feenstra和Hanson,2003)。

型的,又是一种过程贸易(processing trade)。① Feenstra 和 Hanson(2003)回顾了强调中间产品贸易是导致工资差距扩大的重要原因的文献。中间产品贸易不仅影响着进口竞争行业的劳动需求,而且影响着中间产品使用部门的劳动需求。

关于贸易对技能溢价的影响日益从产业层次转移到厂商层次,Bernard 和 Wagner(1998)、Bernard 和 Jensen(1997)发现,出口行为、厂商绩效和工资之间存在着明显联系。Manasse 和 Turrini(2001)、Beaulieu 等(2003)将技能溢价与厂商层次的出口水平建立起了理论联系,强调全球化或者说贸易壁垒的消除对工资差异的影响。Manasse 和 Turrini(2001)认为,产品创新和技术交流使厂商面临更大的消费群体以及产品质量提高,贸易自由化消除或降低贸易壁垒使收入分配从非出口部门向出口部门转移,进而使出口部门雇佣更多的技能型工人。

技能型技术进步无疑是引起非熟练劳动需求下降、熟练劳动需求上升的重要原因。Murphy 和 Topel(1987)的研究表明,20 世纪 80 年代美国的非熟练工人大量失业就可能是由技能偏向型技术进步所引起的,因为这种非熟练工人大量失业并没有伴随部门间再配置的变化。Aghion 和 Howitt (1998,中译本第 268 页)也认为,"过去 50 年中几个 OECD 成员国所经历的失业显著提高"是由技能偏向型技术进步所引起的。Aghion 和 Howitt (1998)还阐明了技能型技术进步使得非熟练劳动向熟练劳动转变以及工资不均衡加深的机制。

但问题是,国际贸易与技能型技术进步在解释技能溢价现象时是替代的关系还是互补的关系呢?Aghion 和 Howitt(1998)强调,当技术进步具有技能偏向特征时,研发部门相对于制造业部门更具技能密集型特征,国际贸易与技能型技术进步是相容的。Aghion 和 Williamson(1999,中译本第 39 页)也对此进行了强调,"技能偏向型技术变革……在解释出现的熟练工人和非熟练工人工资不均衡加大时,在贸易部门和非贸易部门都发生了劳动力需求向熟练工人转移这一事实仍不足以完全忽视贸易自由化"。贸易导致的技能溢价将会影响研发部门中的熟练劳动数量,从而促进技能偏向型的技术进步。贸易开放对工资差异的最初影响可能较小,但如果技术进步是技能偏向型的,则这种影响就很大。对于熟练劳动丰裕的国家,贸

---

① 对于中间产品贸易含义的理解,Katz 和 Murphy(1992)、Feenstra 和 Hanson(1996)称之为"外包"(outsourcing),Leamer(1998)称之为生产的"非本地化"(de-localization),Deardorff(2001)称之为生产的"碎片化"(fragmentation),Krugman(1995)称之为"价值链分片"(slicing the value chain)。

易开放增加了它对熟练劳动的需求,熟练劳动相对工资提高使教育部门扩张,技能型技术进步加快。而技能型技术进步反过来又会强化自由贸易对工资不均衡以及非熟练工人向熟练工人转换的进程。国际贸易和技能偏向型技术进步在解释技能溢价现象时具有相互强化的作用,这种互补性主要是通过中间品部门和R&D部门来实现的(Krusell 等,1996)。Berman 等(1994)通过分解熟练劳动工资结构的变化揭示了技术进步和贸易对产品需求的影响,证实了产业内贸易与技能型技术进步对技能溢价(工资升水)的影响是互补的。

无论是理论解释还是实证检验,20世纪晚期的这场辩论强调的是高技术工人需求的变化,忽视了高技术工人供给的现实及其影响。虽然Borjas(1994),Borjas 等(1992)对贸易和外来移民是如何引起美国劳动力供给增加的问题进行了考察,并认为低技术工人工资下降的15%—25%是由该原因引起的,但那毕竟不是高技术工人供给来源的主体。Wood(1994)开始关注到了教育部门。他指出,随着南方扩大基础教育而提高了工人技能水平,以及随着贸易壁垒的减少,南方基础教育层次的技术工人工资上升,北方的同类技术工人工资下降。Aghion 和 Howitt(1998)将教育与技能型技术进步联系起来发现,教育与工资不平等之间的关系尤为复杂。教育支出与教育政策只有在高等教育与初等教育之间进行很好的设计和安排才会保证促进增长。在教育政策的设计中,Aghion 和 Hawitt(1998)特别强调了提高生产线工人的适应性对工资不平衡的影响,主张鼓励研究的精英教育自然会扩大不平等,而鼓励工人流动性的教育将缩小不平等。

本章一方面将技能型技术进步与中间品贸易置于一个统一的理论框架中对技能溢价现象进行解释,另一方面从供给角度考察高等教育和"干中学"部门对工薪差距变化的影响及其结果,并讨论财政政策对工薪差距的作用机制和结果。接下来的分析是这样安排的:第二节是基本模型,将体现为产品种类数增加和产品质量阶梯提升的技能型技术进步与中间品贸易结合起来,阐明技能溢价的决定因素以及国际贸易影响技能溢价的渠道和结果;第三节描述中间品贸易、研发部门对技能溢价的影响;第四节讨论技能积累影响工资差距的相关证据;第五节分析技能积累、财政政策与工资差距之间的作用机制和理论结果;最后是总结性评论。

7.2 模 型

我们假设：世界由北方和南方构成，北方代表发达国家，其技能要素（H）丰裕，南方代表发展中国家，其劳动要素（L）丰裕；北方和南方的最终产品生产是以两种互补的中间产品作为投入要素的，其中一种中间产品（Y_H）是技能（熟练劳动）密集型的，另一种中间产品（Y_L）是劳动（非熟练劳动）密集型的。我们借鉴并发展 Acemoglu（1998，2002）、Gancia 和 Zilibotti（2005）模型，以阐明发展中国家与发达国家的贸易开放对技能溢价的影响。

7.2.1 生产技术

技能密集型的中间产品和劳动密集型的中间产品的生产需要投入与之相对应的资本品 x_{Hj}、x_{Lj} 以及熟练劳动 H 和非熟练劳动 L，以 Q_L、Q_H 分别表示非熟练与熟练劳动密集型部门中所使用机器的平均质量指数为：

$$Q_L = \int_0^1 q_L(j)\,\mathrm{d}j, \quad Q_H = \int_0^1 q_H(j)\,\mathrm{d}j$$

中间产品 Y_L 和 Y_H 的生产函数分别为：

$$Y_L = L^{1-\alpha} \int_0^1 q_L(j)\,\mathrm{d}j \int_0^{n_L} x_{Lj}^\alpha \,\mathrm{d}j \tag{7.1}$$

$$Y_H = H^{1-\alpha} \int_0^1 q_H(j) \int_0^{n_H} x_{Hj}^\alpha \,\mathrm{d}j \tag{7.2}$$

其中，n_L、n_H 分别表示劳动和技能密集型中间产品的种类数。

在需求弹性相同（isoelastic demand）和对称性假设下，根据式（7.1）和式（7.2），存在着：

$$x_{Lj} = \left[\frac{\alpha p_L}{p_{Lj}}\right]^{\frac{1}{1-\alpha}} L \tag{7.3}$$

$$x_{Hj} = \left[\frac{\alpha p_H}{p_{Hj}}\right]^{\frac{1}{1-\alpha}} H \tag{7.4}$$

其中，p_H、p_L 分别是 Y_H 和 Y_L 的价格；p_{Hj} 和 p_{Lj} 分别为第 j 种技能密集型中间产品和劳动密集型中间产品生产所投入的资本品的价格。

假设中间品处于垄断竞争市场，要素处于完全竞争市场，令 $p_{Lj} = w_{Lj}/Q_L$，$p_{Hj} = w_{Hj}/Q_H$，于是有：

$$x_{Lj} = [(\alpha Q_L p_L)/w_{Lj}]^{\frac{1}{1-\alpha}} L \qquad (7.5)$$

$$x_{Hj} = [(\alpha Q_H p_H)/w_{Hj}]^{\frac{1}{1-\alpha}} H \qquad (7.6)$$

根据式(7.5)和式(7.6),对称性假设下的式(7.1)和式(7.2)可改写为:

$$Y_L = n_L L \alpha^{\frac{\alpha}{1-\alpha}} p_L^{\frac{\alpha}{1-\alpha}} Q_L^{\frac{1}{1-\alpha}} w_L^{-\frac{\alpha}{1-\alpha}} \qquad (7.7)$$

$$Y_H = n_H H \alpha^{\frac{\alpha}{1-\alpha}} p_H^{\frac{\alpha}{1-\alpha}} Q_H^{\frac{1}{1-\alpha}} w_H^{-\frac{\alpha}{1-\alpha}} \qquad (7.8)$$

7.2.2 技能溢价

代表性最终产品的生产函数为:

$$Y = [Y_H^\rho + \mu Y_L^\rho]^{\frac{1}{\rho}} \qquad (7.9)$$

其中,μ 为低技能密集型中间品对最终产品生产的重要程度,$0 < \rho \leq 1$。

在资源约束条件下最大化 Y 时,存在着:

$$\frac{p_H}{p_L} = \mu \left(\frac{Y_L}{Y_H}\right)^{1-\rho} \qquad (7.10)$$

根据式(7.7)和式(7.8)有:

$$\frac{P_H}{P_L} = \mu^{\frac{1-\alpha}{1-\alpha\rho}} \left(\frac{H}{L}\right)^{\frac{(1-\alpha)(\rho-1)}{1-\alpha\rho}} \left(\frac{n_H}{n_L}\right)^{\frac{(1-\alpha)(\rho-1)}{1-\alpha\rho}} \left(\frac{Q_H}{Q_L}\right)^{\frac{\rho-1}{1-\alpha\rho}} \left(\frac{w_H}{w_L}\right)^{\frac{\alpha(1-\rho)}{1-\alpha\rho}} \qquad (7.11)$$

再由式(7.11)可得:

$$\frac{w_H}{w_L} = \mu^{\frac{1-\alpha}{\alpha(\rho-1)}} \left(\frac{H}{L}\right)^{\frac{1-\alpha}{\alpha}} \left(\frac{n_H}{n_L}\right)^{\frac{1-\alpha}{\alpha}} \left(\frac{Q_H}{Q_L}\right)^{\frac{1}{\alpha}} \left(\frac{p_H}{p_L}\right)^{\frac{1-\alpha\rho}{\alpha(1-\rho)}} \qquad (7.12)$$

由于 $1 > \alpha > 0$,根据式(7.12)有:

$$\frac{\partial \left(\frac{w_H}{w_L}\right)}{\partial \left(\frac{H}{L}\right)} > 0 \qquad (7.13)$$

$$\frac{\partial \left(\frac{w_H}{w_L}\right)}{\partial \left(\frac{n_H}{n_L}\right)} > 0 \qquad (7.14)$$

$$\frac{\partial\left(\frac{w_H}{w_L}\right)}{\partial\left(\frac{Q_H}{Q_L}\right)} > 0 \tag{7.15}$$

由式(7.13)至式(7.15),可以将影响一国技能溢价的决定因素概括为命题1。

命题 1:一国的技能溢价是技能劳动相对规模的增函数,是技能密集型产品相对种类数的增函数,是技能密集型产品相对平均质量的增函数。

7.2.3 国际贸易、资本品质量与技能溢价

国际贸易会通过影响技能密集型资本品相对平均质量(Q_H/Q_L)的变化对一国的技能要素的相对报酬产生影响。

在中间产品处于垄断竞争市场,要素处于完全竞争市场,以及对称性假设下,一方面,由式(7.7)和式(7.8)可得技能溢价水平:

$$\frac{w_H}{w_L} = \left(\frac{n_H}{n_L}\right)^{1-\alpha}\left(\frac{Q_H}{Q_L}\right)\left(\frac{p_H}{p_L}\right)^{\alpha} \tag{7.16}$$

另一方面,根据高技能密集型资本品与低技能密集型资本品的价格表达式可得:

$$\frac{Q_H}{Q_L} = \left(\frac{w_H}{w_L}\right)\left(\frac{p_H}{p_L}\right)^{-1} \tag{7.17}$$

将式(7.16)代入式(7.17),于是有:

$$\frac{p_H}{p_L} = \frac{n_H}{n_L} \tag{7.18}$$

根据式(7.16),可将式(7.11)改写为:

$$\frac{p_H}{p_L} = \mu^{\frac{1-\alpha}{1-\alpha\rho-\alpha^2(1-\rho)}} \left(\frac{n_H}{n_L}\right)^{\frac{(1-\alpha)^2(\rho-1)}{1-\alpha\rho-\alpha^2(1-\rho)}} \left(\frac{H}{L}\right)^{\frac{(1-\alpha)(\rho-1)}{1-\alpha\rho-\alpha^2(1-\rho)}} \left(\frac{Q_H}{Q_L}\right)^{\frac{(1-\alpha)(\rho-1)}{1-\alpha\rho-\alpha^2(1-\rho)}} \tag{7.19}$$

进一步将式(7.18)代入式(7.19),从而得到:

$$\frac{p_H}{p_L} = \mu^{\frac{1}{2-\rho}} \left(\frac{H}{L}\right)^{\frac{\rho-1}{2-\rho}} \left(\frac{Q_H}{Q_L}\right)^{\frac{\rho-1}{2-\rho}} \tag{7.20}$$

式(7.20)反映的是没有自由贸易的情形,与其相对应,在自由贸易情形下存在着:

$$\left(\frac{p_H}{p_L}\right)^T = \mu^{\frac{1}{2-\rho}} \left(\frac{H^w}{L^w}\right)^{\frac{\rho-1}{2-\rho}} \left[\left(\frac{Q_H}{Q_L}\right)^T\right]^{\frac{\rho-1}{2-\rho}} \tag{7.21}$$

在自由贸易条件下,一国技能密集型中间品的相对价格取决于自由贸易后技能密集型产品的平均质量$(Q_H/Q_L)^T$以及整个世界的人均技能水平(H^w/L^w)。

自由贸易意味着,$\left(\dfrac{p_H}{p_L}\right)^T = \dfrac{p_H}{p_L}$,假设$\dfrac{H^w}{L^w} = \varsigma \dfrac{H}{L}$,根据式(7.20)和式(7.21)可得:

$$\left[\dfrac{(Q_H/Q_L)^T}{(Q_H/Q_L)}\right] = \varsigma^{-1} \tag{7.22}$$

当$1 > \varsigma > 0$时,即人均技能高于世界人均技能水平时,存在着:

$$\left(\dfrac{Q_H}{Q_L}\right)^T > \dfrac{Q_H}{Q_L} \tag{7.23}$$

式(7.15)和式(7.23)结合起来就能阐明自由贸易对人均技能水平较高国家技能要素相对报酬的影响,可总结为命题2。

命题2:对于人均技能水平较高的国家,自由贸易使其技能密集型资本品的平均质量提升,进而使该国的技能溢价水平上升。

7.2.4 贸易、产品种类数与技能溢价

自由贸易还会通过技能密集型部门中间产品种类数(n_H/n_L)的变化来影响技能溢价。根据式(7.17),Q_H/Q_L与p_H/p_L负相关,为分析方便,假设在平衡增长路径上,w_H/w_L保持不变的值$(\bar{w})$,于是有:

$$\dfrac{Q_H}{Q_L} = \bar{w}\left(\dfrac{p_H}{p_L}\right)^{-1} \tag{7.24}$$

将式(7.24)代入式(7.11),可得:

$$\dfrac{p_H}{p_L} = \mu^{\frac{1}{\alpha+\rho-\alpha\rho}} \bar{w}^{\frac{\rho-1}{\alpha+\rho-\alpha\rho}} \left(\dfrac{H}{L}\right)^{\frac{\rho-1}{\alpha+\rho-\alpha\rho}} \left(\dfrac{n_H}{n_L}\right)^{\frac{(1-\alpha)(\rho-1)}{\alpha+\rho-\alpha\rho}} \tag{7.25}$$

式(7.25)表示的是没有自由贸易的情形,与其相对应,在自由贸易的情形下存在着:

$$\left(\dfrac{p_H}{p_L}\right)^T = \mu^{\frac{1}{\alpha+\rho-\alpha\rho}} \bar{w}^{\frac{\rho-1}{\alpha+\rho-\alpha\rho}} \left(\dfrac{H^w}{L^w}\right)^{\frac{\rho-1}{\alpha+\rho-\alpha\rho}} \left[\left(\dfrac{n_H}{n_L}\right)^T\right]^{\frac{(1-\alpha)(\rho-1)}{\alpha+\rho-\alpha\rho}} \tag{7.26}$$

在自由贸易条件下,一国技能密集型中间品的相对价格取决于自由贸易后技能密集型部门中间产品种类数$(n_H/n_L)^T$以及整个世界的人均技能水平(H^w/L^w)。

由于 $\left(\dfrac{p_H}{p_L}\right)^T = \dfrac{p_H}{p_L}$、$\dfrac{H^w}{L^w} = \varsigma \dfrac{H}{L}$，根据式(7.25)和式(7.26)有：

$$\dfrac{(n_H/n_L)^T}{n_H/n_L} = \varsigma^{-\frac{1}{1-\alpha}} \tag{7.27}$$

当 $1 > \varsigma > 0$ 时，即人均技能高于世界平均水平，此时有：

$$\left(\dfrac{n_H}{n_L}\right)^T > \dfrac{n_H}{n_L} \tag{7.28}$$

式(7.14)和式(7.28)结合起来就能阐明自由贸易对人均技能水平较高的国家技能溢价的影响，可总结为命题3。

命题3：对于人均技能水平较高的国家，自由贸易使其技能密集型部门产品种类数增加，技能溢价水平因此提高。

命题3意味着，自由贸易使人均技能水平较高国家的技能密集型中间产品种类数增加，这也和Krugman(1979)模型的结论相互印证。所不同的是，技能要素丰裕国家在技能密集型产品的生产上不仅具有规模优势，而且具有产品种类数的优势。该国将技能要素更多地配置于研发部门。

7.3 中间品贸易、研发部门与技能溢价

中间产品既存在着水平差异的情形又存在着垂直差异的情形，而作为投入的中间品，其源于R&D部门。我们试图在同一个模型中体现出中间品贸易、技术进步与技能溢价之间的变动关系。

差异性中间产品 j 的价格 p_j 一般是单位成本 c_j 的某个倍数，即

$$p_j = \dfrac{1}{b} c_j(w_L, w_H) \tag{7.29}$$

当 $b = \alpha$ 时，代表着水平创新差异产品，当 $b = 1/\lambda$ 时，代表着垂直创新差异产品。但该定价是在自由贸易条件下形成的。如果存在贸易壁垒，式(7.29)变为：

$$p_j = \dfrac{1}{b} c_j(w_L, w_H)(1 + \bar{t}) \tag{7.30}$$

其中，$\bar{t}$ 为单位贸易成本。

根据Grossman和Helpman(1991a)模型，将发展中国家（南方）研发部门的自由进入条件写成：

$$\dfrac{c_x(w_L, w_H)}{n} = v(\dot{n} > 0) \tag{7.31}$$

其中,v 为股东对某一时间段运营的企业的利润流要求,n 为中间品种类数。

令 $V=1/nv$,$w=w_H/w_L$,式(7.31)可改写为:①

$$ww_L c_x\left(\frac{1}{w},1\right) = \frac{1}{V} \qquad (7.32)$$

发展中国家(南方)差异产品种类数增加的函数形式为:

$$g = \frac{\dot{n}}{n} = H_{Sp} - bV \qquad (7.33)$$

其中,H_{Sp} 为南方用于差异产品生产部门的熟练劳动数量。

将式(7.32)代入式(7.33),从而有:

$$g = H_{Sp} - \frac{b}{ww_L c_x\left(\frac{1}{w},1\right)} \qquad (7.34)$$

与南方研发部门的模仿活动不同,北方研发部门进行激进式创新(提升产品质量阶梯)。根据 Grossman 和 Helpman(1991a)模型,对总支出进行标准化,此时,非套利条件要求最新技术产品的代表性厂商的长期利润率等于稳态下的利息率(ρ)与股权投资预期回报率(γ)之和,即

$$\frac{1-b}{c_r(w_L,w_H)} = \rho + \gamma \qquad (7.35)$$

股权投资预期回报率取决于产品创新率 g。将式(7.35)重新表达为:

$$\gamma = \frac{1-b}{ww_L c_r\left(\frac{1}{w},1\right)} - \rho \qquad (7.36)$$

在存在贸易壁垒的情形下,创新成本 $c'_\gamma(w_L,w_H) = c_\gamma(w_L,w_H)(1+\bar{\tau})$,此时的非套利条件就会随着发生变化。

无论是中间产品种类数的增加,还是质量阶梯的提升,其都是技能型技术进步的体现。我们可同时将式(7.34)和式(7.36)表达成技能溢价和技能型技术进步的函数,在图 7-1 中分别以 AA 和 BB 曲线表示,它们描述的都是自由贸易时的情形。在存在贸易壁垒时,与式(7.34)和式(7.36)相对应的曲线分别是 A′A′和 B′B′。自由贸易(贸易壁垒消除)使得 A′A′曲线和 B′B′曲线同时向右移至 AA 曲线和 BB 曲线。

通过图 7-1 中曲线的移动,我们能够发现自由贸易对技能溢价和技能型技术进步的影响,可总结为命题 4,它与命题 2 和 3 相互呼应。

---

① 这里假设差异产品生产部门和研发部门的成本函数都是线性齐次的。

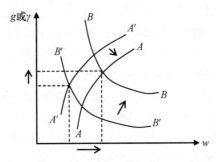

图 7-1　自由贸易、技能型技术进步与工资差异

命题 4：中间品的自由贸易在拉大相对工资差距的同时，促进了技能型技术进步。

Krusell 等（1996）进一步从要素互补的角度，阐述中间品种类数和质量变化对技能溢价的影响。他们考虑了总产出函数中投入要素互补程度的差异，即当中间品和熟练劳动的互补程度与中间品和非熟练劳动的互补程度不同时，技术进步对技能溢价的影响：当设备资本对熟练劳动的互补程度高于熟练劳动对非熟练劳动的互补程度时，更多或质量更高的中间品将使技能溢价水平上升；设备资本对熟练劳动的互补程度低于熟练劳动对非熟练劳动的互补程度时，更多或质量更好的中间品将使技能溢价水平下降。正如 Aghion 和 Howitt（1998，中译本第 529 页）所概括的，Krusell 等（1996）模型基于中间品部门具有技能偏向的特征，同时综合了 Romer（1987，1990）的中间品种类数增加模型和强调中间品质量提升的熊彼特模型。

7.4　讨论：技能积累影响工资差距的相关证据

熟练工人和非熟练工人在中间产品部门和 R&D 部门的作用是不同的，具有不可完全替代性。非熟练劳动可以通过教育、培训和"干中学"转化为熟练劳动，这是个动态的过程。在新增长理论和新贸易理论中，人力资本的外部性是报酬递增的一个来源，人力资本与动态比较优势和国际贸易模式存在着重要联系。Barro 和 Sala-I-Martin（1995，中译本第 158 页）将人力资本的生产视为技术进步的一个替代；Grossman 和 Helpman（1991a，中译本第 111 页）认为，"人力资本是指经济决策者能够通过投入时间进行训练来获得的一组专业技术"，人力资本成为一种"竞争性产品"。Lucas（1988）强调，人力资本积累是经济持续增长的一个源泉，区分了作为人力资本积累的两个来源——教育和"干中学"，国与国之间人力资本积累速度的差异是各国经济增长差异的原因;而 Nelson 和 Phelps(1966)指出,人力资本存量是经济增长的源泉,人力资本存量水平决定着创新水平,国与国之间人力资本存量水平的差异是各国经济增长差异的原因。Nelson 和 Phelps 方法被熊彼特主义者进行了复活和发挥,在他们看来,人力资本就是具有高技能的劳动者,获取高技能的决策是内生的从而决定着经济的内生增长。

人力资本可通过教育形成,但教育部门又是一个既要求人力资本作为投入又产出人力资本的部门,因而只有具有较丰裕初始人力资本的经济才可以容易地生产出更多人力资本,"对于任何人来说,通过教育获得技能是最大的选择"(Aghion 和 Howtti,1998,中译本第 308 页)。Nelson 和 Phelps 方法强调教育与技术变化过程的关系,Aghion 和 Howtti(1998,ch.10)归纳了该方法的三个可检验预测:一是生产力增长和创新速度与教育水平呈正相关;二是教育水平与研发活动之间存在互补性;三是技术落后的国家可通过学习发达国家的先进技术实现经济的赶超。① Aghion 和 Howtti(1998)强调,教育可以消除工资差异,但它不能消除技能差异,后者使得教育与收入不均等之间的关系变得更加微妙;也就是说,在技术进步体现于特定生产线或行业中,且厂商不同生产线之间的流动性是受限制的情形下,教育、增长与收入不平等之间的关系就比较复杂。

人力资本还可通过"干中学"形成,Violante(1997)阐述了"工人通过'干中学'获取特定技能"的机制,以及该行为对技能溢价的影响。"干中学"活动体现在产品生产过程中,"干中学"速度依赖于生产部门资本(品)投入的增加。研发投资一方面使技术进步加快,各式生产线之间的跨部门生产力差距扩大,具有较高技能的工人倾向于离开旧生产线,流向新生产线。另一方面,也有一些工人不肯离开旧的生产线,因为转换到新的生产线首先需要进行培训,并且意味着放弃了以前"干中学"效应中形成的生产技术经验。因此,具有不同就业经历以及生产线工作经历工人之间的工资不均衡程度拉大。② 当这种工资差异大到一定程度时,原来停留在旧生产线上的工人可能会不遗余力地进行培训以转移到新的生产线上,但

---

① Barro 和 Sala-I-Martin(1995)、Benhabib 和 Spiegel(1994)的实证分析基本证实了第一种情形的预测。Barter 和 Lichtenberg(1987)证实了第二种情形的预测。Benhahib 和 Spiegel(1994)将拉丁美洲和"东亚四小龙"的经济增长绩效作比较证实了第三种情形的预测。

② Aghion 和 Howtti(1998,ch.10)为此建立了模型,其中产生了两种效应,由于单一生产线生产中的"干中学"效应存在着报酬递减,工人从旧生产线转移到新生产线将会缩小新旧生产线上工人的工资差异,因为此时仍停留在旧生产线上的工人的生产力提高了,此即"递减收益效应"。同时,工人的内生流动会加速创造新的生产线,这又会加剧不平等,此即"增长效应"。这两种效应到底谁占主导地位是不确定的。

Aghion 和 Howitt(1998,中译本第281页)指出,"这种效果只能部分地抵消已扩大了的不平等,然而只有不平等的净增加才能保证更大的流动性"。

7.5 技能积累、财政政策与工资差距

7.5.1 高等教育部门

对于完成了义务教育或者说中等教育的个体而言,其要进一步积累人力资本,通常有两条渠道:一是接受高等教育,该渠道主要供给从事基础创新的人才,基础创新人才能提供新的创意以生产出新的中间投入品;二是通过"干中学"和在岗培训积累技能,"干中学"部门应用新的中间投入品进行最终品的生产,生产过程中存在着次级创新。

不同于 Uzawa(1965)和 Lucas(1988),这里假设高等教育部门不仅需要投入人力资本,而且还需要投入物质资本,并且生产技术是 Cobb-Douglas 型的。于是高等教育部门的生产函数为:

$$\dot{H}_r = A_1 K^\alpha H_r^{1-\alpha} \tag{7.37}$$

其中,H_r 为从事基础创新的人数,A_1 为高等教育部门的生产技术,K 为物质资本投入,α 为高等教育部门的资本产出弹性。

高等教育部门是为生产部门提供基础创新人才,新产品的研发源于基础创新人才提供的创意,且一种创意就能生产出一种新的中间投入品。因此高等教育部门具有典型的生产性。假设为生产年龄为 a 的中间品而投入的基础创新人才为 x_a,且年龄值越小的中间品的质量水平越高。越新近的中间产品即年龄值越小的中间产品,其研发所要投入的基础创新人才就越多。令 x_a 随着中间品年龄值变小(产品越新近)以指数速度 κ 递增,即

$$x_a = x_0 e^{\kappa a} \tag{7.38}$$

其中,x_0 为新中间产品刚被研发出来时所需的基础创新人才数。

x_a 随着年龄值变小以 κ 速度递增也意味着新的中间产品质量提升的速度为 κ。投入越新的中间品越能大幅度提高劳动生产率,这相当于实际产业工人投入增加了 κ 倍。假设基础创新率为 g,于是创意或者新中间投入品的种类数为 gH_r。在稳定状态下,当技能工人总量为 L 时,进入新中间品生产的工人数为那些需重新选择就业的技术工人,即 $\kappa(L-H_r)$。因此新的中间品刚开始被发明时厂商雇佣的产业工人为:

$$y_0 = \frac{\kappa(L-H_r)}{gH_r} \tag{7.39}$$

在均衡状态下,刚被研发出来的中间品进入最终品生产环节,产业工人和该中间品研发时投入的基础创新人才的劳动价值相等,这意味着此时 $x_0 = y_0$。根据式(7.38)和式(7.39),年龄为 a 的新中间品的基础创新人才投入量可重新表达为:

$$x_a = \frac{\kappa(L-H_r)}{gH_r}e^{-\kappa a} \tag{7.40}$$

7.5.2 "干中学"部门

"干中学"意味着厂商过去积累的产量决定了它当前的生产率(Krugman,1987)。作为技能积累渠道的"干中学"部门,它依赖于产品部门的生产量。我们将产品部门的生产函数设为:

$$Y_t = A_{2t}f_1(q_t, gH_r, z_t, L_t) \tag{7.41}$$

其中,A_{2t} 为"干中学"部门的生产技术;gH_r 决定着中间品(创新)的种类数;q_t 表示中间品的质量,越近期的中间品的质量阶梯越高,即物化了更高水平的一般性知识;z_t 表示每种中间品的投入量;L_t 为完成义务教育的初级劳动力。

产品部门的生产函数中同时考虑中间品投入的种类数和质量水平。类似于 Aghion 和 Howitt(1998),t 时期生产部门的生产函数为:

$$Y_t = A_{2t}\int_0^t gH_r q_t Z_t^\beta L_t^{1-\beta} dt \tag{7.42}$$

其中,β 为"干中学"部门的资本产出弹性。通过"干中学"积累技能依赖于产品部门的产量,其实际过程是通过中间品质量的提升以掌握更新的生产技术。假设"干中学"在每个企业发生的速度为 $\lambda_d y_a^\gamma$,λ_d 为"干中学"效率,y_a 为新的中间产品(年龄值为 a)投入生产后所雇佣的产业工人数,$0 < \gamma < 1$。于是"干中学"部门(LBD)的生产函数为:

$$\text{LBD} = dq_t/dt = \int_0^\infty gH_r \lambda_d y_t^\gamma L^{1-\gamma} d_t \tag{7.43}$$

根据 Krusell 等(1996)的证明,生产部门中人力资本与中间品的投入是可互补的,这里将其统称为资本品(K),据此"干中学"部门生产函数的简约形式为:

$$\text{LBD} = A_2(uK)^\beta L^{1-\beta} \tag{7.44}$$

其中,A_2 为"干中学"部门的一般性知识状态;β 为"干中学"部门的资本产出弹性;u 为中间品与人力资本的互补程度。

7.5.3 家庭部门

完成义务教育的个体可以通过高等教育和"干中学"两条渠道积累技能。令个体接受高等教育获得的预期收益为 V_r,通过"干中学"获得的预期收益为 V_d。

根据 Aghion 和 Howitt(1998),生产部门的厂商最大化价值(W)与工资支付现值(V_d)之间呈正比例关系,我们假设:

$$W = \psi V_d y_0 \tag{7.45}$$

其中,$\psi > 0$,它取决于研发成功的概率和"干中学"部门的资本产出弹性。在稳定状态下,当一个完成义务教育的个体成为技能人才时,从事研发还是从事生产是无差异的,这意味着 $V_r = V_d$。假设从事基础创新的预期收益现值在 V_r 基础上以 λ_r 的速度增长,V_d 等于基础创新率(g)与生产部门厂商最大化价值(W)的乘积,时间偏好率为 ρ,新产品的质量更新以固定的速度 κ 发生。Aghion 和 Howitt(1998)给出了稳态下的贝尔曼方程:

$$\rho V_r = gW - \kappa V_r + \lambda_r V_r \tag{7.46}$$

新近的中间产品投入生产后,生产部门的效率提升,单位产品生产所需的产业工人随中间产品年龄值的变小而下降,即

$$y_a = y_0 e^{-\kappa a} \tag{7.47}$$

高等教育导致的技能积累速度以其基础创新率(g)表示,"干中学"部门导致的技能积累速度为 $\lambda_d y_a^\gamma$。将式(7.40)代入式(7.47),稳定状态下家庭部门均衡的技能积累速度为:

$$\left(\frac{\dot{A}}{A}\right) = \lambda_d g^{1-\gamma}\left(\frac{\rho + \kappa - \lambda_r}{\psi}\right)^\gamma e^{-\kappa\gamma a} \tag{7.48}$$

显然,家庭部门技能积累速度不仅取决于源于高等教育部门的基础创新率及其预期收益增长率,而且还受到"干中学"部门资本产出弹性、"干中学"效率的影响。家庭部门均衡的技能积累速度同时取决于高等教育和"干中学"部门。根据式(7.48),家庭部门技能积累速度与高等教育部门之间的关系可描述为图 7-2。

从图 7-2 可以看出,高等教育部门与家庭部门技能积累速度之间呈倒 U 型关系。当高等教育规模较小时,随着高等教育部门的扩张,技能积累速度递增;当高等教育达到最优规模以后,技能积累速度随着高等教育部门的扩张而递减。当缺乏"干中学"部门配合时,高等教育对技能积累速度的影响存在着最高点限制。在技能积累过程中,高等教育与"干中学"

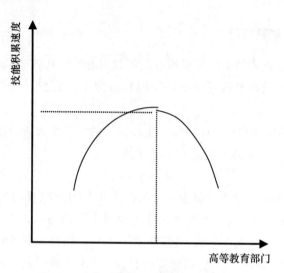

图 7-2　高等教育与家庭部门的技能积累

部门是相互依存的,不能一味地刺激高等教育部门而忽视"干中学"部门。其有两个佐证:一是 Young(1992)所描述的"双城效应"。相对于中国香港地区,新加坡的生产力之所以低增长,是因为该国过分依赖外资和追求新企业的引进,忽视了本地企业的"干中学"。二是 Lucas(1993)所描述的"卢卡斯效应"。"干中学"部门将提高个体从低技能生产线向高技能生产线转换的能力,"东亚奇迹"就是源于此。由此可总结出命题1。

命题 1:家庭部门技能积累速度是高等教育的凹函数,它们之间呈倒 U 形关系。当技能积累速度达到倒 U 形曲线的最高点时,经济资源就应该加大投向"干中学"部门。

7.5.4　政府部门

为了描述财政政策对技能积累和工薪差距的作用,我们引入政府部门。政府的财政支出依赖于税收及政府债券融资,假设税收体现在以总收入 Y 为税基的所得税收入上,且政府 t 期时的债务、支出以及税负率分别为 B_t、G_t 和 T_t。在平衡性预算条件下,政府部门的约束方程为:

$$G_t + B_t(1 + r_t) = T_t Y + B_{t+1} \qquad (7.49)$$

其中,r_t 代表政府债券的利率,$B_t(1 + r_t)$ 为政府当期需要偿还的债务本息和,B_{t+1} 表示政府当期发行、下一期到期的债务。

当考虑财政支出时,高等教育与"干中学"部门的 Cobb-Douglas 型生产函数分别为:

$$\dot{H}_r = A_1 K^\alpha H_r^{1-\alpha-\varphi_1} (\tilde{\sigma} G)^{\varphi_1} \qquad (7.50)$$

$$\text{LBD} = A_2 (uK)^\beta L^{1-\beta-\varphi_2} [(1-\tilde{\sigma}) G]^{\varphi_2} \qquad (7.51)$$

其中,$\tilde{\sigma}$ 和 $1-\tilde{\sigma}$ 分别为政府对高等教育和"干中学"部门的支出比例($0 < \tilde{\sigma} < 1$),φ_1、φ_2 分别为高等教育和"干中学"部门的政府投入产出弹性。

7.5.5 工薪差距

根据式(7.50)和式(7.51),高等教育与"干中学"部门的工资水平分别为:

$$w_H = A_1 (1-\alpha-\varphi_1) K^\alpha H_r^{-\alpha-\varphi_1} (\tilde{\sigma} G)^{\varphi_1} \qquad (7.52)$$

$$w_L = A_2 (1-\beta-\varphi_2) (uK)^\beta L^{-\beta-\varphi_2} [(1-\tilde{\sigma}) G]^{\varphi_2} \qquad (7.53)$$

标准化 L 以后,我们可得到工薪差距水平:

$$\tilde{e} = \frac{w_H}{w_L} = \frac{1-\alpha-\varphi_1}{1-\beta-\varphi_2} \cdot \frac{A_1}{A_2} \cdot \frac{K^{\alpha-\beta}}{u^\beta H_r^{\alpha+\varphi_1}} \cdot \frac{(\tilde{\sigma} G)^{\varphi_1}}{[(1-\tilde{\sigma}) G]^{\varphi_2}} \qquad (7.54)$$

为刻画政府部门对工薪差距的影响,令 $\omega_1 = K/H_r$,$\omega_2 = K/L$,它们分别代表高等教育部门和"干中学"部门的人均资本投入。根据式(7.37)和式(7.44),并假设资本要素在这两部门中获得相同的报酬,于是工薪差距水平可重新表示为:

$$\tilde{e} = \frac{A_1}{A_2} \cdot \frac{1-\alpha}{1-\beta} \cdot \left(\frac{A_2 \beta u^{\beta-1}}{A_1 \alpha} \right)^{\frac{\beta}{\beta-1}} u^{-\beta} \omega_1^{\alpha - \frac{1-\alpha}{1-\beta}\beta} \qquad (7.55)$$

由式(7.55)有:

$$\frac{\partial \tilde{e}}{\partial \omega_1} \begin{matrix} > 0 & \alpha > \beta \\ < 0 & \alpha < \beta \end{matrix} \qquad (7.56)$$

其中,$\alpha > \beta$ 代表高等教育的初始发展水平不高,处于刺激发展阶段;$\alpha < \beta$ 代表高等教育的发展水平较高,"干中学"部门处于刺激发展阶段。①

根据式(7.56)可以描绘出高等教育与"干中学"对工薪差距变化的影响路径(见图7-3),这总结在命题2中。

---

① 当 $\alpha = \beta$ 时,$\frac{\partial \tilde{e}}{\partial \omega_1} = 0$,此时 ω_1 与 $\tilde{e}$ 之间不具有经济含义。

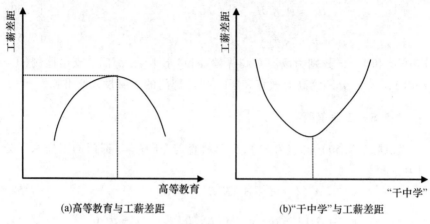

(a)高等教育与工薪差距　　　　(b)"干中学"与工薪差距

图 7-3　高等教育、"干中学"与工薪差距

命题 2：高等教育对工薪差距的影响呈倒 U 形关系；"干中学"对工薪差距的影响呈 U 形关系。

高等教育和"干中学"的相互依存性不仅反映在技能积累的速度上，而且体现在对工薪差距的影响上。从图 7-3(a)可以看出，高等教育规模与工薪差距之间呈倒 U 型关系。当高等教育部门处于发展的初级阶段时，该部门的资本产出弹性较大，基础创新水平提高，工薪差距扩大。但当高等教育部门发展到一定程度时，随着创新人才供给的增加和创意的增多，中间品的种类数与质量达到较高水平，"干中学"部门的资本产出弹性较大，经济资源向"干中学"部门倾斜，高等教育规模的扩张将使工薪差距缩小。图 7-3(b)刻画了通过"干中学"积累技能对工薪差距的影响呈 U 型特征。"干中学"部门的发展跨越拐点以后，工薪差距随着"干中学"部门的扩张而扩大。这是因为资源向"干中学"部门倾斜将产生两种效应：一是使新产品研发的预期收益增加，进而鼓励基础研究，扩大工薪差距；二是加速旧生产线工人"干中学"的耗尽速度，使仍留在旧生产线上工人的收入提高，缩小工薪差距。但时间偏好率为正的事实使得前者效应强于后者，因此刺激"干中学"将导致工薪差距扩大。也就是说，"干中学"部门的发展不仅使更多的低技能劳动力从经验中学习进而提高人力资本存量，而且还使高等教育部门所从事的基础创新的回报率上升。

7.5.6 竞争性均衡的求解及其模拟

1. 竞争性均衡框架及其求解

消费者个体面临的最大化问题为：

$$\text{Max} U = \int_0^\infty \frac{c_t^{1-\theta} - 1}{1 - \theta} e^{-\rho t} dt \tag{7.57}$$

消费者的资产约束条件为：

$$\dot{K} = (1 - T_t)Y - c_t \tag{7.58}$$

根据式(7.57)和式(7.58)，构建 Hamilton 函数：

$$J = \frac{c_t^{1-\theta} - 1}{1 - \theta} e^{-\rho t} + \lambda_1 [(1 - T_t)Y - c_t] + \lambda_2 A_1 K^\alpha H_r^{1-\alpha-\varphi_1} (\tilde{\sigma} G)^{\varphi_1} \tag{7.59}$$

式(7.59)的最优一阶条件意味着：

$$\frac{\lambda_2}{\lambda_1} = \frac{(1 - T_t)\varphi_2 A_2 u^\beta K^{\beta-\alpha} [(1 - \tilde{\sigma})G]^{\varphi_2 - 1}}{\varphi_1 A_1 H_r^{1-\alpha-\varphi_1} (\tilde{\sigma} G)^{\varphi_1 - 1}} \tag{7.60}$$

在平衡增长路径上，消费、物质资本、人力资本以及总产出具有相同的增长率。根据标准效率条件，物质资本与人力资本应满足它们在两部门中以物质产品为单位度量的边际产品相等的要求，据此有：

$$\beta A_2 (uK)^{\beta-1} [(1 - \tilde{\sigma})G]^{\varphi_2} = A_1 (1 - \alpha - \varphi_1) K^\alpha H_r^{-\alpha-\varphi_1} (\tilde{\sigma} G)^{\varphi_1} \frac{\lambda_2}{\lambda_1} \tag{7.61}$$

同样，资本要素在两部门中获得同样的回报，由式(7.50)和式(7.51)有：

$$A_2 \beta (uK)^{\beta-1} [(1 - \tilde{\sigma})G]^{\varphi_2} = A_1 \alpha K^{\alpha-1} H_r^{1-\alpha-\varphi_1} (\tilde{\sigma} G)^{\varphi_1} \tag{7.62}$$

当财政总收入等于财政总支出时，令 $G = \tilde{\mu} Y$，$\tilde{\mu}$ 即财政收入占 GDP 的比重，它表示财政收入的增长水平。

由式(7.60)至式(7.62)可解出 K 和 H_r，将它们代入式(7.54)，于是工薪差距关于财政收入占 GDP 比重($\tilde{\mu}$)和财政支出比例($\tilde{\sigma}$)的函数为：

$$\tilde{e} = M \cdot \tilde{\mu}^{\frac{\varphi_1 - \varphi_2}{1-\beta-\varphi_1}} \cdot (1 - \tilde{\mu})^{\frac{\beta-\alpha}{1-\beta-\varphi_1}} \cdot \tilde{\sigma}^{\frac{\beta-\alpha+\varphi_1}{1-\beta-\varphi_1}} \cdot (1 - \tilde{\sigma})^{-\frac{\beta-\alpha+\varphi_2}{1-\beta-\varphi_1}} \tag{7.63}$$

其中，

$$M = \frac{1 - \alpha - \varphi_1}{1 - \beta - \varphi_2} \cdot \left(\frac{A_1}{A_2}\right)^{\frac{1}{1-\beta-\varphi_1}} \cdot \left(\frac{\beta}{\alpha}\right)^{-\frac{\beta+\varphi_1}{1-\beta-\varphi_1}} \cdot u^{\frac{\beta-\alpha+\varphi_1}{1-\beta-\varphi_1}} \cdot \left[\frac{\beta \varphi_1}{\varphi_2 (1 - \alpha - \varphi_1)}\right]^{\frac{\alpha-\beta}{1-\beta-\varphi_1}}$$

它是与支出结构以及财政收入增长水平均无关的系统参数。

式(7.63)表明，在平衡增长路径上，工薪差距只受财政收入增长水平与财政支出结构的影响。假定 $1-\beta-\varphi_1>0$,分别对式(7.63)中的 $\tilde{\mu}$ 和 $\tilde{\sigma}$ 求偏导,可得到性质(a)和性质(b):①

(a) 当 $\varphi_1-\alpha>\varphi_2-\beta$ 时,$\frac{\partial \tilde{e}}{\partial \tilde{\mu}} \gtrless 0$,如果 $\tilde{\mu} \gtrless \frac{\varphi_1-\varphi_2}{\varphi_1-\varphi_2+\beta-\alpha}$

当 $\varphi_1-\alpha<\varphi_2-\beta$ 时,$\frac{\partial \tilde{e}}{\partial \tilde{\mu}} \gtrless 0$,如果 $\tilde{\mu} \lessgtr \frac{\varphi_1-\varphi_2}{\varphi_1-\varphi_2+\beta-\alpha}$

(b) 当 $\varphi_1<\varphi_2$ 时,$\frac{\partial \tilde{e}}{\partial \tilde{\sigma}} \gtrless 0$,如果 $\tilde{\sigma} \lessgtr \frac{\beta-\alpha+\varphi_1}{\varphi_1-\varphi_2}$

当 $\varphi_1>\varphi_2$ 时,$\frac{\partial \tilde{e}}{\partial \tilde{\sigma}} \gtrless 0$,如果 $\tilde{\sigma} \gtrless \frac{\beta-\alpha+\varphi_1}{\varphi_1-\varphi_2}$

性质(a)、(b)表明,财政收入和支出结构对工薪差距的影响都是非线性的(如命题3)。

命题3:财政收入与工薪差距之间呈倒U形关系还是U形关系取决于高等教育与"干中学"部门的政府投入产出弹性与资本产出弹性之差的比较。财政支出结构与工薪差距之间呈倒U形关系还是U形关系取决于两部门的政府投入产出弹性的比较。

2. 数值模拟

财政收入增长水平和财政支出结构对工薪差距变化的非线性影响可通过数值模拟得以验证。中国财政收入占GDP比重在20%左右,这在发展中国家中属于中等偏低水平,并且明显低于OECD成员国的平均水平(贾康,2010)。据此取财政收入占GDP比重的基准值为 $\tilde{\mu}=0.2$,财政支出结构的基准值为 $\tilde{\sigma}=0.5$,其他基本参数取值为,$A_1=0.4$、$A_2=0.2$、$u=3$、$\rho=0.03$、$\theta=2$。图7-4刻画的是财政收入占GDP比重对工薪差距的影响结果,其中的四个小图依次代表 $\alpha<\beta$、$\varphi_1<\varphi_2$,$\alpha<\beta$、$\varphi_1>\varphi_2$,$\alpha>\beta$、$\varphi_1<\varphi_2$,$\alpha>\beta$、$\varphi_1>\varphi_2$ 的情形。与这四种情形相对应的参数取值依次为 $\alpha=0.2$、$\beta=0.45$、$\varphi_1=0.1$、$\varphi_2=0.2$,$\alpha=0.2$、$\beta=0.45$、$\varphi_1=0.2$、$\varphi_2=0.1$,$\alpha=0.3$、$\beta=0.2$、$\varphi_1=0.05$、$\varphi_2=0.1$,$\alpha=0.3$、$\beta=0.2$、$\varphi_1=0.1$、$\varphi_2=0.05$。图7-5刻画的是财政支出结构对工薪差距的影响结果,其中的四个小图分别代表 $\alpha<\beta$、$\varphi_1<\varphi_2$,$\alpha>\beta$、$\varphi_1<\varphi_2$,$\alpha<\beta$、$\varphi_1>\varphi_2$,$\alpha>\beta$、$\varphi_1>\varphi_2$ 的情形。在 $\tilde{\mu}$ 和 $\tilde{\sigma}$ 具有经济意义的取值区间上,图7-4和图7-5中的四个小图分别描述了源于式(7.63)的性质(a)和(b)。

---

① 当 $\tilde{\mu}=\frac{\varphi_1-\varphi_2}{\varphi_1-\varphi_2+\beta-\alpha}$ 时,$\frac{\partial e}{\partial \tilde{\mu}}=0$;当 $\tilde{\sigma}=\frac{\beta-\alpha+\varphi_1}{\varphi_1-\varphi_2}$ 时,$\frac{\partial e}{\partial \tilde{\sigma}}=0$。此时,$\tilde{\mu}$、$\tilde{\sigma}$ 和 e 之间不具有经济含义。

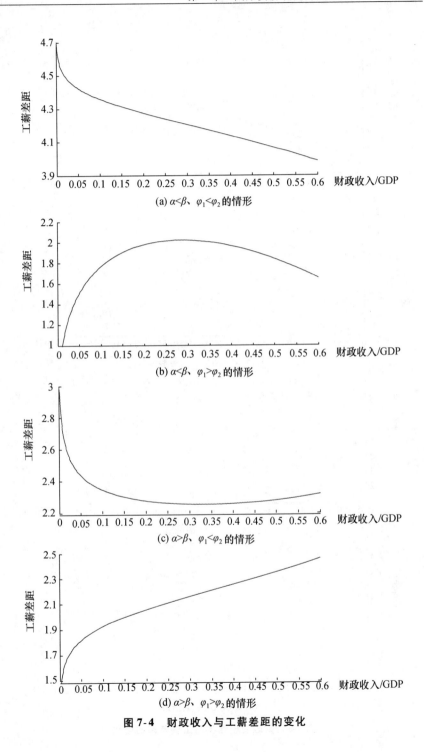

图 7-4 财政收入与工薪差距的变化

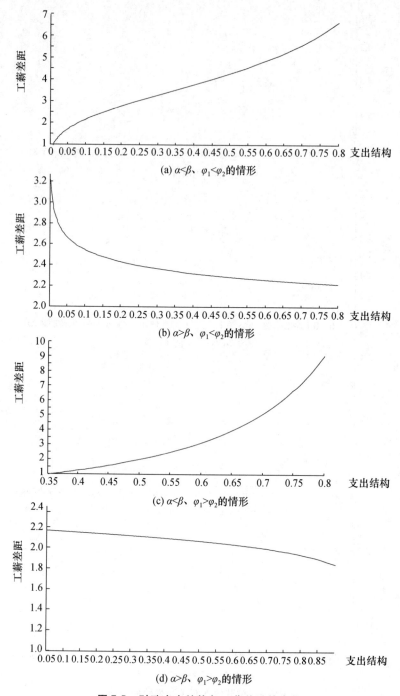

图 7-5 财政支出结构与工薪差距的变化

7.6　总结性评论

本章不仅将技能型技术进步与中间品贸易置于一个统一的理论框架中对技能溢价现象进行解释,而且从供给角度考察高等教育和"干中学"部门对工薪差距变化的影响及其结果,并讨论财政政策对工薪差距的作用机制和结果。

一国的技能溢价是技能劳动相对规模的增函数,是技能密集型产品相对种类数的增函数,是技能密集型产品相对平均质量的增函数。对于人均技能水平较高的国家,自由贸易不仅使其技能密集型产品的平均质量提升,而且使技能密集型部门产品种类数增加;对于技能密集型产品,无论是平均质量提升还是产品种类数增加,其都将使技能溢价水平上升;该国将技能要素更多地配置于中间品生产部门,中间品的自由贸易在拉大相对工资差距的同时,促进了技能型技术进步。

技能溢价不仅与技能要素需求变化相关,而且离不开技能要素供给的变化。高等教育和"干中学"是技能积累的主要途径。高等教育部门"生产"从事基础创新的工人,该部门取决于以新中间品为投入要素的生产部门的发展。"干中学"是为生产部门提供熟练劳动力,其取决于生产部门资本(品)投入的增加。显然,教育部门与"干中学"部门对技能溢价的影响是密切相连、相互影响的。通过在竞争性均衡的框架里考察高等教育、"干中学"与财政政策对工薪差距变化的影响,从高技术工人供给的角度考察工薪差距变化的影响因素和结果,这是研究工薪差距变化问题的新的理论扩展。技能积累速度是高等教育的凹函数,如果一味地刺激高等教育部门而忽视"干中学"部门,那将使整个社会的技能积累速度下降。高等教育对工薪差距的影响呈倒 U 形关系,"干中学"对工薪差距的影响呈 U 形关系。同样,财政收入增长和财政支出结构对工薪差距的影响也是非线性的,具体影响结果取决于高等教育部门与"干中学"部门的投入产出弹性。财政政策只有在高等教育与"干中学"部门之间进行合理的设计和安排才能保证较快的技能积累和适度的工薪差距。从政策含义上看,当高等教育发展到一定程度后,公共资源就应加大投向"干中学"部门;中国财政政策的调整应倾向于增强本土企业工人的"干中学"能力。

第8章 市场开放、高技能劳动需求与经济转型

8.1 引　　言

发展中国家利用本国的市场潜力和政策优惠吸引国外投资,以引进先进技术,并借助其溢出效应促进本国企业的技术进步,此策略被称为"以市场换技术"。面对中国三十多年来 FDI 的巨额增长,尤其是加入 WTO 以来引进 FDI 环境的深刻变化(李晓华,2004),学界和政界开始思考中国"以市场换技术"策略的过去、现在与未来。支持者认为,市场开放不仅促进了生产率显著提高,而且通过技术溢出提升了本土企业的技术水平(Liu,2002;张海洋,2005;仝月婷等,2005;王红领等,2006)。反对者则认为,跨国公司利润最大化行为决定了其所转移的并不是最好的技术(Keller,2001;Huang,2003)。北京大学课题组(2007)承认 FDI 份额显著地与中国制造业的总生产率正相关,但否认 FDI 份额缩小了中国企业与国际先进技术水平之间的差距;恰恰相反,外资进入还妨碍了内资企业通过研发自主创新而缩小与国际先进水平之间距离的努力。据此,有学者断言,不能将 FDI 促进了中国生产率的提高作为进一步吸引外资的证据(高春亮等,2007)。中国还要不要继续实施"以市场换技术"的策略? FDI 真的阻碍了中国企业的自主创新吗? 能否为中国"以市场换技术"的效果评判提供新的证据? 这些复杂问题关系到中国"以市场换技术"策略的现在与未来。

"以市场换技术"本质是一种供应商导向的技术升级,其渠道具体包括贴牌生产(OEM)和技术溢出。中国自 20 世纪 80 年代中期实施该策略以来,有一个不争的事实是,FDI 带来中国进出口规模的快速增长。根据第一次全国经济普查数据,FDI 企业的出口率在 36%(港澳台资)与 42%(外资企业)之间,其产品出口已占到中国制造业总出口的 64%,外资企业

还主导了中国高技术产品的出口。"在过去的15年里,贴牌生产的增长主要集中在中国不断扩大的制成品出口上"(World Bank,2007)。FDI 并购本地企业后,被并购企业比本地其他企业不仅出口导向被强化了,而且所雇用的高技能劳动比重提高(World Bank,2005)。

对于 FDI 水平技术溢出,其取决于本地消化吸收能力,只有自己进行研发的企业才能享受到 FDI 水平溢出的好处(Kokko 等,1996;Kinoshita,2001)。20 世纪 90 年代末期,中国开始强调自主创新,研发支出占 GDP 的比重从 1997 年的 0.7% 迅速提高到 2005 年的 1.5%(World Bank,2007)。不仅如此,FDI 对国内企业的水平溢出程度还取决于外国公司在东道国进行研发活动的程度(Todo 和 Miyamoto,2006)。20 世纪 90 年代末期以来的"以竞争换技术"手段使在华外资企业也开始提高创新能力。无论是国内进行的研发活动还是外国分支机构进行的研发活动,都会使本地的高技能劳动需求上升。但对于 FDI 垂直技术溢出,其取决于国内企业是否被外资机构选为供应商,但成为首选的供货商必须满足一定的技术条件,只有具有较高人力资本水平的国内企业才是垂直技术溢出的主要受益者(Blalock 和 Gertler,2005)。Saggi(2002)以墨西哥的组装工厂为例发现,被外资机构选择为供货商的厂商将会增加高技能劳动的需求。

显然,无论是贴牌生产还是水平与垂直的 FDI 溢出,它们总是与部门高技能劳动相对需求上升的现象相伴相随。既然如此,在评价中国的"以市场换技术"策略时,我们可以从 FDI 是否引起了中国各行业高技能劳动需求增加这个新的视角,检验"市场换技术"的效果以及具体渠道。

FDI 的引进及其带来的贸易、竞争和技术模仿如何影响高技能劳动的相对需求,该问题从 20 世纪 90 年代开始就一直是国际经济学所关注的焦点。20 世纪 80 年代以来,工业化国家和发展中国家的高技能劳动相对需求大幅度增加(Zhu,2005)。Katz 和 Murphy(1992)、Katz 和 Autor(1999)等描述了 20 世纪 80 年代以来美国高技能劳动相对需求上升的现象。Freeman 和 Katz(1994)、Slaughter(2000)则为这一现象在其他工业化国家的存在提供了翔实的证据。不仅如此,发展中国家高技能劳动需求也经历着不断上升的现象(Wood,1997;Das,2002;Xu 和 Li,2008)。

人们在试图解释高技能劳动需求急剧上升的现象时,不约而同地会联想到 FDI 和国际贸易。因为在高技能劳动相对需求快速上升的同期,各国之间的 FDI 与贸易规模急剧增加(Goldberg 和 Pavcnik,2007)。目前具有代表性的理论解释有两条路径:一是将高技能劳动相对需求上升的原因归于 FDI 带来的技术进步;二是将高技能劳动相对需求上升的原因归结为

FDI 带来的贸易规模扩大。

FDI 带来的技术模仿无疑是高技能劳动相对需求上升的重要原因（Lawrence,1996；Krugman,2000）。其佐证就是,产业内部的技术与高技术工人就业率的增加呈正相关（Helpman,2004）。Aghion 和 Howitt（1998）进一步阐述了技术进步使低技术工人向高技术工人转变的机制,强调 FDI、贸易与技能型技术进步是相容的。Murphy 和 Topel（1987）为此提供了经验印证。Acemoglu（1998,2002）则将技术进步的要素偏向和贸易结合起来考察高技能劳动相对需求的变化。

至于 FDI 带来的贸易如何影响要素相对需求,20 世纪 40 年代的 Stolper-Samuelson 定理就做出了明确的回答。但该定理的结论能否解释 20 世纪 80 年代以后的现实呢？经济学家对 Stolper-Samuelson 定理的相关推论进行实证检验,结果发现 Stolper-Samuelson 定理对发达国家所预测的结果并没有完全得到验证,关于发展中国家的预测结果甚至与现实相反。显然,导致这样结果的原因是 20 世纪 80 年代以后国际贸易发生了新的变化,贸易引起高技能劳动需求上升的证据来自产业内贸易和中间产品贸易领域,Feenstra 和 Hanson（2003）对该方面文献进行了全面的综述。Berman 等（1994）进一步强调,高技能劳动密集型产业的增长使产业内就业人口份额发生变化,即低技能劳动向高技能劳动转移主要是由产业内变化引起的。Machin（1995）证实了该结论,发现英国 1979—1990 年高技能劳动需求上升中的 80% 都是源于产业内部转移。

对于 FDI 与贸易影响高技能劳动相对需求的实证研究,人们主要从两个角度展开：一是从零利润条件出发直接对 Stolper-Samuelson 定理进行检验；二是运用成本转换法对要素需求进行间接检验。Feenstra 和 Hanson（1999）将美国制造业的高技术工人与低技术工人相对需求变化的决定因素归结为外包贸易、技术进步、人力资本深化和产出规模。Hsieh 和 Woo（2005）的研究发现,中国香港对祖国内地的中间产品外包贸易使香港的高技术工人相对工资上升,贡献度达到 50%。Xu 和 Li（2008）采用世界银行的企业调查数据检验了中国高技能劳动相对需求变化的决定因素,发现主要的贡献因素包括高技术工人的工资份额、企业规模和出口贸易。

正如 Goldberg 和 Pavcnik（2007）所强调的,关于 FDI 与贸易对要素相对需求影响的较为可信的实证研究或许只能针对某个国家某个较短时间段（如实施某项重大贸易自由化政策的前后若干年）的微观层次研究。中国加入 WTO 以来,"市场换技术"的环境发生了深刻变化。基于此,本章以"入世"后中国制造业 29 个细分行业的规模以上企业、三资企业以及中低技术行业的数据为样本,估计 FDI 及其所带来的贸易、竞争和技术模仿对高技能劳动相对需求变化的具体影响。

本章试图解决两个核心问题:一是从高技能劳动需求变化角度刻画市场换技术的渠道;二是 FDI 使中国的高技能劳动需求发生了哪些变化,以此为"市场换技术"效果的评价提供新证据。接下来的分析是这样安排的:第二节刻画最终产品部门、中间品部门、研发部门以及家庭部门的基本行为;第三节在竞争性均衡的框架下揭示 FDI 的引进及其带来的贸易、竞争与技术模仿对各部门高技能劳动相对需求的影响机制和结果;第四节交代实证研究的方法与数据;第五节从高技能劳动相对需求变化这个新的视角检验中国的市场是否换到了技术;最后是结论及政策含义。

8.2 基本模型

为了考察 FDI 的引进及其所带来的贸易和竞争是如何影响一个发展中国家各部门高技能劳动相对需求变化的,我们借鉴 Bucci(2002)的方法对一国的最终产品部门、中间品部门、研发部门进行设定。

8.2.1 最终产品部门

假设最终产品部门投入高技能劳动和中间产品,于是,该部门代表性厂商的生产函数为:

$$Y = AH_Y^{1-\alpha} \int_0^n x_j^\alpha dj \tag{8.1}$$

其中,Y 为最终产品的产出,H_Y 为投入到最终产品部门的高技能劳动数量,n 为中间投入品的种类数,x_j 为第 j 种中间投入品的数量,A 为技术参数,$1 > \alpha > 0$。每两种中间产品之间的替代弹性为 $\varepsilon = 1/1 - \alpha$。随着中间投入品种类数的增加,产品竞争加剧,替代弹性变大。显然,n 与 ε 之间的正相关关系可通过 ε 与 α 之间的正向变动关系得以体现。

假设最终产品是完全竞争的,根据厂商利润最大化的一阶条件,第 j 种中间品的价格和需求函数分别为:

$$p_j = A\alpha H_Y^{1-\alpha} x_j^{\alpha-1} \tag{8.2}$$

$$x_j = \left(\frac{p_j}{A\alpha H_Y^{1-\alpha}}\right)^{\frac{1}{\alpha-1}} \tag{8.3}$$

8.2.2 中间品部门

代表性中间品部门的产出水平取决于一定时期内投入到该部门的高技能劳动数量(h_j)和生产率(B)。于是,第 j 种中间品的生产函数为:

$$x_j = Bh_j \tag{8.4}$$

根据式(8.2)和式(8.4),中间品厂商的利润最大化意味着产品成本 w_j 满足:

$$w_j = AB\alpha^2 H_Y^{1-\alpha} x_j^{\alpha-1} \tag{8.5}$$

由式(8.2)和式(8.5),存在着:

$$w_j = \alpha B p_j \tag{8.6}$$

在对称性假设下,中间品部门的高技能劳动投入规模为:

$$H_j = nh_j \tag{8.7}$$

根据式(8.2)、式(8.4)及式(8.6),该部门代表性厂商的利润函数为:

$$\pi_j = A\alpha(1-\alpha)H_Y^{1-\alpha}\left(\frac{BH_j}{n}\right)^{\alpha} \tag{8.8}$$

8.2.3 研发部门

研发部门(模仿部门)所投入的高技能劳动数(H_n)和生产率(g)决定着中间品种类数增加的速度,即

$$\dot{n} = gH_n \tag{8.9}$$

假设研发部门单位产品价值为 V_n,根据零利润条件,该部门高技能劳动的回报率为:

$$w_n = gV_n \tag{8.10}$$

其中,$V_n = \int_t^{\infty} e^{-r(\tau-t)}\pi_j d\tau$,$r$ 为消费者所持资产的实际收益率。

8.2.4 家庭部门

家庭部门是技术工人的供方,技能积累一般通过两条渠道进行:一是接受教育,尤其是高等教育;二是源于外资的技术溢出效应(如"干中学")。通过第一条渠道积累技能的速度取决于学习效率的大小(η_1)和用于积累人力资本的时间份额(u_1);同样,通过第二条渠道积累技能的速度取决于技术溢出效率的大小(η_2),以及技术工人在外资部门学习的时间份额(u_2)。为了使模型存在显性解,对技能积累函数采取简约形式,于是有:

$$\dot{H}_t = \eta_1 u_1 H_t + \eta_2 u_2 H_t \qquad (8.11)$$

为了模型推导的简便，假设技能积累的两个渠道的效率相等，即 $\eta_1 = \eta_2 = \eta$，用于积累技能的总时间份额为 $u(1>u>0)$，$u = u_1 + u_2$。于是，根据式(8.11)，可将代表性家庭的技能积累函数表达为：

$$\dot{H}_t = \eta u H_t \qquad (8.12)$$

当代表性消费者 t 时期的消费水平为 c_t 时，其最优决策问题以及约束条件分别为：

$$\text{Max} \int_0^\infty e^{-\rho t} \log(c_t) dt \qquad (8.13)$$

$$\dot{a}_t = r a_t + w_t (1-u) H_t - c_t \qquad (8.14)$$

根据式(8.12)至式(8.14)，定义 Hamilton 方程：

$$J = e^{-\rho t} \log(c_t) + \lambda_1 [r a_t + w_t (1-u) H_t - c_t] + \lambda_2 \eta u H_t \qquad (8.15)$$

该方程的最优一阶条件刻画了消费者的资产收益率(r)、消费增长率(g_c)和财富增长率(g_a)的均衡路径。

8.3 竞争性均衡与比较静态结果

8.3.1 竞争性均衡

发展中国家将 t 时期内所积累的高技术工人(H_t)全部配置于最终产品部门、中间品部门与研发部门，即

$$H_Y + H_j + H_n = H_t \qquad (8.16)$$

在平衡增长路径上，H_t、H_j、H_Y、H_n 以及 n 均以 g_H 的速度增长。不仅如此，三部门高技能劳动的回报率也相等，即

$$w_Y = w_j = w_n = w_t \qquad (8.17)$$

根据式(8.5)，令 x_j 为常数，则 w_t 的增长率为：

$$g_{w_t} = (1-\alpha) g_H \qquad (8.18)$$

由式(8.15)的最优一阶条件以及式(8.18)，资产收益率和消费增长率分别满足下列条件：

$$r = \eta + (1-\alpha) g_H \qquad (8.19)$$

$$g_c = \eta + (1-\alpha) g_H - \rho \qquad (8.20)$$

在均衡状态下，财富总额等于研发部门所有创意的市场价值加总，从而有：

$$a = nV_n \tag{8.21}$$

在平衡增长路径上,财富和高技能劳动的增长率分别为:

$$g_a = (2 - \alpha)g_H \tag{8.22}$$

$$g_H = \eta - \rho \tag{8.23}$$

由最终产品部门和中间品部门厂商决策的最优条件,以及研发部门的零利润条件,三部门高技能劳动的回报率分别为:

$$w_Y = An(1-\alpha)H_Y^{-\alpha}x_j^\alpha \tag{8.24}$$

$$w_j = AB\alpha^2 H_Y^{1-\alpha} x_j^{\alpha-1} \tag{8.25}$$

$$w_n = Ag\alpha(1-\alpha)\left(\frac{BH_j}{n}\right)^\alpha \frac{H_Y^{1-\alpha}}{\eta} \tag{8.26}$$

在竞争性均衡状态下,由式(8.24)至式(8.26)以及式(8.17),可得:

$$\frac{H_Y}{n} = \frac{\eta}{g\alpha} \tag{8.27}$$

$$\frac{H_j}{n} = \frac{\alpha\eta}{Bg(1-\alpha)} \tag{8.28}$$

$$\frac{H_n}{n} = \frac{H_t}{n} - \frac{\eta}{g\alpha} - \frac{\alpha\eta}{Bg(1-\alpha)} \tag{8.29}$$

在平衡增长路径上,中间品以 g_H 的速度增长,于是有:

$$\frac{H_t}{n} = \frac{M}{Bg\alpha(1-\alpha)} \tag{8.30}$$

其中,$M = \alpha(\eta-\rho)(1-\alpha) + B\eta(1-\alpha) + \alpha^2\eta$。

由式(8.27)至式(8.30),最终产品部门、中间品部门以及研发部门的高技能劳动相对需求分别为:

$$s_Y = \frac{H_Y}{H_t} = \frac{H_Y}{n} \cdot \frac{n}{H_t} = \frac{\eta(1-\alpha)}{M} \tag{8.31}$$

$$s_j = \frac{H_j}{H_t} = \frac{H_j}{n} \cdot \frac{n}{H_t} = \frac{\alpha^2\eta}{M} \tag{8.32}$$

$$s_n = \frac{H_n}{H_t} = \frac{H_n}{n} \cdot \frac{n}{H_t} = \frac{\alpha(\eta-\rho)(1-\alpha)}{M} \tag{8.33}$$

8.3.2 比较静态结果

发展中国家引进 FDI 同时带来了两种效应:一是 FDI 带来国际贸易规模扩大,中间品种类数增加,产品之间的竞争加剧使其替代弹性($\varepsilon = 1/1-\alpha$)增大,此即产品竞争效应;二是 FDI 使代表性消费者配置到外资部门的时间份额增加,技术溢出程度(η)增强,此即技术溢出效应。这两种效应使高技能劳动在各部门之间的相对需求发生变化。

1. FDI 对中间品部门高技能劳动相对需求的影响

根据式(8.32),存在着:

$$\frac{\partial s_j}{\partial \varepsilon} > 0 \tag{8.34}$$

$$\frac{\partial s_j}{\partial \eta} < 0 \tag{8.35}$$

由此可总结出命题 1。

命题 1:FDI 的竞争效应使发展中国家中间品部门的高技能劳动相对需求增加,而技术溢出效应则使该部门的高技能劳动相对需求减少。

2. FDI 对最终产品部门高技能劳动相对需求的影响

根据式(8.31),存在着:

$$\frac{\partial s_Y}{\partial \varepsilon} < 0 \tag{8.36}$$

$$\frac{\partial s_Y}{\partial \eta} < 0 \tag{8.37}$$

由此可归纳出命题 2。

命题 2:FDI 的竞争效应使发展中国家最终产品部门的高技能劳动相对需求下降,而技术溢出效应同样使该部门的高技能劳动相对需求下降。

3. FDI 对研发部门高技能劳动相对需求的影响

根据式(8.33),存在着:

$$\frac{\partial s_n}{\partial \varepsilon} \begin{matrix} > \\ < \end{matrix} 0 \quad \begin{matrix} 0 < \alpha < 1/2 \\ 1/2 < \alpha < 1 \end{matrix} \tag{8.38}$$

$$\frac{\partial s_n}{\partial \eta} > 0 \tag{8.39}$$

FDI 对研发部门高技能劳动需求的影响比较复杂,这体现在命题 3 中。

命题 3:FDI 的竞争效应对发展中国家研发部门高技能劳动相对需求的影响取决于产品的竞争程度。当中间品的替代弹性较小时,FDI 的竞争效应使研发部门的高技能劳动相对需求上升;当中间品的替代弹性较大时,FDI 的竞争效应使研发部门的高技能劳动相对需求下降。而技术溢出效应则倾向于增加该部门的高技能劳动相对需求。

根据命题 1—3,FDI 的产品竞争效应降低了使发展中国家最终产品部门的高技能劳动需求相对下降,使中间品部门的高技能劳动相对需求上升;发展中国家初始的中间品种类数不多,中间品的竞争程度不强,此时发展中国家研发部门的高技能劳动需求随着 FDI 的产品竞争效应的增强而上升。FDI 的技术溢出效应则使发展中国家的最终产品部门和中间品部门的高技能劳动需求相对下降,其中的原因可能在于,自主研发的动力不足,技术引进和消化吸收替代了自主创新。FDI 的技术溢出效应使高技能劳动向研发部门流动,一方面是因为研发部门本身具有技能偏向的特征,另一方面是因为中间品竞争的加剧迫使企业加强研发。

8.3.3 模型的扩展

一个部门的高技能劳动相对需求增加是否一定意味着技术升级呢?为此需要将中间品区分为高技术工人密集型的(Y_H)和低技术工人密集型(Y_L)的,根据 Acemoglu(1998)、Gancia 和 Zilobotti(2005)模型,最终产品的生产函数为:

$$Y = [Y_L^\rho + Y_H^\rho]^{1/\rho} \qquad (8.40)$$

其中,$1/1-\rho$ 为这两种类型中间品的替代弹性,且 $1 \geqslant \rho > 0$。Y_H 和 Y_L 的生产需要投入与之相对应的资本品(x_{Hj}、x_{Lj})以及高技术工人(H)和低技术工人(L),于是有:

$$Y_L = L^{1-\alpha} \int_0^{A_L} x_{Lj}^\alpha \mathrm{d}j \qquad (8.41)$$

$$Y_H = H^{1-\alpha} \int_0^{A_H} x_{Hj}^\alpha \mathrm{d}j \qquad (8.42)$$

根据式(8.41)和式(8.42),A_H/A_L 为内生技能偏向的技术进步。

标准化最终产品的价格,Y_H 和 Y_L 的价格分别为 P_H 和 P_L,则最大化式(8.40)的厂商面临着:

$$P_H/P_L = (Y_L/Y_H)^{1-\rho} \qquad (8.43)$$

在竞争性均衡中,x_{Hj}、x_{Lj} 的价格(p_{Hj} 和 p_{Lj})以及 H 和 L 的价格(w_H 和 w_L)是给定的,于是存在着:

$$x_{Lj} = [\alpha P_L/p_{Lj}]^{1/1-\alpha} L \qquad (8.44)$$

$$x_{Hj} = [\alpha P_H/p_{Hj}]^{1/1-\alpha} H \qquad (8.45)$$

在需求弹性相同和对称性假设下,类似于 Gancia 和 Zilobotti(2005),令 $p_{Lj} = p_L = 1/\alpha$,p_{Hj} 也采取同样的假定,则式(8.41)和式(8.42)的简约形式分别为:

$$Y_L = A_L L \alpha^{\frac{2\alpha}{1-\alpha}} P_L^{\frac{\alpha}{1-\alpha}} \qquad (8.46)$$

$$Y_H = A_H H \alpha^{\frac{2\alpha}{1-\alpha}} P_H^{\frac{\alpha}{1-\alpha}} \tag{8.47}$$

由式(8.43)、式(8.46)和式(8.47),可得:

$$P_H/P_L = [(A_H/A_L)(H/L)]^{-(1-\alpha)/\bar{\omega}} \tag{8.48}$$

$$w_H/w_L = (P_H/P_L)^{\alpha/1-\alpha}(A_H/A_L) \tag{8.49}$$

其中,$\bar{\omega} \equiv 1 + (1-\alpha)[\rho/(1-\rho)]$。

在平衡增长路径上,将式(8.48)代入式(8.49),从而有:

$$\frac{A_H}{A_L} = \left(\frac{w_H}{w_L}\right)^{\bar{\omega}/(\bar{\omega}-\alpha)} \left(\frac{H}{L}\right)^{\alpha/(\bar{\omega}-\alpha)} \tag{8.50}$$

由于 $\bar{\omega} > 1 > \alpha > 0$,因此,高技能劳动相对需求的增加对技能型技术进步有着正向影响,于是有命题4。

命题4:高技能劳动相对需求的增加意味着内生技能偏向的技术进步。

8.4 实证方法与数据

根据命题4,若FDI带来的是各部门高技能劳动相对需求的增加,那就意味着市场换到了技术。显然,只要能估计出FDI的引进规模及其带来贸易、竞争与技术模仿(吸收)对高技能劳动相对需求的影响,就可以为"以市场换技术"策略效果的评价提供新的证据。进入中国的FDI主要集中于制造业上,对制造业的投资占外商直接投资的份额在1996年以来一直保持在54%以上,1996—2007年对制造业的累计投资占外商直接投资的份额达到63.52%(余淼杰,2008)。因此,评价中国的"以市场换技术"策略时,需要以制造业为主要对象。

根据 Feenstra 和 Hanson(1999)的方法,行业 n 的短期成本函数可表达为:

$$\begin{aligned}C_n(w_H, w_L, K_n, Y_n, Z_n) &= \min_{L_n}(w_L L_n + w_H H_n) \\ \text{s.t.} \quad Y_n &= g(H_n, L_n, K_n, Z_n)\end{aligned} \tag{8.51}$$

其中,Y_n 为工业销售产值;H_n 为高技术工人投入;L_n 为低技术工人投入;w_H、w_L 分别为高技术工人和低技术工人的工资;K_n 为资本要素投入,在短期内,资本要素投入是固定资产投资;Z_n 为影响 Y_n 的外生结构性变量(FDI及其所带来贸易、竞争以及技术模仿或者说吸收能力等)。

显然,Feenstra 和 Hanson 方法的优势在于采取对偶法实现了生产与成本的转换。Feenstra 和 Hanson(1999)进一步对式(8.51)的成本函数进行对数型泰勒二次展开,于是有:

$$s_{ni} = \beta_i + \sum_{j=1}^{M} \gamma_{ij}\ln f_i + \sum_{\tau=1}^{N} \phi_{i\tau}\ln x_{\tau} \qquad (8.52)$$

其中,$s_{ni} = \partial\ln C_n / \alpha\ln f_i$,它是要素 i 的报酬占总成本的份额;$f_i \equiv (w_H, w_L)$;$x_{\tau} \equiv (Y_n, K_n, Z_n)$;$\sum_{j=1}^{M}\gamma_{ij}\ln f_i$ 为各要素的回报率;x_{τ} 代表行业在进行雇佣高技术工人与低技术工人决策时的前定变量(K_n、Y_n)和控制变量(Z_n)。

在要素总量给定的情况下,可通过参数 $\phi_{i\tau}$ 得到各变量对要素相对需求的影响。对于高技术工人而言,$s_{nH} = w_H H_n /(w_L L_n + w_H H_n)$。$s_{nH}$ 的上升意味着高技术工人相对需求的增加。在给定的 w_H / w_L 水平下,s_{nH} 随着 H_n / L_n 的提高而增加。在检验中,H_n 为各行业工程技术人员数,其代表高技术工人数,L_n 为各行业从业人员年末数与工程技术人员的差额,其代表低技术工人数。

如何识别控制变量的作用是具有挑战性的工作。本章不仅以 FDI 规模及其所带来的出口扩张和行业竞争程度的提高为控制变量,而且考虑到"以市场换技术"策略的实施离不开本国的技术吸收能力。具体而言,控制变量包括 FDI 规模、出口规模、行业竞争度以及本国技术吸收能力(研发水平)。

根据前定变量(K_n、Y_n)和控制变量(Z_n),可将各行业高技能劳动相对需求变化决定因素的估计方程确定为:

$$s_{nH} = \beta_0 + \beta_1 \ln y_n + \beta_2 \ln(K_n/Y_n) + \beta_3 \ln(FDI_n/Y_n) \\ + \beta_4 \ln(X_n/Y_n) + \beta_5 \ln(R_n/Y_n) + \beta_6 \ln T \qquad (8.53)$$

其中,y_n 为各行业工业增加值(当年价格);Y_n 为各行业工业销售产值(当年价格);K_n 为固定资产净值年平均余额;X 为出口规模;FDI 为外商直接投资;T 是反映国内研发水平的变量,具体以科技活动经费占产品销售收入的比重、新产品产值占工业总产值的比重来表示;K_n/Y_n 表示资本密集度;FDI_n/Y_n 表示外商资本密集度;X_n/Y_n 表示出口密集度;R_n/Y_n 表示行业的平均利润率,其中 R_n 为行业的利润总额。按 Aghion 等(2005)的做法,一般以 Lerner 指数度量产品竞争程度,考虑到中国制造业各细分行业的资本成本数据的可获得性问题,我们以行业平均利润来度量行业竞争程度。本章以中国加入 WTO 以后(2002—2007 年)制造业 29 个细分行业为样本,原始数据来自《中国工业经济统计年鉴》、《中国经济普查年鉴》、《中国劳动统计年鉴》、《中国科技统计年鉴》。

8.5 估计结果及其解释

在实证检验中,我们分三个步骤展开:一是检验制造业规模以上企业的 FDI 规模以及 FDI 所带来贸易、竞争与技术模仿(吸收能力)对高技能劳动相对需求所产生的影响。二是检验制造业三资企业的 FDI 规模以及 FDI 所带来贸易、竞争与技术模仿(吸收能力)对高技能劳动相对需求所产生的影响。三是考虑内生性问题。中国引进的 FDI 是否选择的本来就是高技术行业,若是,FDI 对高技能劳动需求产生显著影响就不足为奇了。为此,本章进一步检验中低技术行业的 FDI 对其高技能劳动相对需求的影响以解决内生性问题。

我们首先考察 FDI 本身对规模以上企业高技能劳动相对需求的影响,并将 FDI 进一步区分为港澳台资本(FDI_1)和外商资本(FDI_2)(表 8-1 中的模型(1)—(6))。其次考虑 FDI 带来的出口、产品竞争与技术模仿(吸收能力)等控制变量(表 8-1 中的模型(7)—(9))。在考虑吸收能力时,本章分别从科技投入规模和科技产出规模角度来考察市场换技术的效果,所选择的指标分别是科技活动经费占产品销售收入的比重(T_1)和新产品产值占工业总产值比重(T_2)。从实证结果可以看出:

(1)常数项主要反映的是要素回报率对要素相对需求的影响。显然,高技能劳动的相对回报率的上升是引起高技能劳动相对需求增加的显著原因。

(2)行业的产出规模、资本密集度、出口密集度对高技能劳动相对需求的影响不显著。这意味着,这些因素可能带动了低技术工人相对需求的增加。对于劳动要素相对丰裕的发展中国家,市场开放的前期阶段一般都会带来显著的就业效应。

(3)FDI 对中国制造业规模以上企业的高技能劳动相对需求产生了显著性影响。FDI 的增长促进了中国规模以上企业的技术升级。FDI 的进入使中国市场竞争加剧,迫使本地企业提高有效参与全球生产网络所需的技术要求和规模的最低要求。这种影响是否受 FDI 来源地的影响呢?当对港澳台资本和外商资本分别进行检验时,结果是前者不显著、后者显著。显然,FDI 的来源地对"市场换技术"效果有显著性影响。

(4)当同时考虑 FDI 及其所带来的出口、产品竞争与技术模仿(吸收能力)等因素时,估计结果进一步证实了 FDI 本身对规模以上企业高技能劳动相对需求增加的显著性正向影响。不仅如此,产品竞争效应也显著影响着高技能劳动的相对需求。随着FDI所带来的产品竞争加剧,规模以上企业的高技能劳动相对需求增加。从技术吸收能力角度看,科技产出规模的扩大同样显著地增加了高技能劳动的相对需求。另外,同时考虑产品竞争效应和国内吸收能力时,资本密集度对产业的高技能劳动相对需求产生了显著性负向影响,这意味着国内资本投入具有劳动偏向的特征。

表8-1估计出了影响中国制造业规模以上企业高技能劳动需求上升的决定因素。中国加入WTO以来,FDI及其带来的产品竞争效应,以及基于科技产出维度的国内吸收能力具有增加高技能劳动相对需求的作用。但出口并未显著地发挥出促进制造业规模以上企业技术升级的作用。这也许是因为出口数据并未区分长期贴牌生产合同下的出口和其他类型的出口所导致的。Pack(2006)也支持了该种解释:当没有贴牌生产下的详细出口数据时,实证检验中关于学习效应不显著的结论也就不那么令人吃惊了。

针对企业的估计,我们不仅考察FDI本身对三资企业高技能劳动相对需求的影响(表8-2中模型(1)—(4)),而且检验FDI所带来的出口、产品竞争以及技术模仿(吸收)对高技能劳动相对需求的影响(表8-2中模型(5)—(9))。实证结果表明:

(1) 行业的产出规模对三资企业的高技能劳动相对需求产生了显著性影响。工业增加值的提高使各行业的高技能劳动相对需求增加。正如Todo和Miyamoto(2006)所观察到的,市场竞争加大了外资企业的研发活动强度,从事研发活动的外资企业雇佣本地高技能劳动,比起那些不进行研发的外资企业雇佣本地高技能劳动能够获得更多的知识和技术。外资企业规模和数量的扩大意味FDI进入带来的竞争压力更大,迫使外资企业寻求新技术。

(2) 与规模以上企业的估计结果不同,三资企业的出口是否对高技能劳动相对需求产生显著性作用要受FDI来源地的影响。在无法具体区分贴牌生产下的出口数据时,以贴牌生产形式的载体——三资企业——为实证对象,在区分FDI来源地以后,出口密集度的提高带来了高技能劳动相对需求的显著增加。这意味着,中国的外资企业越来越集中于高技术产品的出口。该结论也得到了Gaulier等(2005)以及World Bank(2007)的印证:中国的高技术产品贸易份额中外资企业是内资企业的2—3倍,外资企业主导了中国高技术产品的出口。

(3) FDI对三资企业高技能劳动相对需求增加产生了显著影响。FDI的进入不仅加剧了中国的产品竞争,进而增加高技能劳动的需求,而且其

表 8-1 FDI 及贸易影响高技能劳动需求的行业成本转换法估计结果：规模以上企业

变量	(1)	(2)	(3)	(4)	(5)	(6)	(7)	(8)	(9)
Con.	0.1551**	0.1001*	0.1080*	0.1556**	0.1090*	0.1130*	0.1642***	0.1677***	0.1635***
	(2.5927)	(1.6751)	(1.8853)	(2.5917)	(1.8060)	(1.9504)	(2.7975)	(2.8539)	(2.8080)
Lny	-0.0055	-0.0023	0.0016	-0.0056	-0.0026	0.0011	-0.0051	-0.0055	-0.0061
	(-0.6323)	(-0.2504)	(0.1938)	(-0.6487)	(-0.2800)	(0.1276)	(-0.5992)	(-0.6529)	(-0.7221)
$Ln(K/Y)$	-0.0191	-0.0027	-0.0087	-0.0197	-0.0043	-0.0091	-0.0187	-0.0206*	-0.0202*
	(-1.5645)	(-0.2450)	(-0.7477)	(-1.5927)	(-0.3803)	(-0.7752)	(-1.5451)	(-1.6876)	(-1.6824)
$Ln(X/Y)$				-0.0021	0.0055	0.0035	-0.0036	-0.0043	-0.0050
				(-0.3584)	(1.0436)	(0.6463)	(-0.6246)	(-0.7495)	(-0.8707)
$Ln(FDI/Y)$	0.0207***			0.0222***			0.0225***	0.0240***	0.0275***
	(3.1473)			(2.8659)			(2.9712)	(3.1190)	(3.4251)
$Ln(FDI_1/Y)$		0.0012			0.0008				
		(0.5870)			(0.3733)				
$Ln(FDI_2/Y)$			0.0129**			0.0116*			
			(2.1036)			(1.7689)			
$Ln(R/Y)$							0.0043***	0.0046***	0.0038**
							(2.7533)	(2.8666)	(2.4065)
$Ln(T1)$								0.0043	
								(1.0536)	
$Ln(T2)$									0.0066*
									(1.7599)
产业固定效应	是	是	是	是	是	是	是	是	是
时间固定效应	是	是	是	是	是	是	是	是	是
R^2	0.9459	0.9428	0.9438	0.9460	0.9433	0.9440	0.9489	0.9493	0.9500
D.W. 值	1.7469	1.6431	1.7100	1.7487	1.6593	1.7127	1.7739	1.7750	1.7815
观测值	173	172	172	173	172	173	173	173	173

注：***、**、* 分别表示在 1%、5% 和 10% 的水平上显著，括号内的值为回归系数的 t 统计量。下同。

表 8-2　FDI 及贸易影响高技能劳动需求的行业成本转换法估计结果：三资企业

变量	(1)	(2)	(3)	(4)	(5)	(6)	(7)	(8)	(9)
Con.	-0.0777 (-1.0835)	-0.0034 (-0.0385)	-0.0322 (-0.3464)	0.0037 (0.0416)	-0.0738 (-0.9795)	-0.0941 (-1.2571)	-0.2045*** (-3.0648)	-0.0930 (-1.1743)	-0.1981*** (-2.6427)
Lny	0.0424*** (3.2159)	0.0301* (1.9463)	0.0303* (1.8489)	0.0290* (1.7901)	0.0426*** (3.2009)	0.0446*** (3.2954)	0.0593*** (5.2567)	0.0447*** (3.2709)	0.0591*** (5.2030)
$Ln(K/Y)$	-0.0662** (-3.2159)	-0.0447 (-1.2456)	0.0277 (1.1162)	0.0091 (0.2946)	-0.0659** (-1.9821)	-0.0635* (-1.9026)	-0.0984*** (-3.6490)	-0.0634* (-1.8894)	-0.0977*** (-3.5777)
$Ln(X/Y)$		0.0134 (1.4884)	0.0243* (1.9613)	0.0262*** (3.3896)					
$Ln(FDI/Y)$	0.1184*** (4.1446)	0.0904*** (2.6529)			0.1184*** (4.1258)	0.1133*** (3.8731)	0.1458*** (6.4355)	0.1133*** (3.8546)	0.1454*** (6.3724)
$Ln(FDI_1/Y)$			0.0033 (0.3121)						
$Ln(FDI_2/Y)$				0.0220 (1.0001)					
$Ln(R/Y)$					0.0018 (0.1794)	0.0061 (0.9241)		0.0004 (0.0445)	0.0015 (0.1902)
$Ln(T1)$								0.0060 (0.9045)	
$Ln(T_2)$							0.0113** (2.4539)		0.0110** (2.2649)
产业固定效应	是	是	是	是	是	是	是	是	是
时间固定效应	是	是	是	是	是	是	是	是	是
R^2	0.7823	0.7867	0.7755	0.7748	0.7824	0.7822	0.8781	0.7822	0.8781
D.W. 值	1.8774	1.8930	1.7715	1.8174	1.8850	1.9211	1.3864	1.9228	1.3906
观测值	144	144	143	144	144	143	141	143	141

出口战略的决策促进了提高生产率的措施,包括使用先进技术。另外,三资企业的 FDI 促进高技能劳动相对需求增加的这种作用不受 FDI 来源地的影响,只受 FDI 规模的影响。

(4) 当同时考虑 FDI 规模、产品竞争和吸收能力等因素时,估计结果进一步证实了 FDI 本身对中国制造业三资企业高技能劳动相对需求增加的显著影响。不仅如此,此时资本密集度也显著影响着高技能劳动的相对需求。随着资本密集度的提高,三资企业的高技能劳动相对需求下降。这说明,国内资本投入具有显著的就业效应。同时,新产品产值占工业总产值比重对三资企业高技能劳动需求增加的正向影响关系显著,这意味着基于国内科技产出规模的吸收能力增强有利于市场换技术的效果。从 FDI 中换得技术的一个重要前提就是国内具有较强的技术吸收能力。目前中国的国内企业研发强度两倍于其人均收入所对应的研发水平(World Bank,2007)。

与表 8-1 的估计结果相比,对于三资企业而言,不仅 FDI 的增长和基于科技产出的国内吸收能力的提高显著地增加了行业高技能劳动相对需求的结论的稳健性得到了加强,而且行业规模效应、区分 FDI 来源地后的出口效应也具有增加高技能劳动相对需求的显著作用。

从制造业中规模以上企业和三资企业的检验结果来看,"市场换技术"的效果是显著的。但如果中国引进的 FDI 本来选择的就是高技术行业,那并不能说,是 FDI 带来了高技能劳动相对需求的增加。因此,我们需要进一步检验中低技术行业的 FDI 是否引起了高技能劳动相对需求的增加,以解决检验中的内生性问题以及稳健性问题。郭克莎等(2007,第 122 页)根据 OECD 标准和中国制造业的实际情况将中低技术行业划分为:食品制造业,饮料制造业,烟草制造业,纺织业,纺织服装、鞋、帽制造业,皮革、毛皮、羽毛(绒)及其制品业,木材加工及木、竹、藤、棕、草制品业,家具制造业,造纸及纸制品业,印刷业和记录媒介的复制,文体教育用品制造业,石油加工、炼焦及核燃料加工业,化学纤维制造业,橡胶制品业,塑料制品业,非金属矿物制品业,黑色金属冶炼及压延加工业,有色金属冶炼及压延加工业,金属制品业,工艺品及其他制造业。我们依据此划分,不仅考察 FDI 本身对中低技术行业高技能劳动相对需求的影响(表 8-3 中的模型(1)—(6)),而且检验 FDI 所带来的出口、竞争与技术模仿(吸收能力)对中低技术行业高技能劳动相对需求的影响(表 8-3 中的模型(7)—(9))。从实证结果可以看出:

表 8-3 FDI 及贸易影响高技能劳动需求的成本转换法估计结果:中低技术行业

变量	(1)	(2)	(3)	(4)	(5)	(6)	(7)	(8)	(9)
Con.	0.1220**	0.0449	0.0538	0.1225**	0.0599	0.0662	0.1274**	0.1278**	0.1288**
	(2.3169)	(0.8593)	(1.1181)	(2.3158)	(1.1356)	(1.3501)	(2.5173)	(2.5023)	(2.5557)
Lny	0.0022	0.0079	0.0119	0.0023	0.0074	0.0107	0.0031	0.0031	0.0023
	(0.2935)	(0.9677)	(1.6188)	(0.0344)	(0.9026)	(1.4517)	(0.4285)	(0.4197)	(0.3200)
$\ln(K/Y)$	0.0007	0.0204**	0.0120	0.0012	0.0187*	0.0116	0.0014	0.0012	0.0010
	(0.0635)	(2.0581)	(1.1379)	(0.1062)	(1.8891)	(1.1008)	(0.1357)	(0.1148)	(0.0925)
$\ln(X/Y)$				0.0019	0.0073	0.0058	-2.71E-05	-0.0001	-0.0014
				(0.3915)	(1.5431)	(1.2206)	(-0.0058)	(-0.0256)	(-0.2918)
$\ln(FDI/Y)$	0.0227***			0.0215***			0.0221***	0.0222***	0.0254***
	(3.5380)			(3.0556)			(3.2806)	(3.1910)	(3.5496)
$\ln(FDI_1/Y)$		0.0006			0.0003				
		(3.3769)			(0.1630)				
$\ln(FDI_2/Y)$			0.0136**			0.0117*			
			(2.2698)			(1.9071)			
$\ln(R/Y)$							0.0039***	0.0040***	0.0037***
							(3.0824)	(2.9960)	(2.8952)
$\ln(T1)$								0.0004	
								(0.0987)	
$\ln(T2)$									0.0044
									(1.3247)
产业固定效应	是	是	是	是	是	是	是	是	是
时间固定效应	是	是	是	是	是	是	是	是	是
R^2	0.9632	0.9585	0.9603	0.9632	0.9596	0.9610	0.9668	0.9668	0.9674
D.W.值	2.2697	2.0068	2.1464	2.2704	2.0528	2.1662	2.2653	2.2588	2.2500
观测值	119	118	119	119	118	119	119	119	119

(1) FDI 的引进对中国中低技术行业高技能劳动相对需求的增加产生了显著性影响。FDI 的增长促进了中低技术行业的技术升级。当对港澳台资本(FDI_1)和外商资本(FDI_2)分别进行检验时,前者不显著,后者显著。或者说,外商资本的引入显著地提升了中国中低技术行业高技能劳动的需求。但在考虑港澳台资本时,资本密集度对行业高技能劳动相对需求的正向影响关系显著。这说明,进入中低技术行业的港澳台企业具有技能偏向的特征,该结论与北京大学课题组(2007)的结论相似。他们的研究证实了,港澳台资本的进入会显著地缩小内资企业与港澳台资企业在技术上的差距。

(2) 当同时考虑 FDI 规模、产品竞争效应和吸收能力等因素时,估计结果进一步证实了 FDI 本身对中低技术行业高技能劳动相对需求增加的显著性影响。不仅如此,产品竞争效应也显著影响着中低技术行业的高技能劳动相对需求。随着 FDI 所带来的竞争程度加剧,中低技术行业的高技能劳动相对需求增加。但吸收能力对中低技术行业的高技能劳动需求增加的正向影响关系不显著。这可能是由研发部门(模仿部门)属于高技能劳动密集型行业所导致的。

通过表 8-3 的进一步检验,我们发现,市场换到了技术的结果具有较强的稳健性。无论是基于制造业规模以上企业的检验,还是三资企业,抑或中低技术行业的检验,FDI 规模的扩大都具有显著地增加高技能劳动相对需求的作用。

8.6 结论及政策含义

无论是贴牌生产还是水平与垂直的 FDI 溢出,它们总是与本地高技能劳动相对需求上升的现象相伴相随。而高技能劳动相对需求的增加意味着内生技能偏向的技术进步。本章就是从 FDI 的增长是否引起了中国各行业高技能劳动相对需求增加这个新的视角,更为细致地考察 FDI 对最终产品部门—中间品部门—研发部门之间高技能劳动相对需求变化的影响机制和结果,为"以市场换技术"策略的评价提供新的理论与证据。

FDI 的技术溢出效应使研发部门的高技能劳动需求上升,中间品和最终品部门的高技能劳动需求下降。FDI 的竞争效应使中间品部门的高技能劳动相对需求增加,随着该部门产品竞争程度的增强,研发部门的高技能劳动需求相对下降;当中间品竞争程度不强时,FDI 的竞争效应使研发部门的高技能劳动需求上升;但发展中国家的最终品部门的高技能劳动相对需求总是随着竞争效应的增强而下降。不仅如此,一个部门的高技能劳动相对需求增加必然意味着该部门实现了技能偏向的技术进步。

为了考察中国"以市场换技术"策略的效果,尤其是市场发生深刻变化的"入世"后的情形。本章不仅检验 FDI 及其带来的出口、竞争和技术模仿对规模以上企业和三资企业的高技能劳动相对需求所产生的影响,而且考虑内生性问题,估计 FDI 及其带来的出口、竞争与技术模仿对中低技术行业的高技能劳动相对需求的影响。实证结果表明,市场换到了技术的结果具有很强的稳健性,FDI 规模的上升具有增加高技能劳动相对需求的显著作用,且该作用并不是由 FDI 所选择的行业本来就是高技能劳动密集型的行业造成的。不仅如此,FDI 带来的竞争效应使规模以上企业和中低技术行业的高技能劳动相对需求增加。对于三资企业,当同时考虑 FDI 及其带来的竞争和技术模仿时,国内资本投入具有显著的就业效应;进一步区分 FDI 来源地以后,出口密集度使高技能劳动相对需求显著地增加,中国的三资企业越来越集中于高技术产品的出口。基于国内科技产出的模仿能力对规模以上企业和三资企业的高技能劳动需求产生了显著的正向影响。

本章的结论印证了中国开放 30 多年来技术不断升级的现象。市场开放使中国日益从廉价最终产品生产国转向资本和技术密集型中间品的生产地,所生产和出口的产品日益倾向于高生产率和高复杂程度的产品。20 世纪 80 年代和 90 年代早期,服装、鞋帽、其他轻工产品和燃料占主导地位,20 世纪 90 年代后期转向办公机械、通信设备和工业机械产品,21 世纪前 10 年则变成了以自动数据处理设备和电子产品为主。"中国奇迹"的发生并非只依据比较优势进行简单的专业化,而是分工生产最有效率的产品,在研发部门缺乏国际竞争力的约束下,适时开放市场,以此实现了技术升级,产品结构远比同类收入水平国家所应有的更复杂。

第9章 市场开放、资本要素需求与经济转型

9.1 导　论

对于发展中国家,产业的升级就是通过资本密集型部门的资本品质量不断提升来实现的。无论是产业附加值的增加还是产业的集约化程度提高,都得依赖于资本密集型产品日益替代劳动密集型产品。资本要素向资本品部门和研发部门流动的过程促进着产业的升级。Dougall(1960)讨论了两地区资本流动对经济福利的影响过程,强调资本从收益率低的地区流向收益率高的地区。自此以后,Leyshon 和 Thrift(1997)、Martin 和 Rey(2000)、Clark 和 Wojcik(2003)、Portes 和 Rey(2005)等提出了资本流动的规律及其对产业升级的作用。

发展中国家产业的升级总是源于资本要素相对需求的变化。在经济开放条件下,哪些因素显著影响着资本要素的相对需求呢?该问题从 20 世纪 90 年代开始就一直是国际经济学所关注的焦点。这方面理论研究的初衷是解释许多国家的要素收入差距呈现扩大化的趋势。在试图解释要素收入差距扩大现象时,经济学家自然就会站在经济全球化,尤其是国际贸易和 FDI 的角度来思考。因为,在许多国家要素收入差距呈现扩大化趋势的同时,各国之间不仅是贸易开放程度和 FDI 水平急剧提高(Goldberg 和 Pavcnik,2007),而且国际贸易和 FDI 发展的性质也朝着纵深方向发展。例如,Feenstra 和 Hanson(1996,2003)就描述了中间品贸易、外包活动等现象的快速发展。

对于国际贸易如何影响资本等要素相对需求的理论研究,20 世纪 40 年代的 Stolper-Samuelson 定理就做出了明确的回答。但该定理的结论能否解释 20 世纪 80 年代以后的经济现实呢?经济学家开始去实证检验 Stolper-Samuelson 定理的相关推论。Slaughter(1999)综述了这方面的研究

文献,并发现 Stolper-Samuelson 定理对发达国家所预测的结果并没有完全得到验证,关于发展中国家的预测结果甚至与现实相反。导致这样结果的原因可能是 20 世纪 80 年代以来国际贸易发生的新变化。此后,Feenstra 和 Hanson(1996,1999)、Xu(2003)从中间产品贸易和外包活动角度研究贸易对要素报酬的影响;Leamer(1998)、Krugman(2000)、Xu(2001)、Acemoglu(1998,2002)从贸易与技术进步的角度讨论它们对要素相对需求的影响。

现有理论主要强调市场开放影响要素收入差距的渠道,最近的发展是分析 FDI 和中间品贸易在其中的作用。Feenstra 和 Hanson(1996)以中间产品贸易替代了 DFS 模型中的最终产品贸易,从此开创了该方面的理论研究。除此之外,以 Acemoglu(1998,2002)为代表的经济学家对市场开放与技术进步的关系建立了理论模型,该模型有利于深化产业升级的研究。Feenstra 和 Hanson(1999)使国际贸易对发达国家和新兴工业化国家产业内高技术工人相对需求变化的实证研究成为热潮,许斌(2008)系统地综述了该方面的文献。但专门针对资本要素相对需求的实证研究显得比较缺乏。而对于发展中国家,产业升级更多的是源于资本要素相对需求的增加进而替代劳动密集型产业。同样是估计高技术工人相对需求变化,在 Xu 和 Li(2008)对中国的研究中,出口贸易的贡献度仅为 5%,而在 Hsieh 和 Woo(2005)对中国香港的研究中,外包贸易的贡献度为 50%,Feenstra 和 Hanson(1999)对美国的研究中,外包贸易的贡献度为 22%。显然,对于发达国家和地区,估计市场开放对高技术工人相对需求的影响是主要的。但对于发展中国家,估计资本要素相对需求的影响因素显得更为现实和必要。本章试图实证研究中国的市场开放对各部门资本要素相对需求产生了哪些具体影响。

正如 Goldberg 和 Pavcnik(2007)所强调的,关于市场开放对要素相对需求影响的较为可信的实证研究或许只能针对某个国家某个较短时间段(如实施某项重大贸易自由化政策的前后若干年)的微观层次研究。基于此,本章还以加入 WTO 后中国制造业 28 个细分行业的数据为样本,回答两个核心问题:一是市场开放是如何影响产业升级的;二是加入 WTO 以后中国的市场开放是否引起了制造业升级。接下来的分析是这样安排的:第二节描述最终产品部门—中间品部门—研发部门的基本模式与特征,揭示开放经济条件下各部门之间的资本要素配置状况;第三节在竞争性均衡的框架下阐述市场开放对三部门的资本要素相对需求的作用机制和结果;第四节交代中国制造业资本要素需求变化的实证方法与数据;第五节以中国制造业 28 个细分行业中规模以上企业和中低资本密集度行业的数据检验市场开放对产业升级的影响;最后是本章的结论。

9.2 基 本 模 型

发展中国家的产业升级总是伴随着部门资本密集度的提高,市场开放对产业升级的影响是通过各部门资本要素需求的变化实现的。Bucci (2002) 在讨论人力资本为经济增长的影响时提供了三部门的基本设定模式。为考察市场开放对发展中国家资本积累与配置的影响,类似于 Bucci (2002),我们对最终品部门、中间品部门、研发部门和家庭部门进行设定。

9.2.1 最终品生产技术

假设最终产品部门投入资本要素和中间产品,于是,该部门代表性厂商的生产函数为:

$$Y = AK_Y^{1-\alpha} \int_0^n x_j^\alpha \, dj \tag{9.1}$$

其中,Y 为最终产品的产出;K_Y 为投入到最终产品部门的实物资本;n 为中间投入品的种类数;x_j 为第 j 种中间投入品的数量,其代表知识资本,因为中间投入品是通过研发活动创造出来的;A 为技术参数。

在该部门中,随着中间投入品种类数的增加,它们之间的替代弹性增强。每两种中间产品之间的替代弹性为:

$$\varepsilon = 1/1 - \alpha \tag{9.2}$$

其中,$1 > \alpha > 0$。显然,中间产品种类数与替代弹性之间的正相关关系可以通过替代弹性 ε 与 α 之间的正向变动关系体现。

在最终品部门是完全竞争的情形下,投入的中间品 x_j 获得其边际产出的报酬,对式(9.1)中的 x_j 求导可得:

$$p_j = A\alpha K_Y^{1-\alpha} x_j^{\alpha-1} \tag{9.3}$$

根据式(9.3),中间品 x_j 的需求函数为:

$$x_j = \left(\frac{p_j}{A\alpha K_Y^{1-\alpha}}\right)^{\frac{1}{\alpha-1}} \tag{9.4}$$

9.2.2 中间品生产技术

垄断性中间品部门的产出水平取决于一定时期内投入到该部门的资本数量和生产率 B。于是,第 j 种中间品的生产函数为:

$$x_j = Bk_j \tag{9.5}$$

由中间品厂商的利润函数 $\pi_j = p_j x_j - R_j k_j$ 可知,厂商 j 的资本要素价格:

$$R_j = AB\alpha^2 K_Y^{1-\alpha} x_j^{\alpha-1} \tag{9.6}$$

在对称性假设下,中间品部门的资本要素投入规模为:

$$K_j = nk_j \tag{9.7}$$

9.2.3 研发部门生产技术

中间品部门中的要素投入一般具有技能要素(H_n)密集的特征,中间品种类数增加的速度取决于该部门(模仿部门)的要素投入和生产率水平(创新率 g),于是有:

$$\dot{n} = gH_n \tag{9.8}$$

假设技能要素和资本要素具有互补性,研发部门对技能要素需求的增加就会带动资本要素相对需求的增加,此时有:

$$\dot{n} = gK_n \tag{9.9}$$

令研发部门单位产品价值为 V_n,根据其零利润条件,该部门的资本要素价格为:

$$R_n = gV_n \tag{9.10}$$

其中,$V_n = \int_t^\infty e^{-r(\tau-t)} \pi_j d\tau$,$r$ 为消费者所持资产的实际收益率。

9.2.4 资本要素积累

对于发展中国家,"市场换技术"战略中的,市场开放指的就是 FDI 的引进。于是,发展中国家的总资本可区分为内资和外资。外资不仅增加了国内的总资本,而且促进着资本本身的积累速度,它对资本积累具有正的外溢效应。为了使模型存在显示解,对资本积累速度函数采取简约形式,假设资本积累是关于内资(K_d)和外资(K_f)份额的 C-D 型函数:

$$\dot{K}_t = \eta[(1-u)K_t]^\beta (uK_t)^{1-\beta} \tag{9.11}$$

其中,η 是技术参数;u 为外资份额,即外资占总资本(K_t)的比重;β 表示内资对资本积累的贡献程度,且满足 $1>u>0,1>\beta>0$。

9.2.5 家庭部门

代表性消费者的最优决策问题为：

$$\text{Max} \int_0^\infty e^{-\rho t} \log(c_t) \, dt \tag{9.12}$$

其中，c_t 为 t 时期的消费水平。

假设外资的收益报酬并不为国内消费者所享有，其总是会汇回母国，国内居民的财富积累源于两个渠道：一是原有资产的收益；二是新增国内投资的报酬。于是，代表性消费者的预算约束条件为：

$$\dot{a}_t = ra_t + R_t(1-u)K_t - c_t \tag{9.13}$$

根据式(9.11)至式(9.13)，定义 Hamilton 方程：

$$H = e^{-\rho t} \log(c_t) + \lambda_1 [ra_t + R_t(1-u)K_t - c_t] + \lambda_2 \eta [(1-u)^\beta u^{1-\beta} K_t] \tag{9.14}$$

该方程的一阶最优条件意味着：

$$\frac{e^{-\rho t}}{c_t} = \lambda_1 \tag{9.15}$$

$$\lambda_1 R_t = \lambda_2 \eta [(1-\beta)(1-u)^\beta u^{-\beta} - \beta(1-u)^{\beta-1} u^{1-\beta}] \tag{9.16}$$

$$-\dot{\lambda}_1 = \lambda_1 r \tag{9.17}$$

$$-\dot{\lambda}_2 = \lambda_1 R_t (1-u) + \lambda_2 \eta (1-u)^\beta u^{1-\beta} \tag{9.18}$$

当资本以 g_K 速度积累时，这些一阶最优条件刻画了消费者的资产收益率(r)和消费增长率(g_c)的均衡路径，它们分别为：

$$r = \eta(1-\beta) u^{-\beta}(1-u)^\beta + (1-\alpha) g_K \tag{9.19}$$

$$g_c = \eta(1-\beta) u^{-\beta}(1-u)^\beta + (1-\alpha) g_K - \rho \tag{9.20}$$

9.3 均衡状态及模型结果

9.3.1 竞争性均衡

在完全竞争条件下，发展中国家将一定时期内所积累的资本全部配置于最终产品部门、中间品部门与研发部门，即

$$K_j + K_Y + K_n = K \tag{9.21}$$

在平衡增长路径上，K、K_j、K_Y、K_n 以及 n 均以 g_K 的速度增长，不仅如此，均衡的资本市场还使这三个部门的资本回报率相等，即

$$R_Y = R_j = R_n = R_t \tag{9.22}$$

假设社会财富总额等于研发部门所有创意的市场价值加总,从而有:
$$a = nV_n \tag{9.23}$$
根据式(9.23),在平衡增长路径上,财富的增长率为:
$$g_a = (2 - \alpha)g_K \tag{9.24}$$
由于消费和财富具有相同的增长率,由式(9.20)和式(9.24),资本增长率满足:
$$g_K = \eta(1-\beta)u^{-\beta}(1-u)^\beta - \rho \tag{9.25}$$
根据式(9.25)、式(9.11),平衡增长路径上最优外资规模(u^*)满足:
$$\eta(1-u^*)^\beta u^{*-\beta}(1-u^*-\beta) = \rho \tag{9.26}$$
令 $\Delta = \eta(1-\beta)u^{-\beta}(1-u)^\beta$,根据最终产品部门和中间品部门厂商决策的最优条件,以及研发部门的零利润条件,可得:
$$R_Y = An(1-\alpha)K_Y^{-\alpha}x_j^\alpha \tag{9.27}$$
$$R_j = AB\alpha^2 K_Y^{1-\alpha}x_j^{\alpha-1} \tag{9.28}$$
$$R_n = Ag\alpha(1-\alpha)\left(\frac{BK_j}{n}\right)^\alpha \frac{K_Y^{1-\alpha}}{\Delta} \tag{9.29}$$
在竞争性均衡状态下,根据式(9.19)、式(9.27)至式(9.31)有:
$$\frac{K_Y}{n} = \frac{\Delta}{g\alpha} \tag{9.30}$$
$$\frac{K_j}{n} = \frac{\alpha\Delta}{g(1-\alpha)} \tag{9.31}$$
$$\frac{K_n}{n} = \frac{K}{n} - \frac{\Delta}{g\alpha} - \frac{\alpha\Delta}{g(1-\alpha)} \tag{9.32}$$
在平衡增长路径上,式(9.9)和式(9.32)意味着:
$$g_n = g\frac{K}{n} - \frac{\Delta^*}{\alpha} - \frac{\alpha\Delta^*}{(1-\alpha)} = \Delta^* - \rho \tag{9.33}$$
其中,$\Delta^* = \eta(1-\beta)(u^*)^{-\beta}(1-u^*)^\beta$。

根据式(9.33)有:
$$\frac{K}{n} = \frac{M}{g\alpha(1-\alpha)} \tag{9.34}$$
其中,$M = \alpha(1-\alpha)(\Delta^* - \rho) + \Delta^*(1-\alpha) + \alpha^2\Delta^*$。

根据式(9.30)、式(9.31)以及式(9.34),最终品部门、中间品部门以及研发部门的资本要素相对需求函数分别为:
$$s_Y = \frac{K_Y}{K} = \frac{K_Y}{n} \cdot \frac{n}{K} = \frac{\Delta^*(1-\alpha)}{M} \tag{9.35}$$

$$s_j = \frac{K_j}{K} = \frac{K_j}{n} \cdot \frac{n}{K} = \frac{\alpha^2 \Delta^*}{M} \tag{9.36}$$

$$s_n = \frac{K_n}{K} = \frac{K_n}{n} \cdot \frac{n}{K} = \frac{\alpha(1-\alpha)(\Delta^* - \rho)}{M} \tag{9.37}$$

9.3.2 模型结果

对于发展中国家,"市场换技术"战略中的"市场开放"的重点就是引进 FDI。依据中国"市场换技术"战略二十多年来实施的效果来看,有一个不争的事实是,中国的贸易规模快速增长,且进出口的近 60% 由跨国公司完成(World Bank,2007),很多产品的该比例超过 70%(余淼杰,2008)。基于此,市场开放的具体影响可以归纳为两个方面:一是 FDI 所带来的贸易规模扩大使中间品种类数增加,产品之间的竞争加剧进而影响三部门资本要素相对需求的变化,我们将这种间接效应称为产品竞争效应,它的影响是通过中间产品之间的替代弹性($\varepsilon = 1/1-\alpha$)增大体现出来的;二是 FDI 增加对资本积累产生直接影响,三部门资本要素相对需求会通过该效应而发生变化,我们将这种直接效应称为外资效应,它的影响是通过外资份额(u^*)的增加体现出来的。

根据式(9.36),从而有:

$$\frac{\partial s_j}{\partial \alpha} > 0 \tag{9.38}$$

$$\frac{\partial s_j}{\partial u^*} > 0 \tag{9.39}$$

市场开放对中间品部门资本要素配置的影响可总结为命题1。

命题1:FDI 的产品竞争效应使发展中国家中间品部门资本要素相对需求增加,外资效应也使发展中国家该部门资本要素相对需求增加。

在 Lucas(1990)的资本市场理论中,资本流动被视为富国与穷国之间的一个借贷合同,即"穷国从富国借入资本,承诺将来向富国输出商品作为回报"。发达国家通过对发展中国家中间品部门的"投资",即该部门的资本要素相对需求上升,以期在未来获得"报酬"(最终产品)。

根据式(9.35),存在着:

$$\frac{\partial s_Y}{\partial \alpha} < 0 \tag{9.40}$$

$$\frac{\partial s_Y}{\partial u^*} > 0 \tag{9.41}$$

市场开放对最终品部门资本要素配置的影响可总结为命题 2。

命题 2:FDI 的产品竞争效应使发展中国家最终品部门的资本要素相对需求减少,而外资效应则使发展中国家该部门的资本要素相对需求上升。

FDI 进入发展中国家的制造业部门,最终品部门对资本要素的相对需求上升。与此同时,市场开放促进了中间品部门效率的提高和种类数的增加,最终品生产的投入要素中,中间品替代资本要素,最终品部门资本要素相对要素需求随着竞争效应的增强而下降。

根据式(9.37),存在着:

$$\frac{\partial s_n}{\partial \alpha} \begin{matrix} > \\ < \end{matrix} 0 \quad \begin{matrix} 0 < \alpha < 1/2 \\ 1/2 < \alpha < 1 \end{matrix} \tag{9.42}$$

$$\frac{\partial s_n}{\partial u^*} < 0 \tag{9.43}$$

市场开放对研发部门资本要素配置的影响比较复杂,这体现在命题 3 中。

命题 3:FDI 的产品竞争效应对发展中国家研发部门资本要素相对需求的影响取决于中间品的竞争程度。当中间品的替代弹性较低时,资本要素相对需求随着产品竞争效应的增强而上升;反之,该部门的资本要素相对需求随着产品竞争效应的增强而下降。而外资效应则总是倾向于使发展中国家研发部门的资本要素相对需求减少。

市场开放促进了中间品部门的产业升级,发展中国家初始的中间品种类数不多,此时随着中间品种类数的增加,研发部门的资本要素相对需求增加。由于进入发展中国家的 FDI 主要集中于制造业,例如,进入中国的 FDI 对制造业的投资占外商直接投资的份额在 1996 年以来一直保持在 54% 以上,1996—2007 年对制造业的累计投资占外商直接投资的份额达到 63.52%(余淼杰,2008)。当中间品种类数达到一定规模后,FDI 的竞争效应和外资效应则会使研发部门的资本要素需求相对下降。因为,研发部门密集使用的要素是人力资本,具有技能偏向的特征。

9.4 实证方法与数据

资本要素相对需求的增加意味着产业从劳动密集型向资本密集型转变,此即产业升级。市场开放是引起发展中国家各行业资本要素相对需求变化的重要因素。下面以具体变量细化这些影响途径,估计出国际贸易、

FDI 及其带来的产品竞争和技术进步对资本要素相对需求的影响,检验中国的市场开放是如何引起各行业资本要素相对需求变化的。

在短期内,当产品生产中使用的要素是资本和劳动时,资本要素相对价格的变化取决于这两类生产要素的需求。类似于 Feenstra 和 Hanson (1999)、朱钟棣等(2008)所采取的对偶法,行业短期成本函数的一般形式可表示为:

$$C_n(w,r,\bar{K}_n,Y_n) = \min_{L_n}(wL_n + rK_n)$$
$$\text{s.t.} \ Y_n = g(L_n,K_n,Z_n) \qquad (9.44)$$

其中,Y_n 为行业 n 的产出;L_n 为行业 n 的劳动要素投入;$\bar{K}_n$ 为行业 n 的资本要素投入,在短期内,资本要素投入是固定资产投资;w 和 r 分别为资本和劳动要素的价格;Z_n 为影响 Y_n 的外生结构性变量(诸如 FDI、国际贸易、技术进步和行业的国有化特征等)。

对式(9.44)的成本函数进行对数型的泰勒二次展开,类似于 Feenstra(2004,ch.4)的推导,从而产生超对数形式的成本函数(trans-log cost function),对其求偏导数可得:

$$s_{ni} = \beta_i + \sum_{j=1}^{M}\gamma_{ij}\ln f_i + \sum_{\tau=1}^{N}\phi_{i\tau}\ln x_\tau \qquad (9.45)$$

其中,$f_i \equiv (w,r)$,$x_\tau \equiv (Y_n,K_n,Z_n)$;$\sum_{j=1}^{M}\gamma_{ij}\ln f_i$ 是各要素的报酬率,它们在各行业间存在着差异,因此,在回归中可以包含在行业固定效应的常数项中;在要素总量给定的情况下,可通过参数 $\phi_{i\tau}$ 得到各变量对要素相对需求的影响。$s_{ni} = \partial\ln C_n/\alpha\ln f_i$,它是要素 i 的报酬占总成本的比重。为了减少因截面数据造成的异方差影响,实证研究采用可行的广义最小二乘估计(GLS)法。本章样本数据中截面单元很多而时序不是很长,此时又没有必要同时对截面单元异方差和同期相关性进行修正的 GLS 估计。

在要素总量不变的情况下,$s_{nL} = wL_n/(wL_n + rK_n)$,$s_{nL}$ 的上升意味着劳动要素相对需求增加。由于 $s_{nL} + s_{nK} = 1$,因此,s_{nL} 的下降就意味着资本要素相对需求的增加。因为 s_{nL} 是劳动要素的报酬占总成本的比重,即 $s_{nL} = w_n L_n/C_n$。在总投入等于总产出的情形下,可求出各时期各行业的 s_{nL}。在该变量的计算时,w_n 为制造业各细分行业的平均工资,L_n 为各细分行业全部从业人员年平均人数,总产出为各行业的工业销售产值。

如何识别所研究变量的作用是具有挑战性的工作,本章以市场开放(FDI 和国际贸易)以及市场开放引起的产品竞争和技术进步为主线进行实证识别,以中国制造业 28 个细分行业规模以上工业企业 2002—2008 年的变量为样本。为了估算资本要素需求变化的决定因素,建立如下的估计方程:

$$s_{nL} = \beta_0 + \beta_1 \ln y_n + \beta_2 \ln(K_n/Y_n) + \beta_3 \ln(FDI_n/Y_n) + \beta_4 \ln(X_n/Y_n)$$
$$+ \beta_5 \ln(R_n/Y_n) + \beta_6 \ln T + \beta_7 \ln \text{State} \tag{9.46}$$

其中,y_n 表示各行业的经济规模,K_n/Y_n 表示资本密集度,FDI_n/Y_n 表示外商资本密集度,X_n/Y_n 表示出口密集度,R_n/Y_n 表示行业的平均利润率,T 反映国内技术水平的变量①,State 为各行业的国有化特征。白重恩和钱震杰(2009)指出,国有企业平均劳动力收入份额明显高于非国有企业,因此,国有比重的高低影响着劳动报酬份额。按 Aghion 等(2005)的做法,一般以 Lerner 指数度量产品竞争程度,考虑到中国制造业各细分行业的资本成本数据的可获得性问题,我们以行业平均利润来度量行业竞争程度。本章还将外商直接投资细分为港澳台资本(FDI_1)和外商资本(FDI_2),将技术因素细分为科技投入和科技产出两个方面。各变量的原始数据来自《中国工业经济统计年鉴》、《中国经济普查年鉴》、《中国劳动统计年鉴》、《中国科技统计年鉴》。表 9-1 罗列了各变量的基本统计信息。

表 9-1 各变量基本统计信息

变量	变量含义	样本数	均值	最小值	最大值
y	制造业各行业工业增加值(亿元)	168	1 322.1309	139.3516	9 009.1860
K/Y	固定资产净值年平均余额与各行业工业销售产值之比	196	0.2761	0.1277	0.6900
X/Y	各行业出口规模与其工业销售产值之比	196	0.1411	0.0048	0.6963
FDI/Y	各行业外商直接投资与其工业销售产值之比	196	0.0620	0.0003	0.1757
FDI_1/Y	来自港澳台的资本与工业销售产值之比	196	0.0360	0	1.0000
FDI_2/Y	非港澳台外商资本与工业销售产值之比	196	0.0244	0.0002	0.1147
R/Y	各行业利润总额与工业销售产值之比	196	0.0479	0.0000	0.1606
T_1	科技活动经费占产品销售收入的比重	196	0.0117	0.0020	0.0360
T_2	新产品产值占工业总产值比重	196	0.1040	0.0180	0.4430
State	国有及国有控股企业工业销售产值占规模以上企业工业销售产值的比重	196	0.1421	0.0051	0.9949

---

① 行业出口品技术复杂度越高,相应产品的资本密集度应该越高,从而增加对资本的需求。但贸易品技术复杂度的测算要依赖于投入产出表数据,目前该方面的尝试还仅局限于地区层面,如姚洋和张晔(2008)。针对中国 28 个制造业细分行业规模以上企业的样本,因数据可获得性问题,还无法得到贸易品技术复杂度的面板数据。

9.5 估计结果及分析

根据行业成本转换法,资本要素需求的增加意味着劳动要素需求的相对下降。中国制造业的劳动要素成本占总成本的比重总体呈不断下降趋势,从1999年的23.07%下降到2007年的16.44%,下降了13.7%。罗长远(2008)总结了劳动收入占比下降的理论原因,祈毓(2010)对中国劳动收入占比下降的相关文献进行了综述。与之相反,中国制造业的资本要素需求在不断上升。

发展中国家的市场开放主要有国际贸易和FDI这两个渠道,不仅如此,市场开放还带来了发展中国家产品竞争的加剧以及模仿水平的提高。在实证检验中,我们分两个步骤展开:一是检验FDI、国际贸易以及FDI带来的竞争效应和技术模仿对中国制造业规模以上企业的资本要素相对需求所产生的影响。二是考虑内生性问题。中国FDI所选择的部门以及出口的部门是否本来就是高资本密集度的行业?若是,FDI和出口贸易对资本要素相对需求产生显著性影响就不足为奇了。为此,本章专门检验中低资本密集度行业中规模以上企业的市场开放(FDI、出口、FDI所带来的产品竞争和技术进步)对其资本要素相对需求的影响。

在表9-2的估计中,我们首先考察FDI和国际贸易对制造业规模以上企业资本要素相对需求的影响,并将FDI区分为港澳台资本(FDI_1)和外商资本(FDI_2)。FDI不仅会引发一国的产品竞争效应,而且还会通过技术溢出提升东道国的技术水平。因此,在检验中国制造业规模以上企业资本要素相对需求变化的决定因素时不能忽视后两个因素。在考虑国内技术水平时,本章所选择的指标分别是科技活动经费占产品销售收入的比重(T_1)和新产品产值占工业总产值比重(T_2)。从实证结果可以看出:

(1)常数项表示的是各行业的要素报酬对要素相对需求的影响,它们在各行业因要素需求的不同而存在着差异。显然,劳动要素报酬是引起劳动要素相对需求增加的显著原因。

(2)行业的固定资产投入规模显著地影响着劳动要素的需求。中国制造业规模以上企业固定资产投资的提高使各行业的劳动要素相对需求增加,资本要素的相对需求减少。

(3)出口贸易对中国制造业资本要素相对需求的影响显著。随着中国出口规模的扩大,规模以上企业的资本要素需求增加,进而促进着产业升级。

表 9-2 规模以上工业企业资本要素相对需求的
影响因素估计结果——包含市场开放因素

变量	(1)	(2)	(3)	(4)	(5)
Con.	0.0623*** (7.9774)	0.0763*** (9.4902)	0.0557*** (6.4861)	0.0614*** (7.1221)	0.0622*** (7.1764)
Lny	0.0014 (1.1823)	0.0010 (0.7873)	0.0019 (1.5068)	0.0021* (1.7496)	0.0015 (1.1676)
$\text{Ln}(K/Y)$	0.0297*** (11.6672)	0.0268*** (9.6988)	0.0293*** (11.2942)	0.0278*** (10.6275)	0.0258*** (9.7211)
$\text{Ln}(X/Y)$			-0.0033*** (-2.6239)	-0.0047*** (-4.5497)	-0.0053*** (-4.8720)
$\text{Ln}(\text{state})$	-0.0021*** (-2.8447)	-0.0024*** (-3.0655)	-0.0017** (-2.0910)	-0.0020** (-2.3265)	-0.0019** (-2.1601)
$\text{Ln}(\text{FDI}/Y)$	-0.0075*** (-6.2226)		-0.0059*** (-3.7024)		
$\text{Ln}(\text{FDI}_1/Y)$		-0.0020*** (-3.2771)		-0.0014** (-2.2500)	
$\text{Ln}(\text{FDI}_2/Y)$					-0.0013 (-1.1528)
产业固定效应	是	是	是	是	是
R^2	0.9903	0.9882	0.9916	0.9916	0.9916
D.W.	1.5520	1.4279	1.4825	1.4403	1.3858
观测值	168	167	168	167	168

注：***、**和*分别表示1%、5%和10%的显著性水平，括号内的值为回归系数的 t 统计量。

(4) FDI 对中国制造业资本要素相对需求的正向影响关系显著。随着 FDI 规模的扩大，中国制造业规模以上企业的资本要素相对需求增加。FDI 的增长促进了中国制造业的转型升级，且这种作用受 FDI 来源地的影响。当对港澳台资本和外商资本分别进行检验时，前者对资本要素相对需求具有显著性正向影响，后者的影响不显著。

(5) 行业国有化特征变量 State 的估计系数显著为负，与邵敏和黄玖立(2010)的检验结果一致，这不仅意味着国有企业的盈利能力在提高，而且国有企业集中于资本密集度高的行业。其印证了20世纪90年代国有企业"抓大放小"的改革实践，国有企业数量减少了，但资本规模扩大了。

随着中国市场开放程度的不断提高，产业得以快速升级，中国日益从廉价最终产品生产国转向资本密集型中间产品的生产地。从 1990—1994

年到 2000—2004 年,中国的办公和通信设备在全部出口中的份额从 6% 增加到 22%,电子设备的份额从 4% 增加到 10%,增幅尤以机械产品最大,即从 17% 增加到 41%,其中,发电设备的市场份额翻了一番,工业机械提高了 2 倍,电力机械是原来的 4 倍(World Bank,2007)。难怪 Rodrick(2006)直接将中国经济增长的奥秘归结为,中国出口的产品日益倾向于高生产率和高复杂程度的产品,中国出口产品结构所反映的收入水平比其实际收入水平高出 3 倍。

市场开放会引发一国的产品竞争和模仿活动,因此,在检验中国制造业要素需求变化的决定因素时离不开产品竞争效应和技术进步因素。表 9-3 就是同时考虑市场开放、产品竞争和技术进步变量所得出的实证结果。估计结果进一步证实了 FDI、出口贸易以及国有比重都使中国制造业规模以上企业的资本要素相对需求上升,行业的固定资本投入则对劳动要素相对需求产生显著性正向影响。

表 9-3 的实证结果还显示,市场开放带来的产品竞争效应和技术模仿行为未对资本要素相对需求的变化产生显著性影响。这可能意味着,它们增加了资本和劳动以外的要素的需求,如人力资本。因为产品的竞争会迫使发展中国家提升研发部门的效率,而研发部门是人力资本密集型的。不仅如此,发展中国家通过市场开放模仿高新技术需要具有较强的技术吸收能力,而这又得依赖于良好的人力资本条件。大量证据表明,FDI 水平溢出程度取决于本地消化吸收能力,只有自己进行研发的企业才能享受到 FDI 水平溢出的好处(Glass 和 Saggi,2002;Kinoshita,2001;Kokko 等,1996)。Blalock 和 Gertler(2005)、Saggi(2002)还指出,具有较高人力资本水平的国内企业才是垂直技术溢出的主要受益者。

从中国制造业规模以上企业的检验结果来看,FDI 出口规模的扩大对产业升级的促进作用是显著的。但如果中国的 FDI 所选择的部门以及出口的产品部门本来就是高资本密集度的行业,那并不能说,是 FDI 和出口带来了资本要素相对需求的增加。因此,我们需要进一步检验中低资本密集度行业规模以上企业的 FDI 和出口规模扩大是否引起了资本要素相对需求的增加,以解决检验中的内生性问题以及结果的稳健性问题。[①]

[①] 根据 OECD 标准和中国制造业的实际情况,将高资本密集度行业划分为:化学原料及化学制品制造业,医药制造业,通用设备制造业,专用设备制造业,交通运输设备制造业,电气机械及器材制造业,通信设备、计算机及其他电子设备制造业,仪器仪表及文化、办公用机械制造业。其余的即中低资本密集度行业。

表 9-3 规模以上工业企业资本要素相对需求的影响因素
估计结果——包含市场开放、竞争与技术模仿因素

变量	(1)	(2)	(3)	(4)
Con.	0.0564*** (6.2658)	0.0596*** (5.8587)	0.0581*** (5.9550)	0.0603*** (5.9041)
Lny	0.0018 (1.4366)	0.0013 (0.9656)	0.0015 (1.0380)	0.0013 (0.8888)
$\text{Ln}(K/Y)$	0.0293*** (11.2180)	0.0285*** (9.8255)	0.0287*** (9.5690)	0.0283*** (9.3614)
$\text{Ln}(X/Y)$	-0.0033** (-2.5708)	-0.0031*** (-2.3846)	-0.0029** (-2.2050)	-0.0028** (-2.1696)
$\text{Ln}(R/Y)$	0.0001 (0.2085)	-1.43E-05 (-0.0289)	-8.49E-05 (-0.1679)	-4.08E-06 (-0.0079)
$\text{Ln}(T_1)$		0.0004 (0.4546)		0.0007 (0.6142)
$\text{Ln}(T_2)$			-0.0002 (-0.2585)	-0.0006 (-0.5585)
Ln(state)	-0.0017** (-2.0824)	-0.0019** (-2.1377)	-0.0018* (-1.9757)	-0.0019** (-2.0443)
Ln(FDI/Y)	-0.0059*** (-3.7161)	-0.0057*** (-3.3578)	-0.0062*** (-3.4151)	-0.0062*** (-3.4483)
产业固定效应	是	是	是	是
R^2	0.9916	0.9906	0.9892	0.9893
D.W.	1.4811	1.4628	1.4381	1.4256
观测值	168	168	168	168

注：***、**和*分别表示1%、5%和10%的显著性水平,括号内的值为回归系数的 t 统计量。

表 9-4 的估计结果揭示了 FDI 和国际贸易对中低资本密集度行业资本要素相对需求的影响。结果表明,FDI 和出口贸易对中国中低资本密集度行业的资本要素相对需求的增加产生了显著性影响。随着 FDI 和出口的增长,中低资本密集度行业的资本要素相对需求增加。FDI 引起产业升级的作用受 FDI 来源地的影响。相对于外商资本,港澳台资本对中低资本密集度行业的资本要素相对需求影响的显著性更强。与规模以上企业的估计结果不同的是,行业国有比重对资本要素需求增加的影响结果总体不显著,这佐证了国有企业集中于资本密集度高的行业的判断。

我们进一步检验市场开放所带来的产品竞争效应和模仿活动对中低资本密集度行业资本要素相对需求的影响。从表 9-5 可以看出:估计结果

再次证实了 FDI 和出口规模对中国中低资本密集度行业的资本要素相对需求的显著性影响。与规模以上企业的估计结果类似,市场开放所带来的产品竞争效应和技术模仿仍未能显著地促进中低资本密集度行业资本要素相对需求的增加。

显然,FDI 和出口贸易对行业资本要素相对需求的影响结果具有很强的稳健性。无论是基于制造业规模以上企业的检验,还是中低资本密集度行业的检验,FDI 和出口都具有增加制造业资本要素相对需求的作用。不仅如此,表 9-4 和表 9-5 的检验还在一定程度上解决了内生性问题,FDI 和出口规模的扩大提高了行业资本要素相对需求的结论并不是由 FDI 和出口的行业本来就是资本密集度高的行业造成的。

表 9-4 中低资本密集度行业资本要素相对需求的
影响因素估计结果——包含市场开放因素

变量	(1)	(2)	(3)	(4)	(5)	(6)
Con.	0.0518*** (4.8086)	0.0479*** (4.1432)	0.0548*** (5.1076)	0.0467*** (4.3653)	0.0396*** (3.4999)	0.0426*** (3.7774)
Lny	0.0013 (0.7008)	0.0044** (2.3177)	0.0020 (1.0660)	0.0009 (0.5200)	0.0034* (1.9354)	0.0022 (1.1787)
$Ln(K/Y)$	0.0318*** (8.9981)	0.0278*** (7.4740)	0.0266*** (7.3591)	0.0292*** (8.6306)	0.0274*** (7.7548)	0.0264*** (7.4236)
$Ln(X/Y)$				-0.0052*** (-3.5355)	-0.0076*** (-5.4003)	-0.0076*** (-5.3597)
Ln(state)	-0.0018* (-1.7162)	0.0002 (0.1549)	-0.0010 (-0.9525)	-0.0015 (-1.3606)	-0.0002 (-0.1364)	-0.0005 (-0.4370)
$Ln(FDI/Y)$	-0.0115*** (-5.5520)			-0.0091*** (-4.0027)		
$Ln(FDI_1/Y)$		-0.0014** (-2.1028)			-0.0015** (-2.1852)	
$Ln(FDI_2/Y)$			-0.0044** (-2.5109)			-0.0028 (-1.4023)
产业固定效应	是	是	是	是	是	是
R^2	0.9905	0.9882	0.9882	0.9929	0.9922	0.9919
D.W.	1.5242	1.3314	1.4353	1.5360	1.4083	1.4091
观测值	120	119	120	120	119	120

注:***、**和*分别表示 1%、5%和 10%的显著性水平,括号内的值为回归系数的 t 统计量。

表 9-5　中低资本密集度行业资本要素相对需求的影响因素
估计结果——包含市场开放、竞争与技术模仿因素

变量	(1)	(2)	(3)	(4)
Con.	0.0477*** (4.1851)	0.0553*** (4.3406)	0.0525*** (4.2287)	0.0556*** (4.3608)
Lny	0.0008 (0.4606)	-8.16E-06 (-0.0044)	-6.97E-05 (-0.0364)	-0.0003 (-0.1605)
$Ln(K/Y)$	0.0291*** (8.4685)	0.0274*** (7.5119)	0.0278*** (7.3931)	0.0273*** (7.2904)
$Ln(X/Y)$	-0.0052*** (-3.5068)	-0.0050*** (-3.3660)	-0.0050*** (-3.2535)	-0.0048*** (-3.1661)
$Ln(R/Y)$	0.0001 (0.2554)	0.0001 (0.2328)	-1.98E-05 (-0.0379)	6.85E-05 (0.1279)
$Ln(T_1)$		0.0011 (1.3078)		0.0010 (0.8734)
$Ln(T_2)$			0.0004 (0.5208)	-0.0001 (-0.1301)
Ln(state)	-0.0015 (-1.3517)	-0.0019 (-1.6485)	-0.0018 (-1.5586)	-0.0019* (-1.6851)
$Ln(FDI/Y)$	-0.0090*** (-3.9585)	-0.0082*** (-3.4553)	-0.0089*** (-3.6586)	-0.0090*** (-3.7835)
产业固定效应	是	是	是	是
R^2	0.9929	0.9930	0.9911	0.9916
D.W.	1.5357	1.5274	1.5267	1.5093
观测值	120	120	120	120

注：***、**和*分别表示1%、5%和10%的显著性水平,括号内的值为回归系数的 t 统计量。

9.6　总结性评论

中国通过吸引FDI,增加了国内资本存量,但FDI对促进产业升级的作用存在着争议。"市场换技术"战略实施以来,市场开放又确实使中国日益从廉价最终产品生产国转向资本和技术密集型中间品的生产地,所生产和出口的产品日益倾向于高生产率和高复杂程度的产品。20世纪80年代和90年代早期,服装、鞋帽、其他轻工产品和燃料占主导地位,20世纪90年代后期直至21世纪前10年转向办公机械、通信设备、工业机械和自动数据处理设备为主。基于此,本章将市场开放分解成产品竞争效应和

外资效应,更为细致地揭示这两种效应对发展中国家最终产品部门—中间品部门—研发部门之间资本要素配置状况的影响机制和结果。

发达国家通过对发展中国家中间品部门的"投资",无论是产品竞争效应还是外资效应,都使发展中国家中间品部门的资本要素相对需求上升,从而促进该部门的产业升级。此命题也证实了 Lucas(1990)的资本流动理论。对于发展中国家的最终品部门,随着 FDI 进入份额的增加,该部门的资本要素相对需求上升;同时,市场开放促使中间品部门扩张,当中间品种类数增加到一定规模时,产品竞争效应使中间品替代资本要素,最终品部门的资本要素相对需求因此减少。市场开放对发展中国家研发部门资本要素相对需求的影响取决于中间品的竞争程度。当中间品的替代弹性较低时,资本要素相对需求随着产品竞争效应的增强而上升;反之,该部门的资本要素相对需求随着产品竞争效应的增强而下降。但市场开放的外资效应则总是倾向于使发展中国家研发部门的资本要素相对需求减少。其原因在于:一方面,进入发展中国家的 FDI 主要集中于制造业;另一方面,研发部门的扩张最终具有技能偏向的特征。

为考察市场开放对中国制造业升级的影响,本章以加入 WTO 后中国制造业 28 个细分行业的数据为样本,不仅检验 FDI、出口贸易以及市场开放带来的竞争效应和技术模仿对规模以上企业的资本要素相对需求所产生的影响,而且考虑内生性问题,估计中低资本密集度行业的市场开放对其资本要素相对需求的影响。实证结果表明,FDI 和出口具有增加产业资本要素相对需求的显著作用。无论是基于规模以上企业的检验,还是中低资本密集度行业的检验,该结果都具有很强的稳健性。显然,中国加入 WTO 以来,市场开放促进了产业升级。FDI 的这种作用还受 FDI 来源地的影响。相对于外商资本,港澳台资本对中低资本密集度行业的资本要素相对需求影响的显著性更强。但市场开放带来的产品竞争效应和技术模仿未能对资本要素相对需求的变化产生显著性影响,这意味着它们可能增加了高技能劳动的需求。

第10章 国际贸易、企业异质性与产品质量升级:理论及来自中国的经验证据

10.1 引　言

　　新古典贸易理论将企业视为一个"暗箱",一般均衡框架仅涉及了产业规模,未能确定企业规模。新贸易理论解决了企业规模的确定问题,但未能考虑企业的异质性问题。贸易实践中并不存在国内生产者都向国外市场出口的情形,出口企业往往在其所在行业中处于少数派的地位(Bernard 等,2003)。近10年来,日益增长的理论与经验证据表明:厂商异质性(heterogeneous)对于理解世界贸易的"典型化事实"有着决定性作用,这些"典型化事实"意味着,无论从企业规模、企业生产率还是企业的组织形式上看,企业都是异质性的(Baldwin,2005)。人们据此将国际贸易与投资的研究单位从产业层面细化到企业层面,这一贸易理论的新发展被 Baldwin 和 Robert-Nicoud(2004)称为新—新贸易理论(New-new trade theory)。

　　企业异质性的证据来自多方面:一是企业出口经营的相对稀缺性。Bernard 等(2006)发现,只有很少的厂商进行出口,例如,2000年时美国550万家厂商中仅有4%从事出口,且出口企业集中于制造业,但美国制造业企业中的出口份额又仅有18%。Brainard(1997)解释了贸易成本、市场大小和工厂层面上(plant-level)的规模经济是如何影响异质性企业的出口或 FDI 决策的。他指出,企业出口份额是规模经济的递增函数,是贸易成本和国外市场大小的递减函数。二是出口企业与非出口企业之间的差异性。Bernard 和 Jensen(1999)、Bernard 等(2006)发现,美国制造业出口企业比非出口企业表现出更高的全要素生产率,并且生产效率高的企业更容易转变为出口商。即使在撒哈拉以南的非洲地区,制造业厂商也具有此种趋势(Biesebroeck,2005)。Melitz(2003)将企业异质性引入动态产业模型,

描述贸易开放是如何通过选择效应和再分配效应提高产业的生产力,强调只有更高生产率水平的企业才能进入出口市场。Helpman 等(2004)进一步拓展 Melitz(2003)模型,在识别了不同企业生产率的差异在决定企业是选择出口还是 FDI 时的影响后发现,生产率最低的企业不会进入国外市场,生产率最高的企业选择 FDI,而位于两者之间的企业选择出口。Girma 等(2005)采用英国的微观数据验证 Helpman 等(2004)的结论,结果依然表明跨国公司的生产率普遍强于出口企业,出口企业强于非出口企业。

关于出口企业与非出口企业之间的生产率差异与出口活动之间的因果关系,现有的理论解释路径主要有两条:一是"自我选择"效应(self-selection effect),即只有较高生产率的厂商才选择进入出口市场,企业出口行为能通过市场竞争甄别出优质企业。该理论假说的依据是异质性企业所具有的沉没成本。Roberts 和 Tybout(1997)运用哥伦比亚企业数据证实了沉没成本对出口决定的显著影响。Bernard 和 Wagner(2001)、Bernard 和 Jensen(1999,2004)分别依据德国和美国制造业企业数据检验了沉没成本对出口决定的显著影响。易靖韬(2009)、赵伟等(2011)运用中国的微观企业数据证实了沉没成本是显著存在的,且支持了"自我选择"效应假说。二是"出口中学"效应(learning by exporting effect),即厂商的生产率差异是在做出出口决策之后决定的。出口市场上的激烈竞争迫使厂商提高自己的生产率,Bernard 等(2007)证明了企业进入出口市场后创新激励显著增强。World Bank(2007)也为此提供了来自东亚和中国的丰富证据。

在企业异质性的表现方面,除了规模和生产率差异外,还有诸如人力资本、所有权、企业历史等多方面的异质特征(Wagner,2007;Das 等,2007;Cole 等,2010)。其中,产品质量差异是企业异质性的核心表现之一。随着新—新贸易理论的发展,关注质量层面的企业异质性与贸易方向的文献日益增多。Falvey 和 Kierzkowski(1987)、Flam 和 Helpman(1987)、Stokey(1991)、Murphy 和 Shleifer(1997)、Hummels 和 Klenow(2005)等从两个角度进一步发展了 Linder(1961)理论:一是富国因劳动生产率或资源禀赋因素具有生产高质量产品的比较优势;二是富国在高质量产品上的支出份额高于别的国家,高质量产品的需求规模是其比较优势的来源。Schott(2004)、Hallak(2006)证实了出口产品的单位价值随着出口企业单位资本收入、实物资本与人力资本的相对禀赋而上升。不仅如此,Leamer 和 Levinsohn(1995)、Mcpherson 等(2001)、Gervais(2009)还从需求角度分析了价格、产品质量与国际贸易之间的关系。但这些分析的角度更多的是国家贸易层次,解释的是产品质量和国家贸易模式之间的关系,未能将异质性纳入企业贸易与产品质量变化的微观研究中。

目前国际贸易学家日益关注微观层次的价格、产品质量与国际贸易之间的关系,试图解释产品质量异质性对微观企业贸易模式的影响。Baldwin 和 Harrigan(2007)率先将产品质量因素纳入了 Melitz(2003)模型,揭示了地理距离和市场规模对产品质量的影响。Hallak 和 Sivadasan(2006)、Helble 和 Okubo(2008)以及 Gervais(2008)为贸易与产品质量水平建立了静态均衡模型。但这类模型未能考虑研发行为对产品质量升级的作用。Gustafsson 和 Segerstrom(2006)、Baldwin 和 Robert-Nicoud(2008)在 Melitz(2003)模型的基础上,发展了考虑异质性企业的 R&D 模型。Baldwin 和 Robert-Nicoud(2008)指出,贸易自由化是否促进经济长期增长取决于知识的结构特征,只有当知识溢出效应较小时,自由贸易才能加快生产率的提高。Haruyama 和 Zhao(2008)不仅研究了贸易自由化对生产率的影响,而且描述了企业异质性、R&D 活动与生产率的作用机制。该模型强调,贸易自由化使非出口企业的资源向 R&D 部门和出口企业配置。Zhang(2003)、章艳红(2008)对基于质量的产品周期模型进行了修正以纳入南方的模仿活动,考察了 FDI 在产品质量升级和南北产业内贸易中的作用。但如何在一个一般均衡模型中刻画贸易成本、技术溢出、规模经济对产品质量影响的渠道和结果,这是现有文献进一步发展的重要方向。

本章试图揭示国际贸易、异质性企业和产品质量升级之间的内在机制,不仅考虑发达国家的创新活动和发展中国家的模仿活动,而且细致考察贸易对产品质量范围、技术溢出、规模经济的影响,解释发达国家和发展中国家的产品质量为何随着贸易开放而提升。接下来的分析是这样安排的:第二节建立基本模型;第三节描述质量范围、贸易模式和贸易均衡;第四节考察贸易开放、技术溢出、企业异质性与质量升级的关系;第五节刻画规模经济、企业异质性与质量升级的关系;第六节对产品质量为何随贸易开放而升级做出理论解释;第七节交代实证研究的数据与方法;第八节检验贸易成本、市场规模、进出口贸易规模对中国出口产品质量水平的影响和结果;最后是本章的结论及政策含义。

10.2 基本模型

10.2.1 生产技术

假设"世界"存在两类经济体(国家),一类经济体的劳动要素相对丰裕(南方),另一类经济体的技术要素相对丰裕(北方)。每类经济体都有两个部门:最终产品部门 y 和中间产品(资本品)部门 z。每个部门都有 N 个厂商。中间产品厂商之间是不完全竞争的,最终产品厂商因以中间产品作为投入品而亦是不完全竞争的。

最终产品生产不仅使用 n 种中间产品,而且每种中间产品都存在着一个质量阶梯(quality ladder)。这种质量阶梯源于企业的 R&D 努力,中间产品质量阶梯的升级要取决于企业 R&D 部门的努力、利润流以及可能持续的时间。

将最终产品部门 i 的生产技术设定为:

$$Y_i = AL_i^{1-\alpha} \int_0^n \tilde{x}_{ij}^{\alpha} \mathrm{d}j \tag{10.1}$$

其中,A 代表技术参数,L_i 为劳动要素投入,$\tilde{x}_{ij}$ 表示企业 i 第 j 种经过质量升级的中间产品的使用数量,$1 > \alpha > 0$。如果一种中间产品已经过了 k_j 次质量升级,则该产品的质量等级标示为 $q^{k_j}(k_j = 0,1,\cdots,m)$,即当企业 i 所使用的是质量阶梯为 k 的第 j 种中间产品时,质量阶梯 k 所对应的质量水平即为 q^{k_j}。

一个部门内不同质量等级的投入品在生产中是可以相互替代的。此时,企业 i 第 j 种经过质量升级的中间产品的使用数量为:

$$\tilde{x}_{ij} = \int_0^{k_j} q^k x_{ijk} \mathrm{d}k \tag{10.2}$$

假定最终产品部门使用的中间产品 j 的现有最佳质量水平为 q^{k_j},其对应价格为 p_{jk_j}。根据最终产品部门利润最大化问题的最优一阶条件,存在着:

$$x_{ijk_j} = L_i \left[A\alpha(q^{\alpha k_j}/p_{ijk_j}) \right]^{1/1-\alpha} \tag{10.3}$$

10.2.2 价格和利润

最终产品部门所投入的是中间产品和劳动力,中间产品部门投入的是人力资本和实物资本。也就是说,中间产品质量阶梯的提升依赖于技术创新,而研发部门与中间产品部门一样,也需要投入人力资本和实物资本。一般而言,资本要素和技术要素具有互补性。

假设单位最终产品的生产需要一单位劳动和 t 单位的资本品,将南方的工资水平标准化,以南方工资表示的北方的工资水平即为 w^*。于是南方和北方单位最终产品生产的成本函数分别为:

$$c(y) = 1 + p_j x \tag{10.4}$$

$$c^*(y) = w^* + p_j^* x \tag{10.5}$$

由于最终产品面临的是不完全竞争市场,因此两国最终产品的单位价格分别为:

$$p(y) = \frac{1}{\alpha}(1 + p_j x) \tag{10.6}$$

$$p^*(y) = \frac{1}{\alpha}(w^* + p_j^* x) \tag{10.7}$$

南方在劳动要素上相对丰裕,且劳动要素在国与国之间无法自由流动,因而 $w^* > 1$。但中间产品贸易是自由的,这意味着 $p_j = p_j^*$。于是,$p(y) < p^*(y)$,即南方在最终产品生产上具有价格优势。

令 $a(z)$、$b(z)$ 分别为南方单位中间产品的劳动投入和技术要素投入,$a^*(z)$、$b^*(z)$ 分别为北方单位中间产品的劳动投入和技术要素投入。北方是技术领先者,南方通过贸易和学习追赶北方的技术,该国的模仿活动 T 也需要投入劳动要素和技术要素。于是,南方和北方单位中间产品的生产成本分别为:

$$c(z) = a(z,T) + rb(z) \tag{10.8}$$

$$c^*(z) = w^* a^*(z) + r^* b^*(z) \tag{10.9}$$

中间产品的不完全竞争性使得该产品的单位价格是其单位成本的某个倍数。在考虑贸易成本的情况下,两国同一中间产品的单位价格分别为:

$$p(z) = \frac{1 + \tilde{\tau}}{\alpha}[a(z,T) + rb(z)] \tag{10.10}$$

$$p^*(z) = \frac{1 + \tilde{\tau}}{\alpha}[w^* a^*(z) + r^* b^*(z)] \tag{10.11}$$

其中,$\tilde{\tau}$ 是贸易成本占生产成本的比重,$0 < \tilde{\tau} < 1$。技术要素在国与国之间是自由流动的,因而 $r = r^*$。进一步假定技术在两国具有相同的生产率,于是,$b(z) = b^*(z)$。由于北方的人力资本相对丰裕,$a(z,T)/a^*(z)$ 是质量 z 的增函数,因此,该国的企业在高质量中间产品生产上具有比较优势,南方的企业在低质量中间产品生产上具有比较优势。

根据式(10.10)、式(10.11),中间产品 j 的价格可表达成:

$$p_{jk_j} = \frac{c_{jk_j}(1 + \tilde{\tau})}{\alpha} \tag{10.12}$$

将式(10.12)代入式(10.3),可得:

$$x_{jk_j} = LA^{1/1-\alpha} \alpha^{2/1-\alpha}(1 + \tilde{\tau})^{-1/1-\alpha} c_{jk_j}^{-1/1-\alpha} q^{k_j \alpha/1-\alpha} \tag{10.13}$$

质量阶梯的提升源于研发部门的创新。中间产品部门中的第 k_j 个创

新者将质量由 q^{k_j-1} 提升到 q^{k_j} 时,该厂商的利润为:

$$\pi_{jk_j} = \frac{1+\tilde{\tau}-\alpha}{\alpha} LA^{1/1-\alpha} \alpha^{2/1-\alpha} (1+\tilde{\tau})^{-1/1-\alpha} c_{jk_j}^{-\alpha/1-\alpha} q^{k_j\alpha/1-\alpha} \quad (10.14)$$

10.2.3 质量异质性

假设最终产品部门是以两种类型的中间产品作为投入要素的,其中一种中间产品(Y_T)是高质量的,另一种中间产品(Y_L)是低质量的。这两种类型的中间产品的生产需要投入与之相对应的资本品(x_{Tj},x_{Lj})以及人力资本(H)和劳动(L),于是有:

$$Y_L = Q_L L^{1-\alpha} \int_0^{n_L} x_{Lj}^{\alpha} \mathrm{d}j \quad (10.15)$$

$$Y_T = Q_T H^{1-\alpha} \int_0^{n_T} x_{Tj}^{\alpha} \mathrm{d}j \quad (10.16)$$

其中,n_L、n_T 分别表示低质量和高质量中间产品的种类数,Q_L、Q_T 分别表示低质量和高质量中间产品部门所使用机器的平均质量。

第 j 种低质量和高质量中间产品的价格分别为:

$$p_{Lj} = w_{Lj}/Q_L, \quad p_{Tj} = w_{Hj}/Q_T \quad (10.17)$$

在需求弹性相同和对称性的假设下,式(10.15)和式(10.16)的简约形式为:

$$Y_L = n_L L \alpha^{\frac{\alpha}{1-\alpha}} p_L^{\frac{\alpha}{1-\alpha}} Q_L^{\frac{1}{1-\alpha}} w_{Lj}^{-\frac{\alpha}{1-\alpha}} \quad (10.18)$$

$$Y_T = n_T H \alpha^{\frac{\alpha}{1-\alpha}} p_T^{\frac{\alpha}{1-\alpha}} Q_T^{\frac{1}{1-\alpha}} w_{Hj}^{-\frac{\alpha}{1-\alpha}} \quad (10.19)$$

假设两种中间产品是以 Cobb-Douglas 技术投入生产,即

$$Y = A Y_T^{\beta} Y_L^{1-\beta} \quad (10.20)$$

在资源约束条件下最大化 Y 时,可得两种类型的中间产品相对价格:

$$\frac{p_T}{p_L} = \left(\frac{\beta}{1-\beta}\right)^{1-\alpha} \left(\frac{H}{L}\right)^{\alpha-1} \left(\frac{n_T}{n_L}\right)^{\alpha-1} \left(\frac{Q_T}{Q_L}\right)^{-1} \left(\frac{w_{Hj}}{w_{Lj}}\right)^{\alpha} \quad (10.21)$$

10.2.4 进入与退出

两类经济体都拥有中间产品部门,但由于技术要素丰裕程度不同,它们所生产的中间产品的质量不同。质量阶梯低于 k_j 的中间产品也能生产并投入最终产品部门。次佳质量水平 q^{k_j-1} 的产品生产决策取决于最佳质量水平 q^{k_j} 产品的定价。当最佳质量水平 q^{k_j} 产品定价为 p_{jk_j} 时,次佳质量水平 q^{k_j-1} 的产品的卖价最多只能为 $(1/q)p_{jk_j}$(Barro 和 Sala-I-Martin,1995)。

根据式(10.12),最佳质量产品的垄断价格为 $c_{jk_j}(1+\tilde{\tau})/\alpha$,次佳质量水平的生产者只能定价 $c_{jk_j}(1+\tilde{\tau})/\alpha q$,再次佳质量水平的生产者的最高定价就为 $c_{jk_j}(1+\tilde{\tau})/\alpha q^2$。当 $c_{jk_j}(1+\tilde{\tau})/\alpha q < c_{jk_j}$,即 $\alpha q/(1+\tilde{\tau}) > 1$ 时,次佳质量水平的厂商将退出市场。由于南方也存在中间产品部门,该部门生产次佳质量水平的产品。因此,$\alpha q/(1+\tilde{\tau}) \leqslant 1$。沿袭 Grossman 和 Helpman(1991)的 Bertrand 竞争结果,北方的厂商试图制定极限价格,也就是使 $c_{jk_j}(1+\tilde{\tau})/\alpha q = c_{jk_j}$,此时 $p_{jk_j} = qc_{jk_j}$。

在极限定价情形下,根据式(10.3),最佳质量水平产品的产量为:

$$x_{jk_j} = LA^{1/1-\alpha}\left(\frac{\alpha}{q/(1+\tilde{\tau})}\right)^{1/1-\alpha}(1+\tilde{\tau})^{-1/1-\alpha}c_{jk_j}^{-1/1-\alpha}q^{k_j\alpha/1-\alpha} \quad (10.22)$$

10.3 质量范围、贸易模式和贸易均衡

作为中间品需求者的最终产品厂商,其对不同质量水平的中间产品的需求取决于其利润水平。类似于 Zhang(2003)、章艳红(2008),对于最终产品厂商,存在着这样一个利润水平 R_d,即利润水平高于 R_d 的厂商购买北方的高质量中间产品,利润水平低于 R_d 的厂商购买南方的低质量中间产品。最终产品和中间产品的厂商都是异质性的,此种异质性源于产品质量的差异。

技术要素丰裕国家的中间产品存在着最低质量水平,即

$$\hat{z} = \hat{z}(R_d, w^*) \quad (10.23)$$

劳动要素丰裕国家的中间产品存在着最高质量水平,即

$$\bar{z} = \bar{z}(R_d, T) \quad (10.24)$$

无论是南方还是北方,都存在着最终产品厂商,厂商之间的异质性在于利润水平的差异;同样,南方和北方都存在中间产品厂商,它们之间的异质性在于生产的产品质量的差异。根据式(10.1),最终产品厂商的利润函数为:

$$\pi_{y_i} = \frac{1-\alpha}{\alpha}A^{1/1-\alpha}\alpha^{2\alpha/1-\alpha}(1+\tilde{\tau})^{-\alpha/1-\alpha}c_y^{-\alpha/1-\alpha}c_z^{-\alpha/1-\alpha}L_iQ_y \quad (10.25)$$

其中,$Q_y = \sum_{j=1}^{N}q^{\alpha^2 k_j/1-\alpha}$,其表示最终产品的总质量指数。

最终产品厂商加总的利润水平为:

$$\pi_y = \frac{1-\alpha}{\alpha}A^{1/1-\alpha}\alpha^{2\alpha/1-\alpha}(1+\tilde{\tau})^{-\alpha/1-\alpha}c_y^{-\alpha/1-\alpha}c_z^{-\alpha/1-\alpha}LQ_y \quad (10.26)$$

定义 $M = \frac{1-\alpha}{\alpha} A^{1/1-\alpha} \alpha^{2\alpha/1-\alpha} (1+\tilde{\tau})^{-\alpha/1-\alpha} Q_y$，此时式(10.26)的简约表达式为：

$$\pi_y = M L c_y c_z^{-\alpha/1-\alpha} \qquad (10.27)$$

同样，中间产品厂商加总的利润水平为：

$$\pi_z = \frac{1+\tilde{\tau}-\alpha}{\alpha} A^{1/1-\alpha} \alpha^{2/1-\alpha} (1+\tilde{\tau})^{-1/1-\alpha} c_z^{-\alpha/1-\alpha} L Q_z \qquad (10.28)$$

其中，$Q_z = \sum_{j=1}^{N} q^{\alpha k_j/1-\alpha}$，其表示中间产品总质量指数。

对于最终产品厂商的异质性，我们以 $h \in [0,1]$ 来表示，即各国处于不同利润水平的厂商的集合。$f(h)$ 和 $f^*(h)$ 分别表示南方和北方的厂商随利润阶层的分布。于是，两类经济体处于利润阶层 $h(h \in [0,1])$ 的厂商的总利润分别为 $f(h)\pi_y$ 和 $f^*(h)\pi_y^*$。

两类经济体的最终产品厂商的总数量为 N，两国厂商数目随利润水平的分布分别定义为 $n(h)$ 和 $n^*(h)$。因而南方处于利润阶层 h 的厂商的平均利润水平为：

$$R(h) = \frac{f(h)\pi_y}{Nn(h)} \qquad (10.29)$$

南方的最终产品厂商需求北方的中间产品，同样，北方的最终产品厂商也需求南方的中间产品。南方最终产品部门存在着利润阶层为 h_d 的厂商，北方最终产品部门存在着利润阶层为 h_d^* 的厂商，最后使得处于该利润阶层的厂商的利润水平刚好为 R_d。利润水平高于 R_d 的厂商需求北方的高质量中间产品，利润水平低于 R_d 的厂商需求南方的低质量中间产品。显然，具备此要求的 R_d 必须满足如下条件：

$$R_d = \frac{f(h_d)\pi_y}{Nn(h_d)} = \frac{f^*(h_d^*)\pi_y^*}{Nn^*(h_d^*)} \qquad (10.30)$$

在中间产品自由贸易的条件下，R_d 是劳动要素相对价格 w^* 和模仿程度 T 的函数，即

$$R_d = R_d(w^*, T) \qquad (10.31)$$

北方只出口中间产品(高质量的)，它是中间产品的净出口国。南方不仅出口中间产品(低质量的)，而且为了保证贸易平衡它还出口最终产品。南方是中间产品的净进口国，这也是该国技术进步的重要来源，技术溢出就是通过中间产品的贸易而发生的。

令 $z_{\max}$ 为南方处于 $(h_d, 1]$ 利润阶层的最终品厂商所能购买得起的北

方中间产品最高质量水平,z_{min}^* 为北方处于 $[0, h_d^*)$ 利润阶层的最终品厂商所愿意购买的南方中间产品最低质量水平。根据式(10.23)和式(10.24),南方处于 $(h_d, 1]$ 利润阶层的最终产品厂商进口北方质量范围为 $[\hat{z}, z_{max}]$ 的中间产品;北方处于 $[0, h_d^*)$ 利润阶层的最终产品厂商进口南方质量范围为 $[z_{min}^*, \bar{z}]$ 的中间产品。

为分析方便,假设南方和北方的最终产品厂商对北方中间产品的支出份额均为 $\delta(k_j)$,于是北方出口中间产品的总收入等于南方对北方中间产品进口的支出和北方厂商对自己的中间产品购买支出之和,即

$$\pi_y \int_{h=h_d}^{1} \delta(k_j) f(h) \mathrm{d}h + \pi_y^* \int_{h=h_d^*}^{1} \delta(k_j) f^*(h) \mathrm{d}h = \pi_z^* \quad (10.32)$$

定义 $A_0(h_d) = \int_{h=h_d}^{1} \delta(k_j) f(h) \mathrm{d}h$、$A_0^*(h_d^*) = \int_{h=h_d^*}^{1} \delta(k_j) f^*(h) \mathrm{d}h$,则式(10.32)的简约形式为:

$$A_0 \pi_y + A_0^* \pi_y^* = \pi_z^* \quad (10.33)$$

通过式(10.26)至式(10.31)构建矩阵方程(附录1式(A1-1)和附录2式(A2-1)),利用贸易均衡的比较静态方法可以考察外部因素变化对贸易规模、企业异质性和产品质量的具体影响。

10.4 贸易成本、技术溢出与质量升级

贸易开放对"世界"会产生两方面显著影响:一是贸易成本下降;二是技术溢出促进技术进步。进一步的问题是,贸易成本的下降和技术溢出对南方和北方产品质量和企业异质性会产生哪些具体影响呢?

R_d 变量名义上是利润水平的界限,实际上表示的是产品质量范围。因为 R_d 的上升意味着南方进口北方的产品质量提高。随着厂商投入的资本品质量的提高,南方最终产品的质量上升,与此同时,该国还通过技术溢出效应促进技术进步。h_d 和 h_d^* 分别表示南方和北方最终产品厂商所处的利润阶层。这种阶层的划分实际上反映的就是企业的异质性,因为 h_d 和 h_d^* 的变化意味着同一质量范围的中间产品需求厂商数量的变化。

单位贸易成本 $\tilde{\tau}$ 对 R_d、h_d 和 h_d^* 的具体影响,反映着贸易成本的变化对南方产品质量和企业异质性变化的影响。由式(10.30)可得:

$$\frac{\partial R_d}{\partial \tilde{\tau}} < 0 \quad (10.34)$$

$$\frac{\partial h_d}{\partial \tilde{\tau}} < 0, \quad \frac{\partial h_d^*}{\partial \tilde{\tau}} < 0 \qquad (10.35)$$

式(10.35)表明,自由贸易导致贸易成本下降,南方处于利润阶层 (h_d,1]的最终产品厂商数量减少,北方处于[0,h_d^*)利润阶层的最终产品厂商数量增加。显然,南方中间产品部门随着进口增加而成为扩张性部门,资源配置向中间产品贸易部门倾斜。由于 h_d 和 h_d^* 随着贸易成本的下降而上升,因此 R_d 也随着贸易开放而上升。据此可总结出命题1。

命题1:贸易成本的降低使发达国家和发展中国家的资源配置向中间产品部门倾斜,进而促使整个"世界"的中间产品质量水平提高。

自由贸易除了降低贸易成本外,还会形成技术溢出效应。南方是高质量中间产品的净进口国,即 $dx_{k_j} = dx_T = -dx_{k_j}^* > 0$,技术溢出就是通过进口 x_T 的高质量中间产品用于生产部门而实现的。在控制人口变量的情形下 ($dL=0$),技术溢出对产品质量和企业异质性产生的影响,可以从中间产品贸易规模 x_T 的变化对 R_d、w^*、h_d 和 h_d^* 变化的影响中反映出来(具体计算见附录1)。根据附录1中的式(A1-3)和式(A1-4)存在着:

$$\frac{\partial R_d}{\partial x_T} < 0 \qquad (10.36)$$

$$\frac{\partial w^*}{\partial x_T} < 0 \qquad (10.37)$$

贸易开放使南方中间产品的进口增加,或者说,北方中间产品的出口增加,由此产生的技术溢出效应增强,这有利于南方的技术进步和劳动生产率提高,进而降低北方的相对工资。相对工资的下降在更大程度上降低了利润划分水平。

命题2:技术溢出通过缩小世界相对工资差距而促进着模仿活动,进而使中间产品的质量范围扩大,发展中国家将有更多的厂商进口发达国家高质量的中间产品。

为了佐证命题2,进一步考察 x_T 的变化对 h_d 和 h_d^* 的影响。根据附录1中的式(A1-5)和式(A1-6)还可以得到:

$$\frac{\partial h_d}{\partial x_T} < 0 \qquad (10.38)$$

$$\frac{\partial h_d^*}{\partial x_T} > 0 \qquad (10.39)$$

随着南方高质量中间产品进口规模的扩大,技术溢出和模仿活动提高了自身的劳动生产率,利润水平提高,最终产品部门处于利润阶层(h_d,1]

的区间扩大,能够进口北方高质量中间产品的厂商数量增加。与此同时,北方相对工资的降低使其最终产品部门扩张,北方的最终产品部门所处的利润阶层$[0,h_d^*]$区间扩大,进口南方中间产品的厂商数量增加。

命题3:技术溢出提高了发展中国家的生产率,促进着中间产品出口规模的扩大,而且还使进口高质量中间产品的厂商数量增多,北方中间产品的市场规模也因此扩大。

10.5 规模经济、企业异质性与质量升级

命题3意味着南方和北方的中间产品部门都产生了规模经济。根据式(10.26)至式(10.31)构建相应的矩阵方程,从而可解释市场规模(L)对R_d、w^*、h_d和h_d^*的影响(具体计算见附录2)。在不考虑中间品贸易量变化时($dx_T=0$),根据附录2中的式(A2-2)和式(A2-3)有:

$$\partial R_d / \partial L < 0 \qquad (10.40)$$

$$\partial w^* / \partial L > 0 \qquad (10.41)$$

自由贸易使最终产品的消费人口(L)增加,南方最终产品的市场规模扩大,规模经济降低了产品价格,以产品价格衡量的北方实际收入上升,这提高了北方厂商对南方中间产品的购买能力。与此同时,市场规模的扩大增加了南方最终产品厂商的利润水平,提高了其对高质量中间产品的购买能力。于是,整个世界纳入中间产品贸易范围的厂商数目增加,R_d水平下降。由此可总结出命题4。

命题4:规模经济不仅提高了北方厂商对南方中间产品的购买能力,而且也提高了南方厂商对北方高质量中间产品的购买能力,整个"世界"纳入中间产品贸易范围的厂商数量增加。

市场规模不仅影响着中间产品的质量水平,而且使企业的异质性发生变化。根据附录2中的式(A2-4)和式(A2-5)可得:

$$\partial h_d / \partial L < 0 \qquad (10.42)$$

$$\frac{\partial h_d^*}{\partial L} \begin{matrix}>\\<\end{matrix} 0 \qquad (10.43)$$

随着规模经济的增强,南方厂商的利润增加倾向于降低利润阶层划分边界,即有更多的厂商进口较高质量的中间产品。但北方厂商的利润阶层划分的变动具有不确定性,具体受两种相反力量的作用:一方面,随着南方高质量中间产品进口规模的扩大,模仿活动进一步增强,中间产品的质量提高,这使北方原来消费自身中间产品的部分厂商转而消费南方生产的中

间产品,该国的利润阶层划分边界下降;另一方面,北方厂商的实际收入随着规模经济带来的产品价格下降而提高,这使得处于中间收入阶层的消费者转而购买自己生产的更高质量的中间产品,该国的利润阶层划分边界上升。据此形成了命题5。

命题5:规模经济降低了发展中国家厂商的利润阶层划分边界,但对发达国家厂商的利润阶层划分边界的影响取决于两种厂商数量的比较,即因实际收入增加而购买本国高质量中间产品的厂商增加的数量与因发展中国家中间产品质量提高而增加进口的厂商数量的比较。

显然,命题5意味着,无论是发达国家还是发展中国家,中间产品的质量都随着规模经济而提高了,这又印证了命题3和命题4。

10.6 国际贸易、质量升级与要素偏向

北方和南方的相对工资实际上是北方熟练劳动与南方非熟练劳动的相对价格。假设要素市场是完全竞争的,由式(10.18)、式(10.19)可得:

$$w^* = \left(\frac{n_T}{n_L}\right)^{1-\alpha} \left(\frac{Q_T}{Q_L}\right) \left(\frac{p_T}{p_L}\right)^{\alpha} \qquad (10.44)$$

在对称性假设下,根据式(10.17)有:

$$w^* = \frac{p_T}{p_L} \frac{Q_T}{Q_L} \qquad (10.45)$$

由式(10.44)和式(10.45)发现,高质量中间产品部门的机器相对质量上升,对熟练劳动的相对价格产生了两方面影响:一是机器相对质量升级使得技术密集型部门的劳动生产率提高,熟练劳动的相对价格上升,此即收入效应;二是机器相对质量升级使得熟练劳动的需求减少,此即替代效应。

将式(10.45)代入式(10.44)可得:

$$\frac{n_T}{n_L} = \frac{p_T}{p_L} \qquad (10.46)$$

将式(10.44)、式(10.46)代入式(10.21),则高质量与低质量中间产品的相对价格为:

$$\frac{p_T}{p_L} = \left(\frac{\beta}{1-\beta}\right)^{1/2} \left(\frac{H}{L}\right)^{-1/2} \left(\frac{Q_T}{Q_L}\right)^{-1/2} \qquad (10.47)$$

式(10.47)表示的是经济没有开放的情形,与此相对应,在自由贸易的情形下存在着:

$$\left(\frac{p_T}{p_L}\right)^* = \left(\frac{\beta}{1-\beta}\right)^{1/2}\left[\left(\frac{H}{L}\right)^*\right]^{-1/2}\left[\left(\frac{Q_T}{Q_L}\right)\right]^{-1/2} \quad (10.48)$$

显然,自由贸易时的高质量中间产品相对价格取决于一国开放后技术密集型部门中所使用机器的相对平均质量$(Q_T/Q_L)^*$,以及世界熟练劳动与非熟练劳动的相对比例$(H/L)^*$。

令$\left(\frac{H}{L}\right)^* = \varsigma\frac{H}{L}$,由于$\left(\frac{p_T}{p_L}\right)^* = \frac{p_T}{p_L}$,从而有:

$$\varsigma^{-1} = \frac{(Q_T/Q_L)^*}{Q_T/Q_L} \quad (10.49)$$

$1>\varsigma>0$代表的是发达国家的情形,即人均技能高于世界平均水平,此时有:

$$\left(\frac{Q_T}{Q_L}\right)^* > \frac{Q_T}{Q_L} \quad (10.50)$$

式(10.50)揭示了发达国家质量升级的要素偏向,自由贸易使发达国家的高质量中间产品部门所使用中间投入品的平均质量提高,进而促进着产品质量的升级。于是,我们可总结出命题6。

命题6:国际贸易使发达国家的产品质量升级,这种升级具有中间投入品质量偏向的特征。

显然,发达国家贸易品质量的升级偏向于中间投入品质量的提升,或者说产品质量升级具有创新(技术)偏向的特征。发展中国家通过进口发达国家最新创新的中间产品和知识国际溢出效应,实现贸易品质量的升级。

10.7 数据与实证方法

改革开放尤其是加入WTO以来,中国的贸易规模急剧扩大,出口产品的质量快速提升。本章进一步利用"入世"以来中国与世界所有发达国家之间的贸易数据,检验贸易成本、市场规模、贸易规模等因素对中国产品质量升级的具体影响。

类似于Kalina和Zhang(2009),我们以出口产品的平均单位价值来衡量产品的平均质量,即$q_{jt}=V_{jt}/x_{jt}$。其中,q_{jt}为t期的产品平均质量水平,V_{jt}为t期出口到j国的产品总价值,x_{jt}为t期出口到j国的产品数量。在计算出口产品平均质量时,我们根据的是联合国SITC四位数的行业数据。贸易成本以中国与j国的距离来表示。贸易距离通常有两种测量方法:一是简单的距离(Dist),即两国最重要城市(通常是各国首都)之间的地理距离;二是加权平均的距离(Distw),其综合考虑了各国城市间的地理分布并以人口为权重进行计算。对于中国与j国的地理距离(贸易成本),我们分别考虑简单的距离和加权平均的距离,数据来自法国的 CEPii。贸易伙伴国的市场规模以其人均 GDP 表示,数据来自世界银行。Imp_{jt} 和 Exp_{jt} 分别代表中国与发达国家 j 之间的进口和出口总值,数据也是联合国 SITC 四位数数据。实证样本所包括的发达国家分别是 24 个 OECD 成员国以及联合国新增的 8 个发达国家(其中冰岛的数据缺失),样本期限为中国"入世"后的 2002—2008 年。

根据本章的理论模型以及命题,为考察贸易成本、市场规模以及贸易规模对中国出口产品质量水平的影响,我们将实证方程设为:

$$\ln(u_{jt}) = \beta_0 + \beta_1 \ln(\text{Dist}_j) + \beta_2 \ln(\text{PGDP}_{jt}) + \beta_3 \ln(\text{Imp}_{jt}) + \beta_4 \ln(\text{Exp}_{jt}) \tag{10.55}$$

对于被解释变量,首先需要对其自相关性和偏相关性进行检验。根据图 10-1 的检验结果,自相关图呈正弦衰减,偏自相关图呈一阶断尾特征,因此我们采用 $AR(1)$ 模型。

Autocorrelation	Partial Correlation		AC	PAC	Q-Stat	Prob
		1	0.682	0.682	102.44	0.000
		2	0.450	-0.030	147.11	0.000
		3	0.292	-0.006	166.08	0.000
		4	0.218	0.053	176.67	0.000
		5	0.108	-0.102	179.29	0.000
		6	0.036	-0.014	179.58	0.000

图 10-1 产品质量水平的自相关及偏相关检验

依据 Kneller 和 Yu(2008)的归纳,实证方程中的解释变量与被解释变量之间的关系呈现以下基本特点:(1)距离或贸易成本对产品质量水平有着正向影响(Hummels 和 Skiba,2004;Baldwin 和 Harrigan,2007;Harrigan 和 Deng,2008);(2)人均 GDP 对产品质量水平的影响也是正的(Hummels 和 Skiba,2004;Schott,2004;Hallak,2006;Harrigan 和 Deng,2008);(3)对进口国而言,贸易规模对产品质量产生负向影响(Baldwin 和 Harrigan,2007),对出口国而言,贸易规模对产品质量产生的影响不确定(Hummels 和 Klenow,2005)。

从中国贸易伙伴国的人均 GDP 与中国出口产品的单位价值之间的散点图来看(见图 10-2(a)),它们的确存在着正向关系。中国的进口规模与出口产品单位价值之间的散点图显示(见图 10-2(b)),它们之间呈负向关系。不仅如此,为了揭示中国的出口规模对产品质量的滞后影响,本章还刻画了滞后一期的出口规模对出口产品单位价值之间的散点图(见图10-2(c)),据此发现,它们之间呈负向变动关系。

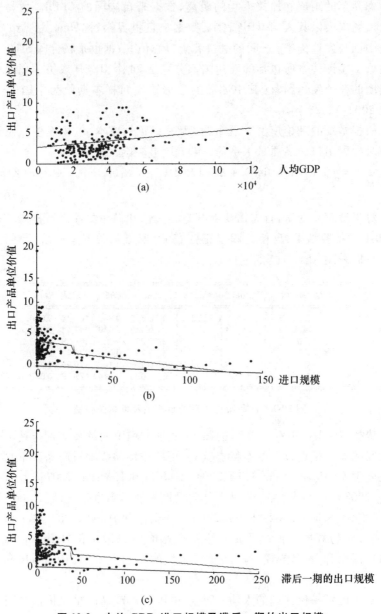

图 10-2 人均 GDP、进口规模及滞后一期的出口规模
与产品单位价值之间的散点图

10.8 实证结果及解释

在实证检验中,我们首先分别考察贸易成本、贸易伙伴国的市场规模(人均GDP)、中国的进口规模和出口规模等因素对中国出口产品质量升级的具体影响(见表10-1),然后依据式(10.54),在同时检验贸易成本、市场规模的影响时分别考虑出口规模和进口规模(见表10-2)。

表10-1的检验结果基本证实了Kneller和Yu(2008)所归纳的估计方程中解释变量与被解释变量之间的关系。具体而言,无论是采用简单形式还是加权平均形式,地理距离对我国出口产品质量水平都有着显著的正向影响;也就是说,与发达国家的地理距离越远,中国出口产品质量升级的空间就越大。发达国家的人均GDP对中国出口产品质量水平具有正向影响,发达国家市场规模的扩大有利于中国出口产品质量的升级。进口规模是影响产品质量升级的显著性因素,但影响方向是负的。为什么中国从发达国家进口的规模扩大却未能促进出口产品质量的升级呢?其中主要原因在于,美国等发达国家对中国的出口具有逆比较优势倾向,中国需要进口的高科技产品受到美国等发达国家的限制。例如,目前美国对华出口的产品中排在前三位的产品是废铁、废铜和废钢,而并不是美国具有比较优势的高科技产品或技术。中国向发达国家的出口规模及其一阶滞后效应也显著地影响着产品质量水平。出口规模越大,越能促进产品质量的提高,但目前的出口结构不利于产品质量的可持续升级,一阶滞后的出口规模对产品质量升级产生了负的效应。被解释变量自身具有显著的一阶滞后正效应,这说明,中国出口产品质量的升级在时间上具有自我强化效应,"入世"以来的中国出口产品质量呈现加速升级的态势。

表10-2更为细致地检验了贸易成本、市场规模、出口规模与进口规模对中国出口产品质量水平的影响,结果进一步证实了表10-1的结论。这意味着,本章的实证结果具有很强的稳健性。市场规模与贸易成本都显著促进着产品质量的升级,这是通过两个渠道来影响的:一是选择效应(selection effect)。当产品的质量成本弹性较高时,本国出口市场被高质量产品的厂商所主导(Baldwin和Harrigan,2007),贸易伙伴国市场规模的扩大引发本国出口企业更为激烈的竞争,低质量产品的厂商逐步退

表 10-1　中国出口产品质量升级的决定因素

变量	(1)	(2)	(3)	(4)	(5)	(6)	(7)
C	−4.4892*** (−2.7476)	−5.3974*** (−3.2126)	−3.4191 (−1.4363)	1.6436*** (11.3813)	1.7116*** (9.2385)	−7.9448** (−2.3601)	1.9260*** (8.6961)
Dist	0.6685*** (3.6545)						
Distw		0.7656*** (4.0842)					
PGDP			0.4623* (2.0714)				
Imp				−0.1199*** (−3.1873)			
Imp(−1)					−0.0329 (−0.6569)		
Exp						1.1481*** (10.4670)	
Exp(−1)							−0.1491** (−2.3147)
AR(1)	0.7146*** (18.1179)	0.7040*** (17.6126)	0.7678*** (22.3170)	0.7459*** (20.7903)	0.7800*** (17.0671)	0.9744*** (99.5949)	0.7495*** (17.5867)
R^2	0.7479	0.7504	0.7423	0.7470	0.7162	0.8049	0.7226
D.W.	1.9308	1.9305	1.8401	1.9574	2.0010	2.2971	1.8948
观测值	186	186	184	186	155	186	155

注：***、**和*分别表示1%、5%和10%的显著性水平,括号内的值为回归系数的 t 统计量。

表 10-2 贸易成本、市场规模、出口规模与进口规模对中国出口产品质量水平的影响估计

变量	(1)	(2)	(3)	(4)	(5)	(6)	(7)	(8)	(9)	(10)
Con.	-3.4178 (-1.4949)	-3.1307 (-1.5758)	-6.2009** (-2.5529)	-3.9720* (-1.9123)	-6.8427*** (-2.7891)	-4.7396** (-2.3914)	-2.9606* (-1.7300)	-6.8324*** (-3.2383)	-3.8015** (-2.1090)	-7.3830*** (-3.4612)
Dist		0.5267** (2.4327)	0.4274** (2.0648)		0.5114** (2.3464)		0.5036*** (2.6519)	0.3656* (1.9556)		0.4465** (2.2580)
Distw				0.6160*** (2.7285)		0.5952*** (3.1666)			0.5935*** (2.9764)	
PGDP	0.4858** (2.2278)		0.3787* (1.8484)		0.3648* (1.8186)			0.4801** (2.6554)		0.4614** (2.6021)
Exp	0.4618*** (2.9803)	0.4499*** (3.5778)	0.4922*** (3.1576)	0.4535*** (3.6129)	0.4981*** (3.1959)					
Exp(-1)	-0.5869*** (-3.7962)	-0.4854*** (-4.0700)	-0.5857*** (-3.7574)	-0.4855*** (-4.0723)	-0.5853*** (-3.7555)					
Imp						-0.1362*** (-3.8885)	-0.0796** (-2.2646)	-0.1036*** (-2.8965)	-0.0727** (-2.1028)	-0.0969*** (-2.7305)
AR(1)	0.7354*** (17.3614)	0.7285*** (15.6768)	0.7044*** (15.1693)	0.7202*** (15.3241)	0.6980*** (14.8598)	0.7185*** (19.5431)	0.7037*** (17.8865)	0.6897*** (17.3548)	0.6960*** (17.4968)	0.6831*** (17.0099)
R^2	0.7450	0.7510	0.7515	0.7529	0.7532	0.7595	0.7547	0.7639	0.7563	0.7651
D.W.	1.5593	1.5954	1.5333	1.5906	1.5310	1.8573	1.9424	1.8399	1.9421	1.8387
观测值	153	155	153	155	153	184	186	184	186	184

注:***、** 和 * 分别表示 1%、5% 和 10% 的显著性水平,括号内的值为回归系数的 t 统计量。

出,出口产品的质量水平得以提高。不仅如此,贸易成本的上升使得贸易壁垒更高,而这将进一步强化出口产品的选择效应。二是价格歧视效应(price discrimination effect)。该效应指的是,更高的贸易成本导致了更大的产品需求价格弹性,从而使距离本国越远的市场上的出口产品定价越低。显然,价格歧视效应对出口产品单位价值的影响是负的。当选择效应占主导地位时,市场规模与贸易成本对产品质量升级的影响都是正的。改革开放尤其是加入 WTO 以来,中国出口企业之间的竞争加剧,产品选择效应带动了出口产品质量的升级。该结论还从出口规模对产品质量水平的正向影响结果中得到进一步证实。中国对发达国家的出口规模越大,出口企业的竞争越激烈,这迫使出口企业加强模仿、研发与自主创新,进而有利于产品质量的升级。另一方面,企业的出口决定也促使其采取了提高生产率的措施,包括使用先进技术等(Hallward-Driemeier 等,2002)。

贸易伙伴国市场规模的扩大使发展中国家中间品出口厂商具有规模经济,根据命题2,发展中国家的产品质量因此提高,该结论得到了本章经验研究的证实。对于命题1中单位贸易成本的降低同样使发展中国家产品质量水平提高的结论如何理解呢?本章的实证检验是以地理距离代表贸易成本,其实际上仅是运输成本,该成本属于固定成本。地理距离越远,运输成本越大;但随着出口规模的扩大,单位运输成本降低。因此,中国与发达国家的地理距离越远以及出口规模的扩大,中国出口产品质量升级的空间就越大。命题1的结论也正好被经验研究所证实。

10.9 结论及政策含义

本章建立了国际贸易、企业异质性与产品质量升级的基本理论框架,在贸易均衡中纳入异质性企业与产品质量范围因素,关注微观层次的价格、产品质量与国际贸易之间的关系,解释产品质量异质性对微观企业贸易模式的影响,通过细致地考察贸易成本、技术溢出、规模经济等因素对企业异质性与产品质量的影响渠道和结果,对发达国家和发展中国家的产品质量为何随着贸易开放而提高的现象做出了理论解释。

自由贸易首要的影响是导致贸易成本下降,而贸易成本的降低使发达国家和发展中国家的资源配置向中间产品部门倾斜,进而促使整个

"世界"的中间产品质量水平提高。贸易开放使南方中间产品的进口增加,北方中间产品的出口规模扩大,由此产生了显著的技术溢出效应。技术溢出通过缩小世界相对工资差距而促进着模仿活动并使中间产品的质量范围扩大,发展中国家有更多的厂商进口发达国家高质量的中间产品。技术溢出和模仿活动一方面提高了发展中国家的生产率和产品质量水平,另一方面通过中间产品贸易规模的扩大使北方的新产品创新活动得到进一步激励。

贸易开放给最终产品部门还带来了显著的规模经济,这提高了南方厂商对北方高质量中间产品的购买能力,发展中国家所生产的中间产品的质量提高,北方原来购买自己的中间产品的部分厂商转而购买南方生产的中间产品。不仅如此,规模经济还使北方厂商的实际收入提高,能购买得起自己生产的更高质量中间产品的厂商增多。无论是发达国家还是发展中国家,产品质量都会随着规模经济的增强而升级。但发达国家和发展中国家产品质量升级的要素偏向不同。自由贸易使发达国家的高质量中间产品部门所使用中间投入品的平均质量提高,进而促进产品质量的升级,这种升级具有创新(技术)偏向的特征。发展中国家通过进口发达国家最新创新的中间产品和知识国际溢出效应,实现贸易品质量的升级。

本章进一步以加入 WTO 以来中国与世界所有发达国家之间的贸易数据,细致地检验了贸易成本、市场规模、出口规模与进口规模对中国出口产品质量水平的影响和结果。中国出口厂商的选择效应强于价格歧视效应,这使得以地理距离表示的贸易成本和发达国家的市场规模对我国出口产品的质量水平都具有显著的正向影响。进口规模对中国出口产品质量产生了负向影响,但出口规模的扩大提升了中国产品的质量水平。不仅如此,中国出口产品质量的升级在时间上具有自我强化效应。本章的结论对中国开放三十多年来产品质量不断升级的现象具有很好的解释能力。贸易开放使中国的出口产品日益从低附加值的产品转向资本和技术密集型的复杂程度较高的产品。

附录 1：

$$\begin{bmatrix} 1 & 0 & -\tilde{\beta} & 0 \\ 1 & -\dfrac{f^*\tilde{\lambda}}{Nn^*} & 0 & -\tilde{\beta}^* \\ 1 & -\dfrac{\partial R_d}{\partial w^*} & 0 & 0 \\ 0 & \tilde{\eta} & -\pi_y f\delta & -\pi_y^* f^*\delta \end{bmatrix} \begin{bmatrix} dR_d \\ dw^* \\ dh_d \\ dh_d^* \end{bmatrix} = \begin{bmatrix} 0 \\ 0 \\ \dfrac{\partial R_d}{\partial T}(T_{x_T}dx_T + T_L dL) \\ 0 \end{bmatrix}$$

(A1-1)

其中，$\tilde{\beta} = \dfrac{\partial R_d}{\partial h_d} > 0$，$\tilde{\beta}^* = \dfrac{\partial R_d}{\partial h_d^*} > 0$，

$$\tilde{\lambda} = \frac{\partial \pi_y^*}{\partial w^*} = ML\left[(c_z^*)^{-\alpha/1-\alpha} - \frac{\alpha}{1-\alpha}a^*(z)c_y^*(c_z^*)^{-1/1-\alpha}\right]$$

一般而言，相对于中间产品部门，最终产品部门的生产中劳动要素的份额较大，因此，$\tilde{\lambda} > 0$，

$$\tilde{\eta} = A_0^*\lambda + \frac{1+\tau-\alpha}{1-\alpha}A^{1/1-\alpha}\alpha^{2/1-\alpha}(1+\tilde{\tau})^{-1/1-\alpha}LQ_z a^*(z)(c_z^*)^{-1/1-\alpha} > 0$$

根据式（A1-1），系数矩阵行列式为：

$$\Delta = \tilde{\beta}\pi_y^* f^*\delta\left(\frac{f^*\tilde{\lambda}}{Nn^*} - \frac{\partial R_d}{\partial w^*}\right) + \tilde{\beta}^*\left(\tilde{\beta}\tilde{\eta} - \pi_y f\delta\frac{\partial R_d}{\partial w^*}\right) \quad (A1\text{-}2)$$

在施加 $\dfrac{\partial R_d}{\partial w^*} > max\left(\dfrac{f^*\tilde{\lambda}}{Nn^*}, \dfrac{\tilde{\beta}\tilde{\eta}}{\pi_y f\delta}\right) > 0$ 的条件，即相对工资对利润划分水平的影响较大时，$\Delta < 0$。

$$\frac{\partial R_d}{\partial x_T} = \frac{\partial R_d}{\partial T}T_{x_T}\tilde{\beta}\left(\pi_y^* f^*\delta\frac{f^*\tilde{\lambda}}{Nn^*} + \tilde{\beta}^*\tilde{\eta}\right)/\Delta < 0 \quad (A1\text{-}3)$$

$$\frac{\partial w^*}{\partial x_T} = \frac{\partial R_d}{\partial T}T_{x_T}(\tilde{\beta}^*\pi_y f\delta + \tilde{\beta}\pi_y^* f^*\delta)/\Delta < 0 \quad (A1\text{-}4)$$

$$\frac{\partial h_d}{\partial x_T} = \frac{\partial R_d}{\partial T}T_{x_T}\left(\pi_y^* f^*\delta\frac{f^*\tilde{\lambda}}{Nn^*} + \tilde{\beta}^*\tilde{\eta}\right)/\Delta < 0 \quad (A1\text{-}5)$$

$$\frac{\partial h_d^*}{\partial x_T} = -\frac{\partial R_d}{\partial T}T_{x_T}\left(\pi_y f\delta\frac{f^*\tilde{\lambda}}{Nn^*} + \tilde{\beta}\tilde{\eta}\right)/\Delta > 0 \quad (A1\text{-}6)$$

附录2：

$$\begin{bmatrix} 1 & 0 & -\tilde{\beta} & 0 \\ 1 & -\dfrac{f^*\tilde{\lambda}}{Nn^*} & 0 & -\tilde{\beta}^* \\ 1 & -\dfrac{\partial R_d}{\partial w^*} & 0 & 0 \\ 0 & \tilde{\eta} & -\pi_y f\delta & -\pi_y^* f^*\delta \end{bmatrix} \begin{bmatrix} dR_d \\ dw^* \\ dh_d \\ dh_d^* \end{bmatrix} = \begin{bmatrix} \dfrac{f}{Nn}\tilde{\varphi}dL \\ 0 \\ \dfrac{\partial R_d}{\partial T}(T_{x_T}dx_T + T_L dL) \\ 0 \end{bmatrix}$$

(A2-1)

其中，$\tilde{\varphi} = Mc_y\left(c_z^{-\alpha/1-\alpha} - \dfrac{\alpha}{1-\alpha}c_z^{-1/1-\alpha}L\dfrac{\partial a}{\partial L}\right) > 0$。

它表示市场规模对 π_y 的影响。发展中国家的中间产品贸易使其模仿活动增强，假设南方模仿活动对企业利润的影响大于市场规模扩张的影响，即

$$\dfrac{\partial R_d}{\partial T}T_L \gg \dfrac{f}{Nn}\tilde{\varphi}$$

$$\dfrac{\partial R_d}{\partial L} = \left[\tilde{\beta}^*\left(\tilde{\beta}\tilde{\eta}\dfrac{\partial R_d}{\partial T}T_L - \dfrac{f}{Nn}\tilde{\varphi}\pi_y f\delta\dfrac{\partial R_d}{\partial w^*}\right) + \tilde{\beta}\pi_y^* f^*\delta\dfrac{f^*\tilde{\lambda}}{Nn^*}\dfrac{\partial R_d}{\partial T}T_L\right]\Big/\Delta < 0$$

(A2-2)

$$\dfrac{\partial w^*}{\partial L} = \left[\tilde{\beta}\pi_y^* f^*\delta\dfrac{\partial R_d}{\partial T}T_L + \pi_y f\delta\tilde{\beta}^*\left(\dfrac{\partial R_d}{\partial T}T_L - \dfrac{f}{Nn}\tilde{\varphi}\right)\right]\Big/\Delta > 0 \quad (A2-3)$$

$$\dfrac{\partial h_d}{\partial L} = \left[\left(\dfrac{\partial R_d}{\partial T}T_L - \dfrac{f}{Nn}\tilde{\varphi}\right)\left(\dfrac{f^*\tilde{\lambda}}{Nn^*}\pi_y^* f^*\delta + \tilde{\beta}^*\tilde{\eta}\right) + \dfrac{f}{Nn}\dfrac{\partial R_d}{\partial w^*}\pi_y^* f^*\delta\right]\Big/\Delta < 0$$

(A2-4)

$$\dfrac{\partial h_d^*}{\partial L} = \left[\tilde{\beta}\tilde{\eta}\dfrac{\partial R_d}{\partial T}T_L - \dfrac{\partial R_d}{\partial w^*}\dfrac{f}{Nn}\tilde{\varphi}\pi_y f\delta - \dfrac{f^*\tilde{\lambda}}{Nn^*}\pi_y f\delta\left(\dfrac{\partial R_d}{\partial T}T_L - \dfrac{f}{Nn}\tilde{\varphi}\right)\right]\Big/\Delta \gtrless 0$$

(A2-5)

第 11 章 区域开放、空间溢出与经济转型：来自长江三角洲城市群的证据

11.1 引　言

一个地区的财政支出不只是受到本地区因素的影响,还会受到来自相邻地区财政支出的冲击,地区与地区之间的财政支出政策协调成了一个事关区域一体化发展的焦点课题。对于相邻地区财政支出上的空间外溢性问题,现有文献形成了三个方面的理论解释：

一是地方财政支出的溢出效应。该种解释认为,一个地方财政支出的执行范围不仅局限于特定地区,其会对相邻的其他地方财政支出产生外部性,这种外部性既包括正外部性又包括负外部性。Wilson 和 Gordon (2003)指出,要素流入或流出某地区不仅取决于该地区的税率,而且还取决于当地的财政支出水平。Crozet 等(2004)、Head 和 Ries(1996)对此提供了详实证据,即一个地区的基础设施是要素流入的主要决定因素。Case (1993)、Baicker(2005a,2005b)、Coughlin 等(2006)通过对美国州际的数据检验发现,本地的财政支出显著地受到相邻地区财政支出的影响。无独有偶,Revelli(2002a,2002b,2003)关于英国的实证研究也发现,地方财政支出在空间上存在相互模仿的特征。Gros 和 Hobza(2001)指出了德国财政支出扩张对欧元区其他国家的影响。赵振瑛和蔡素菁(2006)利用中国台湾地区 21 个县市的数据样本发现,各种邻近性指标对地方财政支出产生了影响,各县市之间的公共支出存在着显著的外溢效应。Freret(2006)、Gebremariam 等(2006)等针对其他地区的研究也表明,地方财政支出之间确实存有外部性的情形。

二是地方财政支出的示范效应,或者说"标尺竞争"(yardstick competition)。Salmon(1987)、Besley 和 Case(1995)、Allers 和 Elhorst(2005)都强调,投票者(选民)往往以相邻地区为标杆来评判本地政府的效率,投票者

的"用脚投票"和"用手投票"机制使得理性的政治家都会向相邻地区模仿以致竞相扩大财政支出、改善公共福利。显然,一个地区增加财政支出往往会引致其他地区模仿,从而产生"示范效应"。

三是地方财政支出的"联系效应"。当相邻地区的政府通过流动要素征税时,税基增减并不仅仅依赖于本地的税率,而且与其他地区的税率以及其他因素有关,这就产生了政府间的策略关系(Wildasim,1986;Brueknor,2003)。这种策略关系主要源于经济活动的空间连续性。在财政分权制度下,虽然一个地方的财政支出范围具有特定区域性,但它的经济影响却是跨地区的,相邻区域也会从该地区公共产品和服务的供给中获得利益。

国内关于地方财政行为相互关系的研究主要集中于两个方面:一是财政分权体制下地方财政行为对经济增长的影响。实证文献对于财政分权是否有利于经济增长并未达成共识。Zhang 和 Zou(1998)、殷德生(2004)采用省级数据进行实证分析,结果发现财政分权并未有效促进经济增长。Lin 和 Liu(2000)、Jin 等(2005)、张军(2007)、陈硕(2010)则证实了财政分权有利于促进经济增长。张晏和龚六堂(2005)强调,财政分权对经济增长的影响在不同时间段的结果是不同的,分税制改革后有正的影响,分税制改革前有负的影响。随后文献的研究视角日益细化,例如,探索官员职位变动对地区经济的影响(Li 和 Zhou,2005;徐现祥等,2007;张军和高远,2007;王贤彬等,2009,2011;陶然等,2010),这些研究发现,官员所在辖区的经济增长记录越快,其晋升的可能性就越高,或者说,辖区的经济增长表现与省级首长的晋升显著正相关,在省级样本中官员对辖区经济增长有显著影响,证实了政治激励的存在。不仅如此,这些文献还识别了地方官员为增长而竞争的手段和渠道。二是中国地方政府之间的"标尺竞争"和税收竞争。自 20 世纪 90 年代中期以来,地方政府之间的"标尺竞争"开始大范围出现并持续至今,目前已成为一种常态(徐现祥等,2011)。杨海生等(2010)采用省级官员数据和空间计量方法提供了"标尺竞争"的直接证据。人们还识别了中国地方政府"标尺竞争"的各种手段,其中最为显性的就是税收竞争(李涛和周业安,2009;沈坤荣和付文林,2006;钟晓敏,2004;中国地方政府竞争课题组,2002)。"标尺竞争"在促使地方政府致力于经济增长表现的同时也引发了地方政府行为的扭曲,例如,张军等(2007)、王世磊和张军(2008)就指出地方财政支出结构的扭曲,即"重基本建设、轻人力资本投资和沟通服务"。

随着中国经济版图的空间变化，地区之间的协调发展成了区域发展的核心需求。现有体制能够较好解决地方官员发展本辖区的激励问题，但对辖区之间尤其是相邻辖区之间的协调发展问题并没提供多少激励（徐现祥等，2011）。相邻地区间协调发展的基础，需要从空间因素上寻找，但地方财政支出空间外部性的深入细致的研究目前比较缺乏。邵军（2007）开始了该方面的探索，他以中国省级时间序列数据检验地方财政支出之间的外部性，发现中国区域之间存在着正外部性；徐现祥等（2007）、皮建才（2008）认为，当地方政府官员的努力具有正外部性或正溢出效应时，辖区间的协调发展存在可能；当地方政府官员的努力具有负外部性或负溢出效应时，地方之间就会选择不合作。解垩和王晓峰（2009）通过基于地理空间和经济空间权重矩阵的计量模型分析我国省际财政支出的相互关系，认为无论采用何种空间权重矩阵，财政支出都具有显著的空间外溢性。但中国省级之间的相邻性绝对没有某个区域内各个城市之间的强。相邻性对地方财政支出影响的现有研究中，理论模型较少，侧重实证分析，但实证对象多为省级样本。显然，相邻性对地方财政支出的影响不仅需要规范的理论模型来解释，而且需要在地级城市等更为细致和合理的样本中检验。

地方财政支出外溢效应的大小影响着区域一体化水平。区域一体化进程中障碍最多的情形是跨行政区划的区域一体化，例如，我国的京津冀都市圈和长三角都市圈。京津冀都市圈涵盖北京、天津两个直辖市和河北省的石家庄、秦皇岛、唐山、廊坊、保定、沧州、张家口、承德等8个地级城市。长三角都市圈是中国城市最密集的地区，其以上海市和江苏省的南京、苏州、无锡、常州、镇江、扬州、泰州、南通，以及浙江省的杭州、宁波、湖州、嘉兴、绍兴、舟山、台州等16个核心城市为主体。如何使这些跨行政区划的区域实现一体化发展一直是个理论与现实难题，尤其是地方政府在其中的推动作用如何实施。虽然地理位置上的邻近性、经济上的相似性与空间上的快速可达性加速了区域一体化进程，但行政区划和地方利益却又导致了跨行政区域一体化发展的一系列障碍。过去的研究特别强调各地方政府自有的特性，未能考虑地方政府尤其是财政支出上的邻近性影响，科学地衡量各地区政府支出的外溢效应已成为目前区域一体化研究中的重要课题。

都市圈各级城市之间存在着显著的空间相邻性、经济地缘性与基础设施的连贯性，这使该地区各城市之间的内在联系不会因为行政区划而中断。但它们在空间与行政上的关系确实错综复杂。一方面,地理上的相邻环绕与行政区划的平行性,京津冀区域的两市一省和长三角区域的两省一市,都是作为平等的省级关系存在于同一区域内;另一方面,城市关系具有多重性和叠加性,既包括直辖市又包括省会城市,还包括较多的地级城市。地级城市之间因隶属关系不同又形成了复杂的府际关系。例如,江苏的无锡与苏州之间是隶属于同一省份的横向平行关系,而江苏的苏州与浙江的嘉兴之间又是隶属于不同省份的横向平行关系。城市化和工业化的快速推进,引发了区域公共性问题的外溢性日益显著,其中包括地方财政支出的外溢性。公共领域的外溢性超越了地方政府完全控制的范畴,各城市之间形成相互依赖与融合的广度和深度前所未有地增强,这要求各个地方政府进行合作治理。

考虑到跨行政区划区域一体化案例中,长三角地区具有典型性和率先性,本章以该地区16个核心城市为例,揭示地理位置的相邻性、经济规模的相似性、城市化水平的相似性等空间因素对各城市财政支出的具体影响,计量地理空间和经济空间的权重矩阵,估计各地方在财政总支出与不同功能财政支出上的外溢效应,为推动跨行政区划的区域一体化提供新的视角,试图解决区域一体化进程中区划障碍难题。接下来的分析这样安排:第二节是模型,刻画相邻地区在财政总支出与不同功能财政支出上空间外溢效应的形成机制;第三节交代空间计量的方法、方程与数据处理,计量不同邻近性的空间权重;第四节估计地方财政总支出和生产性支出的空间外溢效应及其对区域一体化的含义;第五节检验地方财政非生产性支出(民生项目支出)的空间外溢效应及其对区域一体化的影响;最后是总结性评论。

11.2 模 型

本节试图建立包含家庭、厂商和政府的三部门模型,在产品和要素市场处于竞争性均衡的条件下,考虑一个相邻两区域世代交叠模型,描述相邻地区财政支出的空间外溢性,不仅刻画各地区之间财政总支出的空间外溢性,而且给出各地区不同功能财政支出之间的空间外溢性。

11.2.1 家庭部门

代表性消费者(居民)的生命周期被区分为工作时的青年期和退休时的老年期,并将 t 期时每代人的人数标准化,地区 i 的居民在青年期提供劳动,并因此获得无弹性工资收入 w_{it},当个人所得税税率为 τ_{it} 时,可支配收入的一部分用于当期消费 y_{it},剩余部分 s_{it} 用于本期期末储蓄以供老年期的消费 $Z_{i,t+1}$。此外,代表性消费者在整个生命周期里还享有政府提供的公共产品及服务 g_{it},但因 g_{it} 是由政府部门供给而并不能由消费者本身自由选择,该部分不进入消费者的预算约束。

假设消费者效用函数满足对数形式,则地区 i 代表性消费者的最优化问题为:

$$\text{Max} U = \text{Max}_{s_{it}} \ln y_{it} + \tilde{\varepsilon} \ln z_{i,t+1} + \tilde{\theta} \ln g_{it} \qquad (11.1)$$

其中,$\tilde{\varepsilon}$ 为代际消费的替代弹性,$\tilde{\theta}$ 为公共产品及服务消费的替代弹性。

该最优化问题所需满足的预算约束条件是:

$$y_{it} = w_{it} - T_{pit} - s_{it} \qquad (11.2)$$

$$z_{i,t+1} = (1 + r_{i,t+1}) s_{it} \qquad (11.3)$$

其中,T_{pit} 为代表性消费者个人所得税,其表达式为:

$$T_{pit} = w_{it} \tau_{it} \qquad (11.4)$$

根据式(11.1)的最优一阶条件,代表性消费者年轻时期的最佳储蓄水平为:

$$s_{it} = \tilde{\varepsilon} (1 + \tilde{\varepsilon})^{-1} (w_{it} - T_{pit}) \qquad (11.5)$$

11.2.2 厂商

假设 t 期时的厂商所需的资本投入 K_{it} 来自 $t-1$ 期居民青年时的储蓄,到期偿还的本利和为 $(1 + r_{it}) K_{it}$,此外,厂商还雇佣 L_{it} 的劳动。假设生产函数采取柯布—道格拉斯型的,从而有:

$$Y_{it} = K_{it}^{\alpha} L_{it}^{1-\alpha} \qquad (11.6)$$

考虑企业所得税 T_{fit} 时,厂商的利润最大化问题为:

$$\text{Max} \pi = \text{Max}_{K_{it}, L_{it}} (1 - \zeta_{it}) K_{it}^{\alpha} L_{it}^{1-\alpha} - w_{it} L_{it} - (1 + r_{it}) K_{it} \qquad (11.7)$$

其中,ζ_{it} 是企业所得税税率。

根据式(11.6),地区 i 的企业所得税为:

$$T_{fit} = \zeta_{it} K_{it}^{\alpha} L_{it}^{1-\alpha} \qquad (11.8)$$

令 $k_{it} = K_{it}/L_{it}$,根据式(11.7)的最优一阶条件,存在着:

$$1 + r_{it} = \alpha (1 - \zeta_{it}) k_{it}^{\alpha-1} \qquad (11.9)$$

$$w_{it} = (1 - \alpha)(1 - \zeta_{it}) k_{it}^{\alpha} \qquad (11.10)$$

11.2.3 地方政府部门

一般而言,地方政府的财政收入主要来自本地区的个人所得税 T_{pit} 和企业所得税 T_{fit},于是,地方政府的预算约束条件为:

$$g_{it} = L_i T_{pit} + T_{fit} \tag{11.11}$$

地方政府的财政政策体现为财政支出与税收的集合 $\{g_{it}, L_{it} T_{pit}, T_{fit}\}$。在中国的财政分权体制下,虽然个人所得税和企业所得税属于共享税,但无论从分享比例还是分享总额来看,个人所得税和地方企业所得税显然是地方税收收入的主体部分,中国地方政府没有发行债券的自主权,《预算法》也规定不允许地方政府存有赤字,因而可假设地方政府的预算是平衡的。

11.2.4 竞争性均衡

当 t 期的消费者(青年时期)提供的储蓄为 s_{it},厂商所需的资本投入为 $k_{i,t+1}$ 时,资本市场的均衡意味着 $s_{it} = k_{i,t+1}$。在两区域情形下,资本市场的完全竞争性使资本的总供给等于总需求,于是有:

$$s_{1t} + s_{2t} = k_{1,t+1} + k_{2,t+1} \tag{11.12}$$

要素市场的完全竞争还意味着要素自由流动,据此,两地区的利率水平相等:

$$r_{1t} = r_{2t} = r_t \tag{11.13}$$

由式(11.9)、式(11.10)可知,人均资本和工资率都是利率的单调函数,于是有:

$$k_{1t} = k_{2t} = k_t \tag{11.14}$$

$$w_{1t} = w_{2t} = w_t \tag{11.15}$$

结合式(11.10)、式(11.14)、式(11.15),进一步可知:

$$\zeta_{1t} = \zeta_{2t} = \zeta_t \tag{11.16}$$

对于相邻两地区的财政政策集 $\{g_{it}, L_{it} T_{pit}, T_{fit}\}(i=1,2)$,其经济均衡条件就是确定合适的价格集 $\{r_t, w_t\}$ 以及代表性消费者的储蓄水平和厂商所需的人均资本,以使消费者、厂商与政府的经济行为同时达到均衡。根据式(11.16),各地方 t 期的企业所得税税率相同。t 期时两地区的经济发展与人均资本存量 k_t 紧密相关,将式(11.10)代入式(11.5)并根据式(11.12),可得人均资本存量水平:

$$k_{t+1} = \frac{1}{2}\tilde{\varepsilon}(1+\tilde{\varepsilon})^{-1}[2(1-\alpha)(1-\zeta_t)k_t^\alpha - (T_{p1t} + T_{p2t})]$$

$$\tag{11.17}$$

在经济稳态下，$k_{t+1} = k_t$，此时均衡的资本存量水平为：

$$k = \left[\frac{\tilde{\varepsilon}(1+\tilde{\varepsilon})^{-1}(1-\alpha)(1-\zeta)(2-\tau_1-\tau_2)}{2} \right]^{1/(1-\alpha)} \quad (11.18)$$

依据式(11.11)、式(11.4)和式(11.8)，稳态下相邻两地区的财政支出规模分别为：

$$g_1 = [\zeta + \tau_1(1-\alpha)(1-\zeta)] \times$$

$$\left[\frac{\tilde{\varepsilon}(1+\tilde{\varepsilon})^{-1}(1-\alpha)(1-\zeta)(2-\tau_1-\tau_2)}{2} \right]^{\alpha/(1-\alpha)} L_1 \quad (11.19)$$

$$g_2 = [\zeta + \tau_2(1-\alpha)(1-\zeta)] \times$$

$$\left[\frac{\tilde{\varepsilon}(1+\tilde{\varepsilon})^{-1}(1-\alpha)(1-\zeta)(2-\tau_1-\tau_2)}{2} \right]^{\alpha/(1-\alpha)} L_2 \quad (11.20)$$

11.2.5　财政总支出的空间外溢效应

令 T_1 和 T_2 分别为地区 1 和 2 的税收总收入，地区 1 的税收对地区 2 财政总支出的影响体现为，该地区的个人所得税和企业所得税对地区 2 财政支出的外溢效应之和，即

$$\frac{\partial g_1}{\partial T_2} = \frac{\partial g_1}{\partial T_{p2}} + \frac{\partial g_1}{\partial T_{f2}}, \quad \frac{\partial g_2}{\partial T_1} = \frac{\partial g_2}{\partial T_{p1}} + \frac{\partial g_2}{\partial T_{f1}}$$

根据式(11.19)、式(11.20)，存在着：

$$\frac{\partial g_1}{\partial \zeta} = \frac{L_1 \Delta}{1-\alpha}(1-\zeta)^{\frac{2\alpha-1}{1-\alpha}}\{(1-\alpha)[1-(1-\zeta)\tau_1]-\zeta\} \quad (11.21)$$

$$\frac{\partial g_2}{\partial \zeta} = \frac{L_2 \Delta}{1-\alpha}(1-\zeta)^{\frac{2\alpha-1}{1-\alpha}}\{(1-\alpha)[1-(1-\zeta)\tau_2]-\zeta\} \quad (11.22)$$

$$\Delta = \left[\frac{\tilde{\varepsilon}(1+\tilde{\varepsilon})^{-1}(1-\alpha)(2-\tau_1-\tau_2)}{2} \right]^{\alpha/(1-\alpha)}$$

由式(11.21)、式(11.22)，可得两地区之间财政总支出的空间外溢效应：

$$\frac{\partial g_1}{\partial g_2} = \frac{L_1}{L_2} \frac{(1-\alpha)[1-(1-\zeta)\tau_1]-\zeta}{(1-\alpha)[1-(1-\zeta)\tau_2]-\zeta} \quad (11.23)$$

$$\frac{\partial g_2}{\partial g_1} = \frac{L_2}{L_1} \frac{(1-\alpha)[1-(1-\zeta)\tau_2]-\zeta}{(1-\alpha)[1-(1-\zeta)\tau_1]-\zeta} \quad (11.24)$$

式(11.23)和式(11.24)刻画了相邻两地区财政总支出的外溢效应，但这两式的正负号无法确定。正的外溢效应主要体现在示范效应和联系

效应上,负的外溢效应主要体现在税收竞争效应上。据此我们总结出命题1。

命题1:相邻地区之间财政支出存在外溢效应,这种外溢效应既可能为正也可能为负。

11.2.6 不同功能财政支出的空间外溢效应

为了进一步刻画各地区不同功能财政支出之间的空间外溢效应,我们将地方财政总支出 g_{it} 区分为生产性支出 g_{pit} 和非生产性支出(民生项目支出) g_{wit},即

$$g_{it} = g_{pit} + g_{wit} \tag{11.25}$$

所谓生产性支出,其总是产出的函数;非生产性支出指的是民生项目支出,该项支出相当于对劳动者的补贴。为分析方便,假设生产性支出与产出之间呈线性关系,非生产性支出与劳动者的工资收入之间呈线性关系,于是有:

$$g_{pit} = \eta_i K_{it}^{\alpha} L_{it}^{1-\alpha} \tag{11.26}$$

$$g_{wit} = \gamma_i w_{it} L_i \tag{11.27}$$

将式(11.10)、式(11.18)代入式(11.27)和式(11.26),可得到稳态条件下各地区生产性支出规模与民生项目支出规模:

$$g_{pi} = \eta_i L_i \left[\frac{\tilde{\varepsilon}(1+\tilde{\varepsilon})^{-1}(1-\alpha)(1-\zeta)(2-\tau_1-\tau_2)}{2} \right]^{\alpha/(1-\alpha)} \tag{11.28}$$

$$g_{wi} = \gamma_i L_i (1-\alpha)(1-\zeta) \left[\frac{\tilde{\varepsilon}(1+\tilde{\varepsilon})^{-1}(1-\alpha)(1-\zeta)(2-\tau_1-\tau_2)}{2} \right]^{\alpha/(1-\alpha)} \tag{11.29}$$

根据式(11.19)、式(11.20)、式(11.28)与式(11.29),可得相邻两地区之间不同功能财政支出的外溢效应:

$$\frac{\partial g_1}{\partial g_{w2}} = -\frac{L_1}{L_2} \frac{(1-\alpha)[1-(1-\zeta)\tau_1]-\zeta}{\gamma_2(1-\alpha)(1-\zeta)} \tag{11.30}$$

$$\frac{\partial g_1}{\partial g_{p2}} = -\frac{L_1}{L_2} \frac{(1-\alpha)[1-(1-\zeta)\tau_1]-\zeta}{\eta_2 \alpha} \tag{11.31}$$

$$\frac{\partial g_2}{\partial g_{w1}} = -\frac{L_2}{L_1} \frac{(1-\alpha)[1-(1-\zeta)\tau_2]-\zeta}{\gamma_1(1-\alpha)(1-\zeta)} \tag{11.32}$$

$$\frac{\partial g_2}{\partial g_{p1}} = -\frac{L_2}{L_1} \frac{(1-\alpha)[1-(1-\zeta)\tau_2]-\zeta}{\eta_1 \alpha} \tag{11.33}$$

式(11.30)至式(11.33)刻画了相邻两地区不同功能财政支出(生产性支出与非生产性支出)的外溢效应,但净效应到底是正还是负无法直接确定。正的外溢效应主要体现在生产性支出与民生项目支出的示范效应和联系效应上,负的外溢效应主要体现在税收竞争效应上。例如,某个地方政府扩大民生项目支出,提供更为完善的教育卫生文化服务,相邻地区的人力资本和物质资本就有可能大量流入该地区,导致相邻地区要素流失,影响财政收入。据此我们总结出命题2。

命题2:相邻地区之间不同功能的财政支出存在外溢效应,净效应取决于相邻地区生产性支出与民生项目支出的示范效应或联系效应与竞争效应的大小。

11.3 实证方法与数据

11.3.1 实证方法

最早对地方财政支出空间外溢效应进行经验研究的是Case等(1993),他们采用了Anselin(1988)提出的空间计量方法。随后类似于Case等(1993)的实证研究日益增多(Revelli,2002a,2002b,2003;Baicker,2005a,2005b;Coughlin等,2006)。正如Anselin(1988)所归纳的,空间相关性来自于两方面:一是不同地区经济变量样本数据的采集可能存在空间上的测量误差;二是相邻地区间的经济联系。在计量技术上,空间面板模型形成了空间滞后模型(SLM)和空间误差模型(SEM)两种基本形式。

当各地区财政支出的空间依赖性包含空间滞后因变量时,地方财政支出空间外溢效应的SLM方程为:

$$Y = \rho(I_T \otimes W)Y + X\beta + \varepsilon \qquad (11.34)$$

其中,Y是各地方财政支出及其构成的因变量向量;X为k个解释变量构成的$n \times k$阶矩阵;β为待估系数;$I_T \otimes W$表示克罗内克积;I_T是T维的单位矩阵;$(I_T \otimes W)Y$是空间滞后变量,其衡量各地方财政支出的外溢效应;W是地区间的空间权重矩阵。我们将W分区为地理空间权重矩阵和经济空间权重矩阵,分别反映地区间的地理位置邻近性和经济水平相似性。式(11.34)中的参数ρ为空间滞后系数,即残差的变化并不能完全被待估系数(β)解释,只能通过某些考虑到空间误差相关性的估计值来解释。

当各地区财政支出的空间依赖性包含着不可观测的误差扰动项,它是外生的冲击因素,且影响着地区财政支出水平,则此时的SEM方程为:

$$Y = X\beta + \varepsilon, \quad \varepsilon = \lambda(I_T \otimes W)\varepsilon + \mu \tag{11.35}$$

其中，λ 为空间误差回归系数，它不仅包括了没有观察到的空间异质性因素，而且还包括空间滞后系数 ρ 的影响；ε 和 μ 是随机误差项。

11.3.2 数据及其处理

本章以跨行政区划的区域一体化程度最高的长三角地区 16 个核心城市为样本，检验多种邻近性对各城市财政总支出(TE)及其结构的影响，财政支出结构区分为生产性支出和民生项目支出（非生产性支出）。其中，生产性支出选取的是基本建设支出(CC)，因为基本建设支出是经济建设支出的最主要部分；民生项目支出选取的是教科文卫支出(ES)和社会福利支出(SS)。我们从各城市的地理位置、经济规模、城市规模、人口结构等角度寻找解释变量，尤其是将空间上的邻近性作为各城市财政支出及其结构的内生变量。所谓邻近性指的就是各地方在某方面具有相似性(Case 等，1993；Baicker，2005a，2005b)，这要么体现在地理位置上，要么体现在经济规模、人口结构或城市化水平等方面。这些相似性使得各地方之间产生了相互影响或示范效应。相似程度越高的地方政府行为所产生的外溢效应越强。

考虑各种邻近性变量以后，在空间面板模型中就要涉及邻近性权重矩阵的计算问题。空间权重矩阵(W)代表城市间的邻近性，其可以是地理位置上的相邻（狭义的邻近性），也可以是经济规模和城市化水平的相似（广义的邻近性）。我们将空间权重矩阵设定为两种形式：

(1) 地理空间权重矩阵。当城市 i 与城市 j 不相邻时，$w_{ij}=0$；当城市 i 与城市 j 相邻时，$w_{ij}=1/S_i$，S_i 为与城市 i 相邻的城市数目。

(2) 经济空间权重矩阵。选择人均 GDP 和城市建成区面积占土地面积的比例作为邻近性权数。它们的计算方法为：$w_{ij}=\dfrac{1}{|Z_i-Z_j|S_i}$，其中，$S_i = \sum_j \dfrac{1}{|Z_i-Z_j|}$，$Z_i$ 表示城市（地区）的这两项经济邻近性指标。

为反映各地区不同的经济特征对它们财政支出的影响，我们还引入如下的控制变量：

(1) 以人均 GDP(PGDP)和税收收入(TAX)表示经济规模。人均 GDP 决定了一个地区可供利用的经济资源。一般而言，人均 GDP 越高的地区，税收收入和财政支出的规模也会越大。

(2) 以人口密度(PD)和建成区面积(CS)表示城市规模。人口密度是传统的衡量城市规模的指标,而建成区面积也是城市化水平的重要体现。一个城市的建成区面积越大,政府所要提供的公共产品和服务就越多。

(3) 以 65 岁以上人口比例(OLD)、15 岁以下人口比例(CHI)来代表人口结构。不同的年龄结构对财政支出及其结构有着不同的需求。以 65 岁以上人口比例衡量城市的老龄化程度,老龄化程度越高,政府在诸如养老金和社会保障上的支出就越多。以 15 岁以下人口比例来衡量儿童抚养比,少年儿童人口比重的提高会增加政府在基础教育方面的支出。

至于各变量的数据来源或计算工具问题,经济空间权重矩阵(W)由 MATLAB 软件计算而来,建成区面积来自各年份的《中国城市统计年鉴》,其余变量均来自《长江和珠江三角洲及港澳特别行政区统计年鉴》。为了减少数据的异方差,我们对各数据进行平滑处理,处理的方式是对除 15 岁以下人口比例和 65 岁以上人口比例以外的变量数据均取自然对数。

11.3.3 空间相关性及计量模型

在空间模型估计之前,需要判定各地区财政支出是否存在空间相关性。这一般都是通过 Moran 指数来识别。但该指数并不能确定到底采取哪种形式的空间模型。该工作需通过 LMerr 和 LMlag 统计量来检验。Anselin 等(1996)给出了广泛认可的判别原则:若 LMlag 比 LMerr 统计上更显著,恰当的模型就是 SLM 模型;反之,则应选择 SEM 模型。LMerr 检验的原假设是不存在空间误差自回归项,LMlag 检验的原假设是不存在空间自回归项。该检验方法服从自由度为 1 的卡方分布,将空间滞后变量准确地合并到基本的计量框架中,并检验所得到的残差是否仍然是空间相关;该方法除了利用正态模型预估参数的不确定性程度,还计算和检验均衡效应,估计所得到的空间模型的均衡效应和相互反馈机制。

对于参数估计方法的选择,为了解决内生性问题,最小二乘法(OLS)不再适用,否则会导致系数估计值有偏或无效,因而需要采取诸如最大似然法、工具变量法、广义矩估计法等。按 Anselin(1988)、Elhorst(2003)的做法,我们利用最大似然法(Maximum Likelihood Estimator,MLE)对空间模型进行参数估计。该方法利用矩阵代数解决估计中的内生性问题,Ward 和 Gleditsch(2008)具体介绍了最大似然法在空间计量中的应用。

空间相关性的估计一般都采用 Moran 指数,我们不仅检验各城市的财政总支出(TE),而且还对财政支出的各细分项目进行检验,具体包括基本建设支出(CC)、教科文卫支出(ES)和社会福利支出(SS)。其中,基本建设支出是经济建设支出的最主要部分。本章分别使用地理邻近性空间权重矩阵(W_1)、建成区邻近性空间权重矩阵(W_2)和人均GDP邻近性空间权重矩阵(W_3),对前面四种形式的财政支出的空间相关性进行估计。

根据表11-1的结果,无论是财政总支出,还是其中的基本建设支出、教科文卫支出与社会保障支出,Moran指数都显著。检验样本的地理邻近性、建成区邻近性与人均GDP邻近性对它们的财政支出存在着显著的空间相关性。这意味着,跨行政区划的区域一体化进程要依赖于各地方政府之间的合作,需要将地方公共政策与发展战略的决策置于整个区域内考察。

表11-1 财政支出及其细分项目的空间相关性及空间模型的选择

财政支出及其结构		lnTE	lnCC	lnES	lnSS
地理邻近性 (W_1)	Moran's I	0.4737 (0.0000)	0.2140 (0.0056)	0.5987 (0.0000)	0.7511 (0.0000)
	LMerr	41.1793 (0.0000)	9.6976 (0.0018)	65.7628 (0.0000)	103.5076 (0.0000)
	LMlag	0.8294 (0.3624)	1.3374 (0.2475)	51.1833 (0.0000)	98.3182 (0.0000)
建成区邻近性 (W_2)	Moran's I	0.4688 (0.0000)	0.2003 (0.0024)	0.6738 (0.0000)	0.7571 (0.0000)
	LMerr	52.3732 (0.0000)	5.4463 (0.0196)	108.1778 (0.0000)	136.5752 (0.0000)
	LMlag	7.4891 (0.0062)	4.0971 (0.0430)	8.3279 (0.0039)	61.9113 (0.0000)
人均GDP邻近性 (W_3)	Moran's I	0.3293 (0.0000)	0.1454 (0.0238)	0.5192 (0.0000)	0.7463 (0.0000)
	LMerr	25.2935 (0.0000)	4.6851 (0.0304)	62.8617 (0.0000)	129.9030 (0.0000)
	LMlag	8.5089 (0.0035)	27.1829 (0.0000)	7.7171 (0.0000)	101.0014 (0.0000)

注:括号中的值为p值。

既然长三角地区16城市的邻近性与财政支出之间存在着显著的空间相关性,那么如何揭示长三角地区各核心城市的地理邻近性、建成区邻近性与人均GDP邻近性对它们的财政总支出及其细分项目的具体影响呢?这涉及如何选择合理的空间计量模型问题。为此,表11-1给出了LMerr和LMlag统计量以判别到底应选择SLM模型还是SEM模型。对于财政总支出的空间模型,在各种邻近性下都应选择SEM模型。对于基本建设支出的空间模型,除人均 GDP 邻近性下取 SLM 模型外,其他两种邻近性下都应选择 SEM 模型。对于教科文卫支出,除建成区邻近性下的模型选择是确定外,其他邻近性下的模型选择是不确定的,从显著性水平上看,SLM 模型和 SEM 模型都可选择。对于社会福利支出,各种邻近性下的模型选择都不确定。针对此问题,Anselin 等(1996)又给出了更为稳健的 Robust-LMerr 和 Robust-LMlag 检验。因此,对于无法确定到底选择 SLM 还是 SEM 模型的情形,我们首先同时采取两种模型形式,然后根据 Robust-LMerr 和 Robust-LMlag 的检验值来判断最终选择何种模型。

11.4 空间溢出、生产性支出与区域一体化

地方政府在推动跨行政区划的区域一体化过程中,需要在哪些领域优先强化合作?该问题取决于跨行政区划的各地方政府在哪些领域具有很强的空间外溢性。我们以跨行政区划的区域一体化典型代表——长三角地区——为样本,检验地理位置的相邻性、城市化水平的相似性和经济规模的相似性对地方财政支出及支出结构的具体影响。

1978—2006 年的中国财政支出按功能分为 5 类:经济建设费、社会文教费、国防费、行政管理费和其他支出。作为生产性支出的经济建设支出,它在财政总支出中占有最大份额,而其中最主要的部分又是基本建设支出。从 2007 年开始,全国执行了新的财政收支分类科目,新科目中没有专设基本建设支出,而科教文卫支出和社会福利支出都有专门的统计,这两者是典型的非生产性支出,或者说民生支出项目。因此,本章实证中基本建设支出的样本期限为 2001—2006 年,教科文卫和社会福利支出的样本期限为 2001—2008 年。

考虑到经济建设支出在各地方财政总支出中的重要地位,我们在考察邻近性对生产性支出的影响时,还检验邻近性对财政总支出的影响。根据表 11-1,财政总支出的空间计量模型应采用 SEM 模型,其估计方程为:

$$\ln TE_i = \alpha_0 + \alpha_1 \ln PGDP_i + \alpha_2 \ln TAX_i + \alpha_3 \ln PD_i + \alpha_4 \ln CS_i + \alpha_5 OLD_i$$
$$+ \alpha_6 CHI_i + \lambda(I_T \otimes W_j)\varepsilon_i + \mu_i \tag{11.36}$$

其中,i 代表地区向量,W_j 分别为地理邻近性、建成区邻近性和人均 GDP 邻近性的空间权重矩阵。这三种邻近性变量分别表示地理空间的相邻性、城市化水平的相似性和经济规模的相似性。

与财政总支出影响因素的检验中引入全部的控制变量不同,财政支出各细分项目影响因素的估计中需要有所选择,因为各细分项目的支出范围

是完全不同的。在基本建设支出中,人口密度变量被忽视,这与其支出范围的改革和调整有关。基本建设支出日益转向支柱产业和基础产业,同时调整了对事业单位的支出范围,将经营性的事业单位推向市场,准公益性的事业单位进行差额补助,只有公益性事业单位全额财政拨款。显然,这种改革强调了基本建设支出主要由地区经济增长需求决定,与人口密度没有多大的直接联系。另外,地方各级财政基本建设支出预算包括上级政府对下级政府补助的基本建设投资。地级城市的基本建设支出往往来自省级财政预算内的经济建设费支出,与地级城市自身的经济实力没有太大的直接联系。因此,在引入地理邻近性和建成区邻近性的空间因素时,不需考虑人均 GDP 变量。但长三角地区 16 个核心城市又是分属于三个省级地区,省级之间的经济实力当然会直接影响到经济建设费支出规模。于是,在引入人均 GDP 空间权重矩阵时又考虑人均 GDP 这个控制变量的影响。

根据表 11-1,对于基本建设支出空间计量模型的选择,当采用地理邻近性和建成区邻近性的空间权重矩阵时,应选择 SEM 模型,检验方程为:

$$\ln CC_i = \alpha_0 + \alpha_1 \ln TAX_i + \alpha_2 \ln CS_i + \alpha_3 OLD_i + \alpha_4 CHI_i \\ + \lambda(I_T \otimes W_j)\varepsilon_i + \mu_i \quad (11.37)$$

其中,W_j 分别为地理邻近性和建成区邻近性的空间权重矩阵。

当采取人均 GDP 邻近性空间权重矩阵时,空间计量模型应选择 SLM 模型,即在式(11.34)的基础上加入空间因素(邻近性变量),SLM 模型的估计方程为:

$$\ln CC_i = \alpha_0 + \rho(I_T \otimes W_j)CC_i + \alpha_1 \ln PGDP_i + \alpha_2 TAX_i + \alpha_3 \ln CS_i \\ + \alpha_4 OLD_i + \varepsilon_i + \mu_i \quad (11.38)$$

其中,W_j 为人均 GDP 邻近性的空间权重矩阵。

我们分别基于地理邻近性、建成区邻近性和人均 GDP 邻近性的空间权重矩阵,采取最大似然估计法对样本中财政总支出和基本建设支出的影响因素进行估计。从检验结果看(见表 11-2),各城市的财政支出在空间上具有正的外溢效应,一个城市的财政支出会显著地影响另一个城市的财政支出水平。当相邻地区的财政支出增加 1% 时,本地区财政支出增加 0.64%—0.72%。显然,各城市财政支出的示范效应与联系效应显著。

产生显著示范效应的主要原因在于:一是财政分权体制使得各地方政府担忧经济资源向相邻地区流动,以致减少本地区的财政收入;二是地方政府官员晋升的竞争使得各地区唯恐政治声誉受到不利影响,以致推动财政支出的模仿和竞争行为。联系效应则集中体现在三个方面：一是地域相邻、城镇密布以及基础设施一体化使得该地区经济活动具有明显的空间连续性，一个地区经济规模和财政支出的扩张有利于相邻地区经济规模和税收收入的增加。二是区域一体化的发展推动了各个地区财政支出的联动，如交通网络尤其是"一小时城市圈"的建设以及能源、水利、信息等基础设施的共建共享和互联互通。三是社会事业与义务教育、公共卫生、公共文化等基本公共服务日益朝着统筹与协调的方向发展。财政支出的示范效应和联系效应还意味着各城市在经济规模与税收收入上的能力也相似。估计结果证实了这一直觉，人均GDP和税收收入对各地区财政总支出的影响都是显著正相关。显然，区域一体化不仅需要地缘相邻，而且需要经济规模的相似。

长三角地区16个核心城市财政支出的示范效应和联系效应还意味着它们在经济规模与税收收入上的能力也相似，否则无法形成财政支出的正外溢效应。表11-2的估计结果证实了这一判断。在三种邻近性空间权重矩阵下的估计方程中，人均GDP和税收收入对各地区财政总支出的影响都是显著正相关。显然，地区之间可利用经济资源的多寡直接影响着它们的财政支出行为是否能具有示范或模仿的能力。基于此，区域一体化不仅需要地缘相邻，而且需要经济规模的相似，否则诸如基础设施一体化、社会事业与基本公共服务一体化就没有能力在各地区之间共同推进。

表11-2的估计结果还显示，长三角地区核心城市在基本建设支出上同样具有显著的空间正外溢效应，无论是基于地理邻近性和建成区邻近性的SEM模型，还是基于人均GDP邻近性的SLM模型，空间外溢效应统计量λ和ρ都显著，且系数为正。λ系数的显著性意味着，基本建设支出在各个城市之间存在着示范效应和联系效应，不论这些城市是隶属于同一省份的地级城市，还是隶属于不同省份的地级城市。而ρ系数的显著性则表明，即使是不同省级地区之间，也同样存在着基本建设支出的正外溢效应。不同省份之间的人均GDP水平对基本建设支出有显著性影响，人均GDP越相似的地区，基本建设支出的正外溢效应越强。显然，区域一体化更容易在经济实力相似的地区推进；只要人均GDP差距不是很悬殊，那就不影响省级城市与地级城市之间以及隶属于不同省份的地级城市之间在基本建设领域的一体化进程。

从其他控制变量来看，考虑地理相邻性和建成区邻近性（城市化水平相似性）时，各城市的税收收入、城市化水平、老龄化程度显著地影响着基

表 11-2 邻近性对财政总支出和经济建设支出的影响估计

变量	财政总支出						基本建设支出					
	地理邻近性		建成区邻近性		人均 GDP 邻近性		地理邻近性		建成区邻近性		人均 GDP 邻近性	
	(1)	(2)	(3)	(4)	(5)	(6)	(7)	(8)	(9)	(10)	(11)	(12)
LnPGDP	0.1652*** (2.5916)	0.1746*** (2.8157)	0.1601*** (0.0097)	0.1457** (2.3903)	0.1601** (0.0176)	0.1605** (2.3721)					0.5150** (2.4382)	0.5451*** (2.5969)
OLD	0.0288 (1.3782)	0.0276 (1.3350)	0.0233 (1.5757)	0.0214 (1.4715)	0.0253 (1.6347)	0.0236 (1.5378)	0.2073*** (3.4471)	0.2194*** (3.6886)	0.2332*** (4.2263)	0.2357*** (4.3285)	0.1147 (2.1351)	0.1168** (2.1744)
LnPD	−0.3538 (−0.6259)		0.3700 (0.6909)	0.6077 (1.3072)	0.6600 (1.2897)	0.7350 (1.5319)						
LnTAX	0.7258*** (18.3781)	0.7159*** (19.3097)	0.6405*** (17.7470)	0.6450*** (17.9827)	0.6689*** (17.8935)	0.6692*** (17.8409)	0.3500*** (2.7948)	0.3266*** (2.6639)	0.2578** (2.0848)	0.2543** (2.0641)	0.0927 (0.9312)	
LnCS	0.0152 (0.3488)		0.0272 (0.6242)		0.0305 (0.7261)		0.4945*** (2.7570)	0.5383*** (3.0337)	0.5883*** (3.2720)	0.5894*** (3.2814)	0.2231 (1.2069)	0.2162 (1.1664)
CHI	−1.0662 (−1.1629)	−0.7825 (−0.9864)	−0.6889 (−0.7804)		−0.2349 (−0.2952)		3.4018 (0.6495)		1.5583 (0.2872)			
λ	0.6480*** (11.0337)	0.6400*** (10.7178)	0.6469*** (13.9100)	0.6530*** (14.4123)	0.7160*** (11.5358)	0.7200*** (11.7121)	0.2790** (2.5793)	0.2500** (2.2665)	0.2400** (1.9816)	0.2430** (2.0114)		
ρ											0.3000** (2.5355)	0.3170*** (2.7033)
R-squared	0.9856	0.9858	0.9860	0.9854	0.9865	0.9862	0.9490	0.9495	0.9503	0.9503	0.9607	0.9605
Log-likelihood	127.0876	126.8882	137.7303	137.3275	136.7397	136.4587	−28.1497	−28.3476	−27.7008	−27.7417	−19.7754	−20.2081
观测值	128	128	128	128	128	128	96	96	96	96	96	96

注:***、** 和 * 分别表示 1%、5% 和 10% 的显著性水平,括号内的值为回归系数的 t 统计量。

本建设支出规模。这可从基本建设支出范围上进行解释。按照资金的投向,基本建设支出可分为包括农林、水利、铁路、交通、通信、电力、市政设施建设投资等支出在内的生产性支出,以及包括文教科卫、公用服务事业等社会公益设施投资支出在内的非生产性支出。这些支出不仅存在着空间上的外溢效应或连贯性,而且与城市化进程和老年人口结构密切相关。老龄化人口对地方基本建设支出带来的影响是一系列的,老龄化问题涉及的医疗卫生、公用服务事业中公益设施投资支出规模相对较大,加之老龄人基本都是户籍人口、流动性弱,地方财政对老龄人的支出刚性明显。儿童抚养比对基本建设支出的影响不显著。这可以从两个角度进行解释:一是由于户籍制度等限制,外来儿童的增加未能使地方财政对基础教育设施投资形成刚性;二是基础教育投入所包括的项目很多,如中小学生均经费、农村义务教育经费保障、学生营养改善计划、特殊教育经费保障、中小学校舍维修改造、校安安全工程等,其中纳入基本建设支出范围的只是教育设施投资,是相对较小的一部分。例如,2012年上海市财政性教育经费支出规模为724.1亿元,而区县基础教育创新及校安工程只有19.5亿元。考虑人均GDP空间权重矩阵以后,因税收收入和城市化水平都要依赖于经济资源的多寡,它们与人均GDP存在很强的相关性,此时税收收入和建成区面积变量就变得不显著。

11.5 空间溢出、非生产性支出与区域一体化

跨行政区划的区域能否在教科文卫和社会福利等非生产性领域实现一体化发展?其取决于跨行政区划的区域内各地方政府的非生产性支出是否具有显著的空间联系。这涉及区域一体化进程中优先发展领域的选择问题。

由表11-3可知,对于教科文卫支出,采用地理邻近性和人均GDP邻近性时既可以选择SEM模型也可以选择SLM模型,而采取建成区邻近性时应选择SEM模型。为了确保检验的统一性以及LMerr和LMlag的稳健性,我们对三种邻近性下的空间模型同时采取SLM和SEM形式,然后根据Robust-LMerr和Robust-LMlag检验值来判断最终选择何种模型。

三种邻近性(空间权重矩阵)下的教科文卫支出空间计量SEM模型的形式为:

$$\ln ES_i = \alpha_0 + \alpha_1 \ln PGDP_i + \alpha_2 \ln TAX_i + \alpha_3 \ln PD_i + \alpha_4 \ln CS_i + \alpha_5 OLD_i \\ + \alpha_6 CHI_i + \lambda(I_T \otimes W_j)\varepsilon_i + \mu_i \qquad (11.39)$$

表 11-3 邻近性对教科文卫支出和社会福利支出的影响估计

	教科文卫支出								社会福利支出							
	地理邻近性		建成区邻近性		人均 GDP 邻近性				地理邻近性		建成区邻近性				人均 GDP 邻近性	
变量	SEM	SLM	SEM	SLM	SEM	SLM			SEM	SLM	SEM	SLM			SEM	SLM
LnPGDP	0.9088***(13.3845)	0.2566***(3.8201)	0.7382***(9.2717)	0.6356***(10.0388)	0.9205***(11.6947)	0.4407***(5.5314)			1.1381***(5.4650)	0.4191***(2.7729)	1.4056***(7.1150)	1.0813***(6.2220)			1.0344***(4.4065)	0.3885***(3.3038)
OLD	-0.0499**(-2.1511)	-0.0293**(-2.4131)	-0.0150(-0.7673)	-0.0504***(-3.4348)	-0.0301(-1.5353)	-0.0398***(-2.8614)			0.0683(0.9833)	-0.0246(0.4909)	-0.0504(-0.9504)	-0.1114**(-2.5612)			-0.0923**(-2.3044)	-0.0628**(-2.3051)
LnPD	1.6951*(2.1903)	1.4478*(2.3733)	1.2770*(1.7496)	1.6643*(2.2136)	1.0929(1.6101)	0.5918(0.8170)										
LnTAX	0.2068***(4.5316)	0.0971***(3.7995)	0.2483***(5.2216)	0.1697***(5.2929)	0.2146***(4.6269)	0.1437***(4.6245)			0.5672***(4.5281)	0.3102***(4.0342)	0.6997***(5.7962)	0.4790***(5.0272)			0.1434(1.4909)	0.1983***(3.3319)
LnCS	0.3658***(6.2417)	0.2548***(5.3927)	0.3618***(6.1471)	0.2935***(4.9999)	0.3182***(5.7458)	0.2618***(4.6620)			0.6330***(4.7919)	0.4501***(3.5079)	0.6082***(3.9916)	0.4831***(3.0825)			0.0760(0.7522)	0.1412(1.4441)
CHI	1.0863(0.8630)	0.7930(0.7720)	-0.9067(-0.7530)	0.0194(0.0152)	-0.7549(-0.7078)	-0.8841(-0.7351)										
λ	0.4580***(5.7701)		0.5980***(10.7061)		0.6340***(8.6468)				0.6170***(9.8732)		0.4860***(6.5046)				0.9060***(31.9823)	
ρ		0.6200***(12.1256)		0.2930***(7.0931)		0.5080***(7.6514)				0.6059***(10.4093)		0.2930***(4.8767)				0.7540***(15.2700)
R-squared	0.9808	0.9924	0.9746	0.9883	0.9796	0.9896			0.8979	0.9625	0.9256	0.9447			0.7791	0.9785
Log-likelihod	97.8836	129.6381	100.6636	110.5302	105.0388	114.3331			-29.4981	-12.3011	-29.3836	-29.3696			11.1330	19.1806
Robust-LMerr	41.7508(0.000)		119.3080(0.000)		65.5133(0.000)				40.3457(0.000)		54.0911(0.000)				106.5573(0.000)	
Robust-LMlag		0.6228(0.430)		0.0002(0.988)		0.0805(0.777)				13.6898(0.000)		0.0024(0.961)				6.3589(0.012)
观测值	128	128	128	128	128	128			128	128	128	128			128	128

注：***、** 和 * 分别表示 1%、5% 和 10% 的显著性水平，括号内的值为回归系数的 t 统计量。

三种邻近性(空间权重矩阵)下的科教文卫支出空间计量 SLM 模型的形式为：

$$\ln ES_i = \alpha_0 + \rho(I_T \otimes W_j)ES_i + \alpha_1 \ln PGDP_i + \alpha_2 \ln TAX_i + \alpha_3 \ln PD_i$$
$$+ \alpha_4 \ln CS_i + \alpha_5 OLD_i + \alpha_6 CHI_i + \varepsilon_i + \mu_i \qquad (11.40)$$

在表 11-3 中，根据 Robust-LMerr 和 Robust-LMlag 的检验值可知，对于教科文卫支出，地理邻近性和人均 GDP 邻近性空间权重矩阵下的空间模型应选择 SEM 形式，建成区邻近性空间权重矩阵下的空间模型选择与表 11-1 的判定结果一致，即仍应选择 SEM 形式。

通过邻近性对教科文卫支出的影响估计结果，从 λ 和 ρ 系数来看，基于三种邻近性空间权重矩阵的估计结果都在 99% 的水平上显著，且影响系数为正。显然，长三角地区 16 个核心城市的教科文卫支出具有正的空间外溢效应，且显著性结果稳健。从其他控制变量来看，考虑地理邻近性和建成区邻近性时，人均 GDP、人口密度、税收收入、城市化水平都对各地区的教科文卫支出产生显著性影响。显然，教科文卫支出总体上与城市的经济实力(人均 GDP、税收收入)和人口因素(人口密度、城市化水平)密切相关。老龄化程度在分别考虑地理邻近性和建成区邻近性时的显著性不同，前者显著，后者不显著。具体原因可能在于：相邻地区的人口流动加大了各地区医疗卫生基础设施建设的支出；而城市化引起的人口流向主要是从农村到城市，而不是城市到城市，因医疗保障覆盖的主体是城镇居民，所以城市化水平相似地区的老龄人口增加并未对教科文卫支出产生显著性影响。地级城市的教科文卫支出不仅与自身的经济实力有直接联系，而且也有来自省级财政预算内的基本建设支出。长三角地区 16 个核心城市分属于三个省级地区，省级之间的经济实力自然会影响到教科文卫支出的规模。于是，考虑基于人均 GDP 邻近性的估计方程时，与前面两种邻近性下的结果存在着不同，即老龄化程度、人口密度对科教文卫支出的影响不显著。造成这种差异的原因在于，科教文卫支出范围较宽，省级政府对地级城市的该项支出未能充分考量人口结构和人口密度的影响。因为，人口结构和人口规模涉及劳动力流动、医疗卫生体制、户籍制度改革等复杂问题。

从变量的影响方向来看，除了老龄化程度外，其他变量都对教科文卫支出产生了正向影响。按理说，一个地区的老龄化程度越高，政府的医疗卫生支出也越大，但长三角地区各城市的这种影响关系不明显。这与卫生医疗体制改革有关。我国卫生医疗体制的市场化改革使政府本应对老年人承担的卫生医疗负担部分地转嫁给了市场。同样，儿童抚养比越高，政府对基础教育支出也应越大，但这种关系也未能在长三角地区得以体现。

其中主要的原因可能是:基础教育的设施投资支出属于基本建设支出范围,在城市化进程加速的过程中,外来儿童人口增加,但户籍制度改革滞后等原因使得政府对基础教育的投入往往按本地区户籍儿童人口来进行预算,本地区对基础教育的投入增加速度滞后于适龄儿童(包括外来儿童)教育发展投入的实际需求,从而导致政府对基础教育的人员费用支出以及其他支出未能随着儿童人口占比的提高而增加。

与教科文卫支出一样,长三角各地区也在日益加大社会福利支出。但该地区能否在社会福利上实现一体化发展呢?这同样要取决于长三角各地方该项支出是否具有显著的空间联系。由表11-1可知,对于社会福利支出的空间模型,采用地理邻近性、建成区邻近性和人均GDP邻近性空间权重矩阵时既可以选择SEM模型也可以选择SLM模型。与教科文卫支出的分析类似,我们对三种邻近性下的空间模型同时采取SLM和SEM形式,然后根据Robust-LMerr和Robust-LMlag的检验值来判断最终选择何种模型。

三种邻近性下的社会福利支出空间计量SEM模型的形式为

$$\ln SS_i = \alpha_0 + \alpha_1 \ln PGDP_i + \alpha_2 \ln TAX_i + \alpha_3 \ln CS_i \\ + \alpha_4 OLD_i + \lambda(I_T \otimes W_j)\varepsilon_i + \mu_i \quad (11.41)$$

三种邻近性下的社会福利支出空间计量SLM模型的形式为:

$$\ln SS_i = \alpha_0 + \rho(I_T \otimes W_j)SS_i + \alpha_1 \ln PGDP_i + \alpha_2 \ln TAX_i \\ + \alpha_3 \ln CS_i + \alpha_4 OLD_i + \varepsilon_i + \mu_i \quad (11.42)$$

在表11-3中,根据Robust-LMerr和Robust-LMlag的检验值可知,对于社会福利支出,建成区邻近性和人均GDP邻近性下的空间模型应选择SEM形式;而地理邻近性下的空间模型仍是两者都可以,但在这两种模型的检验中不仅估计方程高度稳健(λ和ρ系数都显著正相关),而且解释变量的显著性也是高度稳健的。

通过各种邻近性对社会福利支出的影响估计结果,从λ和ρ系数来看,基于三种邻近性空间权重矩阵的估计结果都在99%的水平上显著。显然,长三角各地区的社会福利支出确实存在着示范效应和联系效应,具有显著的空间正外溢性,且显著性结果也稳健。

除空间因素外,社会福利支出的主要影响因素还有老龄化程度和城市化水平,当然,该项支出也要依赖于经济资源的规模和税收收入。基于此,估计过程中邻近性以外的控制变量选择人均GDP、税收收入、65岁以上的人口占比、建成区面积。考虑地理相邻性和建成区邻近性(城市化水平相似性)时,人均GDP、税收收入和城市化水平都对各地区的社会福利支出产生显著性影响。也就是说,城市的经济实力的增强和城市化进程的加快,促进着长三角各城市之间在社会福利支出上的空间联系和支出提高。长三角地区16个核心城市分属于三个省级地区,省级之间的经济实力自然也会影响到社会福利的支出规模。于是,在考虑经济规模相似性或者说人均GDP空间权重矩阵下,与前面两种邻近性下的估计结果存在着不同,即老龄化程度成为显著性影响因素,税收收入和建成区面积的影响不显著。在地理邻近性SEM和SLM模型下,老龄化变量对社会福利支出的影响都不显著,建成区空间权重矩阵下模型选择SEM形式,此时的影响也是不显著,人均GDP空间权重矩阵下模型选择SEM形式,只有在这种情形下老龄化变量对社会福利支出的影响显著,并且是负向影响。造成这一结果的原因可能在于:社会福利支出的主体部分——养老金支出——采取的是省级统筹,对于各个地级城市而言,老龄化人口比例提高,其养老金支出反而下降,因为省级统筹的制度安排不利于提高个人养老金缴纳额的意愿,人们将该项目的主要支出责任确定在省级政府。另外,抚恤和社会福利救济具有支出刚性和偶发性,在考虑人均GDP空间权重矩阵后,税收收入的影响就可能不显著。不仅如此,对于经济规模相似的地区,社会福利支出具有相对稳定性,此时城市化水平也可能不会对该项支出产生显著性影响。

教科文卫和社会福利支出具有显著的空间正外溢性的结论,为长三角各地区推进科教文卫、社会保障等社会事业一体化发展提供了经验依据,证实了该地区在推进义务教育、公共卫生、公共文化、社会保障等基本公共服务均等化以促进经济社会协调发展上的可行性。其具体的突破口体现在以下方面:加快解决外来人口子女平等接受基础教育问题,坚持公共医疗卫生的公益性质,尤其要在老龄化人口医疗卫生保障方面强化政府责任,建立政府主导的多元卫生投入机制。另外,作为推动社会保障一体化进程的核心力量——省级政府,老龄化人口的社会保障一体化是必须优先考虑的问题。例如,可以在养老保险关系无障碍转移以及医疗保险关系转移接续和异地结算等领域率先实现一体化。

11.6 总结性评论

地理位置的相邻性、经济规模的相似性以及城市化水平的相似性等空间因素对一个区域各地方财政支出有着不容忽视的作用,这种影响直接决定着区域一体化的进程和路径。本章在理论上不仅刻画了各地区之间财政总支出的空间外溢性,而且给出各地区不同功能财政支出之间的空间外溢性。这种空间外溢性既包括示范效应和联系效应所产生的正外部性,又包括竞争效应所带来的负外部效应。净效应取决于相邻地区生产性支出与民生项目支出的示范效应或联系效应与竞争效应的大小比较。

  针对在跨行政区划的区域一体化案例中所具有的典型性和率先性,本章以长三角地区16个核心城市为样本,将空间邻近性因素确定为地理空间权重矩阵和经济空间权重矩阵,计量不同邻近性的权重矩阵,检验地理空间的相邻性、城市化水平的相似性和经济规模的相似性对财政总支出、生产性支出与民生项目支出(非生产性支出)的具体影响和空间外溢性的差异,从地方政府合作治理的角度提出跨行政区划的区域实现一体化发展的路径以及优先解决的问题。

  实证结果表明,无论是地理邻近性还是建成区邻近性抑或人均GDP邻近性,它们对样本地区的财政支出都具有显著性的正向影响。当相邻地区的财政支出增加1%时,本地区财政支出增加0.64%—0.72%。以公共基础设施、公共服务提供为内容的支出竞争正在改变以税收竞争为主的地方财政竞争格局。

  本章还进一步检验空间因素对生产性财政支出和民生项目财政支出(非生产性支出)的影响。基本建设支出上的显著空间正外溢性意味着样本地区在基础设施方面具有很强的联系效应,或者说,政府的基本建设活动具有客观的空间连续性。该结论证实了区域一体化进程中为什么要优先发展跨区域重大基础设施以提升交通、能源、水利、信息等基础设施的共建共享和互联互通水平。人均GDP越相似的地区,基本建设支出的正外溢性越强。显然,区域一体化更容易在经济实力相似的地区推进。教科文卫和社会福利等非生产性支出同样具有显著的空间正外溢性。这证实了跨行政区划的区域在推进义务教育、公共卫生、公共文化、社会保障等基础公共服务均等化以促进经济社会协调发展上的可行性。而加快解决外来人口子女平等接受基础教育、坚持公共医疗卫生的公益性质、老龄化人口的社会保障一体化则是区域一体化进程中政府需要优先解决的民生问题。

  长三角城市化的空间集聚与规模经济效应推动着技术创新、服务经济以及消费水平的提高。城市化率和投资率呈倒U形关系,城市化率和消费率呈U形趋势;随着城市化水平的快速提高,经济结构将由投资拉动演变为消费拉动。理论上所说的,在城市化率达到50%以后,政府目标和约束条件就会发生明显的变化,追求公共福利成为政府的主导目标,这种现象正在长三角地区发生,推动着政府转型和经济结构的调整。

第12章 经济转型中的潜在增长率变化与新一轮"开放促改革"的突破口

12.1 导 论

经济结构战略性调整是我国加快转变经济发展方式的主攻方向,在经济转型与结构调整加速的当下,中国的经济增长率相对放缓,人们日益关注中国经济增长的内生动力和长期趋势。对经济转型与增长的关注旨在研究一国经济增长的本质特征,这种探讨无外乎两个方面的内容:潜在增长率的大小和如何才能达到潜在增长率的增长过程(邹卫星和房林,2007)。因此,潜在增长率是经济转型中的核心问题之一。总需求等于总供给是国民经济均衡运行的条件,哈罗德(H. F. Harrod)据此提出了三种经济增长率概念:一是自然增长率,即由人口增长与技术进步所允许达到的长期的最大增长率;二是实际增长率,即本期产量或收入的增长量与上期的产量或收入之比;三是均衡增长率(有保证的增长率),即总需求和总供给相等条件下的增长率。萨缪尔森(P. A. Samuelson)将自然增长率称为"潜在的国民生产总值增长率",并将其增长的源泉归为"投入的增长和技术或效率的改进"。斯蒂格利茨(J. E. Stiglitz)则将潜在国内生产总值界定为"经济中所有资源得到充分利用时国内生产总值可以达到的数值"。现代经济增长理论在"卡尔多程式化"事实的假定下,默认了潜在增长率的存在。

关于潜在产出增长率的测算方法,常用的方法有消除趋势法(detrending method)、生产函数法(production function)和多变量状态空间法(multivariate state space method)三类。消除趋势法将实际产出序列分解为趋势成分与周期成分,趋势成分即潜在产出,周期成分即产出缺口。目前简单有效且广为应用的数据分解法是 HP 滤波法(Hodrick 和 Prescott,1997)。该方法认为,经济变量既不是永远不变也不是随机变动,而是缓慢变动的,因而度量时只需考虑实际产出变量。随着数据分解技术的发展,基于 HP

滤波法又衍生出了 BK 滤波法(Baxter 和 King,1999;Christian 和 Fitzgerald,2003)、卡尔曼滤波法(Harvey 和 Jaeger, 1993)等多种消除趋势法。对于 HP 滤波法的一些固有局限性,人们将其归因于单变量,从而考虑以多变量滤波法估计潜在产出。多变量方法将产出缺口和其他诸如通货膨胀率、失业率等宏观变量联系起来(Laxton 和 Tetlow,1992;Kuttner,1994)。生产函数估计法是通过估算总量生产函数得到全要素生产率,再利用消除趋势法对全要素生产率进行分解,得到趋势全要素生产率和潜在就业,进而估计潜在产出。该方法充分考虑了生产要素利用率和技术进步因素,体现了潜在产出的供给面特征,对减少潜在产出估计的不确定性有很好的效果(Proietti 等,2007)。但该方法不仅要求生产函数稳定,而且对数据质量的要求较高。多变量状态空间法就是在实际产出的分解中引入菲利普斯曲线和奥肯定律,建立多变量系统方程组,联合估计潜在产出(Blanchard 和 Quah,1989;Laxton 和 Tetlow,1992;Apel 和 Jansson,1997)。该方法的优点在于,考虑多种经济指标的影响从而能更好地揭示实际经济运行的状况。但该方法要求菲利普斯曲线和奥肯定律的经济关系成立且在样本区间内保持稳定。

为了寻找中国经济增长的长期趋势,经济学界对不同时期的中国经济潜在增长率进行估算。许召元(2005)运用 Kalman 滤波法估计 1979—2004 年中国潜在经济增长率在 6.75%—12.49% 之间变动。利用生产函数法估计中国潜在经济增长率的文献也较丰富。例如,沈利生(1999)采用该方法预测 21 世纪前 10 年的中国经济潜在增长率,张连城(1999)估算"十一五"期间中国经济增长的适度区间为 6.15%—10.15%。综合运用多种方法测算中国潜在经济增长率的文献日益增加。刘斌和张怀清(2001)运用线性趋势方法、HP 滤波法、单变量状态空间法和多变量状态空间的卡尔曼滤波法,基于 1992—2001 年的季度 GDP 数据,估计出四种方法下中国的年均季度潜在经济增长率分别为 9.1%、8.6%、8.4% 和 8.3%。郭庆旺和贾俊雪(2004)利用消除趋势法、增长率推算法和生产函数法估计 1978—2002 年中国平均潜在经济增长率为 9.56%。高铁梅和梁云芳(2005)采用 HP 滤波法、生产函数法和平均模型法计算中国潜在产出增长率,其结果总体在 8.5%—10.5% 之间。总而言之,现有文献关于中国潜在经济增长率的测算有两个特征:一是估计结果差异较大,低的在 6% 左右,高的在 11% 以上;二是 2008 年国际金融危机之后尤其是中国经济结构调整进程加快的背景下对潜在经济增长率的新变化缺乏系统研究。

当前中国的经济增长率总体呈下降趋势,调整经济结构、转变经济发展方式与寻求内生经济增长的新动力成为未来中国发展的战略任务。滤波法和多变量状态空间法是目前估计潜在经济增长率的常用方法,HP 滤波法简单易行,状态空间法同时考虑多种经济因素与结构状态从而能更好揭示经济长期增长趋势。本章一方面运用这两种经典方法对改革开放以来中国的潜在增长率进行估计和敏感性分析,尤其关注"调结构、转方式"进程加快期的潜在增长率变化;另一方面,面对潜在增长率相对下降的事实,围绕中国经济长期增长的内生动力何在的问题,提出并细致分析新一轮"开放促改革"的突破口在于资本要素配置的市场化和全球化。

12.2 中国潜在经济增长率的测算与变动趋势

12.2.1 HP 滤波法测算中国潜在增长率

虽然估计潜在增长率的方法较多,但都有各自的优点和局限。消除趋势法是一种简单有效且广为应用的估计方法,其借助计量分析工具对现实产出的时间序列数据直接进行处理从而给出潜在产出的估算值。具体做法是,利用平滑化工具将现实产出分解为趋势成分与周期成分,即

$$\ln Y_t = \ln Y_t^* + c_t \qquad (12.1)$$

其中,Y_t 为现实产出,Y_t^* 为潜在产出。

消除趋势法最常用的是 HP 滤波法(Hodrick 和 Prescott,1997),其将时间序列在状态空间的分解视为极小化波动方差,即

$$\text{Min} \sum_{t=1}^{T} (\ln Y_t - \ln Y_t^*)^2 + \lambda \sum_{t=1}^{T} [(\ln Y_{t+1}^* - \ln Y_t^*) - (\ln Y_t^* - \ln Y_{t-1}^*)]^2$$

$$(12.2)$$

其中 λ 为正数,用以"惩罚"趋势部分的变异,称为平滑参数。

HP 滤波方法是纯粹的机械平滑方法,不仅统计基础简明,只需要实际 GDP 的观测值就可以估算,而且以 HP 滤波估计趋势简便快捷。HP 滤波将时间序列的非平稳性纳入分解过程,改进了线性趋势法。该方法应用中的重要问题就是平滑参数 λ 的取值,不同的 λ 取值决定了不同的周期方式和平滑度。Hodrick 和 Prescott(1997)根据经验判断认为,对于季度数据 λ 取 1 600,对于年度数据 λ 一般取 100。张连城和韩蓓(2009)指出,在利用年度 GDP 数据估算中国潜在产出时,平滑参数取 100 能更准确地刻画长期增长路径,平滑参数取 6.25 则能更好地捕捉潜在产出的波动特点,两种平滑参数的滤波器应结合使用。基于此,本章一方面以年度对数 GDP 序

列为样本进行单位根检验,发现其在99%的显著性水平上呈单整序列;另一方面,平滑参数按100(λ_1)和6.25(λ_2)两种情况取值,估算中国潜在增长率的变化(见表12-1)。从长期增长路径看($\lambda_1=100$时),中国目前的潜在增长率虽然自2006年以来呈下降趋势,但总体仍处于常态的增长格局;从潜在产出的波动性来看($\lambda_2=6.25$时),中国目前的潜在增长率自2006年以来呈不断下降趋势,2012年降到了9%以下。

表12-1 中国潜在经济增长率的HP滤波法测算结果 （单位:%）

年份	潜在增长率		年份	潜在增长率		年份	潜在增长率	
	λ_1	λ_2		λ_1	λ_2		λ_1	λ_2
1978	NA	NA	1990	9.43	8.03	2002	9.30	8.78
1979	9.10	7.47	1991	9.53	9.05	2003	9.48	9.42
1980	9.13	7.65	1992	9.65	10.29	2004	9.66	10.08
1981	9.22	8.15	1993	9.71	11.06	2005	9.83	10.66
1982	9.35	9.10	1994	9.70	11.15	2006	9.95	11.00
1983	9.50	10.16	1995	9.61	10.65	2007	10.01	10.93
1984	9.61	10.90	1996	9.46	9.87	2008	10.01	10.44
1985	9.64	10.92	1997	9.31	9.04	2009	9.97	9.89
1986	9.61	10.33	1998	9.17	8.36	2010	9.92	9.44
1987	9.54	9.53	1999	9.10	8.00	2011	9.88	9.08
1988	9.45	8.61	2000	9.10	7.99	2012	9.86	8.88
1989	9.40	7.90	2001	9.17	8.27			

12.2.2 状态空间法估计中国潜在增长率

基于菲利普斯曲线和奥肯定律的状态空间法——卡尔曼滤波法(state space-Kalman filter)也是估计潜在产出和产出缺口的常用方法。其思路是将动态系统表示成状态空间形式,并借助卡尔曼滤波对系统进行连续修正。石柱鲜等(2004)利用该方法分析了中国潜在GDP,本章借鉴他们的做法,基于菲利普斯曲线和奥肯定律,以潜在产出与失业率缺口为状态变量建立状态空间模型,并在菲利普斯曲线基础上加入资本冲击变量。该状态空间模型由方程(12.3)—(12.6)联合构成:

$$\pi_t = \pi_{t-1} + \sum_{i=1}^{2} \alpha_i (u_{t-i} - u_{t-i}^n) + \rho z_{t-1} + \varepsilon_{t1} \qquad (12.3)$$

$$y_t - y_t^p = \sum_{i=0}^{1} \beta_i (u_{t-i} - u_{t-i}^n) + \varepsilon_{t2} \qquad (12.4)$$

$$y_t^p = c + y_{t-1}^p + \varepsilon_{t3} \tag{12.5}$$

$$u_t - u_t^n = \sum_{i=1}^{2} \gamma_i (u_{t-i} - u_{t-i}^n) + \varepsilon_{t4} \tag{12.6}$$

在方程(12.3)—(12.6)中,π_i表示通货膨胀率(以 GDP 缩减指数的对数值表示);u_i表示现实失业率,u_i^n表示非加速通货膨胀时的失业率,$u_i - u_i^n$代表失业率缺口;z_i表示供给冲击变量(以资本形成总额的对数差分值表示);y_t代表实际产出(以 1978 年为基期的实际 GDP 的对数值表示),y_i^p表示潜在产出的对数值,$y_t - y_t^p$表示产出缺口;α_i、β_i、γ_i分别为方程(12.3)、方程(12.4)和方程(12.6)中失业率缺口的系数;ε_{ij}表示 4 个方程的残差项,它们是互不相关的独立同分布方差。

为了避免伪回归现象,在估算之前先对可观测变量π_t、z_t、y_t进行单位根检验,结果显示这三个序列都是一阶单整的,在此基础上,进一步根据状态空间模型估计中国潜在经济增长率水平及其变化趋势(见表 12-2)。考虑通货膨胀、失业、资本冲击等多种因素后,中国潜在增长率的变动幅度明显扩大,目前的潜在增长率呈明显下降趋势,2012 年降到了 8%以下。

表 12-2 中国潜在经济增长率的多变量状态空间法估计结果 (单位:%)

年份	潜在增长率	年份	潜在增长率	年份	潜在增长率
1978	NA	1990	6.85	2002	7.80
1979	NA	1991	8.72	2003	9.24
1980	7.69	1992	11.01	2004	9.41
1981	8.06	1993	10.61	2005	10.64
1982	10.96	1994	10.36	2006	12.31
1983	11.27	1995	11.85	2007	12.62
1984	10.76	1996	11.46	2008	9.34
1985	13.18	1997	10.58	2009	8.92
1986	12.44	1998	8.56	2010	10.67
1987	8.44	1999	7.13	2011	9.52
1988	8.50	2000	7.32	2012	7.71
1989	7.69	2001	7.29		

12.2.3 中国潜在增长率的变化特征与中国经济新一轮改革的突破口

表 12-1 和表 12-2 体现出了中国潜在增长率的变化特征:(1)中国经济的潜在增长率无论是 HP 滤波法估计还是多变量状态空间法估计,其变化趋势是一致的。(2)中国的潜在增长率经历了三次高峰,即改革开放后

的 1983—1986 年、邓小平南巡讲话后的 1992—1995 年,以及加入 WTO 后的 2005—2007 年,这三个高峰期的潜在增长率都是两位数。(3)目前中国经济潜在增长率开始回落,从 2008 年国际金融危机前的两位数回落到目前的 8% 左右。多变量状态空间法估计的 2012 年潜在增长率为 7.71%,HP 滤波法估计的 2012 年潜在增长率为 8.88%(平滑参数取 6.25 的情形,该取值能更好地捕捉潜在产出的波动性)。通过比较多变量状态空间法估计结果与 HP 滤波法估计结果可以发现,考虑资本冲击因素后,潜在增长率的变化幅度扩大,目前潜在增长率下降的速度明显加快。资本冲击因素的影响取决于资本要素市场配置效率,资本要素市场配置效率低是制约中国潜在增长率的重要原因。在表 12-2 中,20 世纪 90 年代以来,中国潜在增长率在两位数以上的年份基本上都伴随着资本要素市场的重大改革。例如,1990 年开启了股票市场,1994 年启动了人民币汇率改革,1995 年《关于"九五"时期深化利率改革的方案》提出了利率市场化改革的基本思路,1996 年 6 月银行间同业利率放开,1997 年 6 月债券市场债券回购和现券交易利率放开,2004 年 10 月贷款利率上限限制取消,2005 年 3 月金融机构同业存款利率放开,2005—2007 年人民币汇率中间价浮动 0.3%。

我国三十多年的经济改革的基本取向是推进市场化,除了成品油、电力、天然气等重要资源和商品外,市场决定价格的机制在商品市场已经实现。但市场配置资源在要素市场上明显滞后,资本、土地和劳动力要素的市场化改革将是新一轮改革的核心任务。土地制度改革涉及许多法律等层面的复杂问题,改革进程注定相对缓慢。劳动力市场改革取决于户籍制度、土地制度、城镇化等改革进程,劳动力市场的二元化现象仍将在较长时期存在。因此,要素市场化改革的突破口就在于资本要素市场的开放。这不仅因为资本要素的市场化和全球化具有较长时期的改革实践基础,而且因为资本要素市场配置效率是中国潜在增长率的内生动力。

围绕潜在增长率相对下降的事实,人们日益关注中国经济增长的未来趋势。中国经济长期增长的内生动力在哪里?《中共中央关于全面深化改革若干重大问题的决定》为此给出了明确答案,"必须在新的历史起点上全面深化改革","以开放促改革"。也就是说,中国经济增长要向市场开放要动力、向改革要活力。20 世纪 80 年代改革开放的突破口是商品价格的市场化。在新的历史起点上,资本要素价格市场化和全球化成为新一轮"开放促改革"的突破口,并有中国自由贸易试验区作为先行先试基地。《中共中央关于全面深化改革若干重大问题的决定》为此提出了完善金融市场体系的战略部署,要求在"扩大金融业对内对外开放""加快推进利率市场化""完善人民币汇率市场化形成机制""推动资本市场双向开放""加快实现人民币资本项目可兑换"等改革上取得突破,强调建立中国(上海)自由贸易试验区是"推进改革开放的重大举措","为全面深化改革和扩大开放探索新途径、积累新经验"。

12.3 人民币对内价格市场化的改革"堡垒"与对外价格市场化的改革重点

12.3.1 人民币对内价格市场化的改革"堡垒"

人民币对内价格的市场化改革是从1996年放开同业拆借利率开始的,遵循先贷款、后存款、先长期后短期、先大额后小额的基本原则(见表12-3)。目前尚未完成的是存款利率上限的全面放开,也就是说,放开小额、活期和短期存款利率上限管制才是改革最终完成的标志。存款利率上限的全面放开需要完善利率定价机制、报价机制以及利率传导机制。

表12-3 中国利率市场化改革进程

时间	改革举措
1995年	《中国人民银行关于"九五"时期深化利率改革的方案》初步提出利率市场化改革的基本思路
1996年6月	银行间同业拆借利率放开
1997年6月	银行间债券市场正式启动,债券市场债券回购和现券交易利率放开
1998年3月	贴现和转贴现利率放开
1998年10月	金融机构对小企业的贷款利率浮动幅度由10%扩大到20%,农村信用社的贷款利率最高上浮幅度由40%扩大到50%
1998年9月	政策性银行金融债券发行利率放开
1999年10月	国债发行开始采用市场招标形式,实现了银行间市场利率、国债和政策性金融债发行利率的市场化
1999年10月	央行对保险公司大额定期存款实行协议利率,规定对保险公司3 000万元以上、5年以上大额定期存款,实行保险公司与商业银行双方协商利率的办法
1999年3月	允许县以下金融机构贷款利率最高可上浮30%
2000年9月	实行外汇利率管理体制改革,放开外币贷款利率;300万美元以上的大额外币存款利率由金融机构与客户协商确定
2002年3月	扩大农村信用社利率改革试点范围,进一步扩大农村信用社利率浮动幅度;统一中外资金融机构外币利率管理政策

（续表）

时间	改革举措
2004年10月	贷款利率取消上限限制,实行下限管理;贷款利率允许下浮10%;对存款利率取消下限管理,实行上限管理,上限为存款基准利率的1.1倍
2005年3月	金融机构同业存款利率放开
2006年2月	央行推出人民币利率互换交易试点
2007年8月	央行决定在银行间外汇市场推出人民币外汇货币掉期交易
2012年6月	将金融机构存款利率浮动区间的上限调整为基准利率的1.1倍,将金融机构贷款利率浮动区间的下限调整为基准利率的0.8倍
2012年7月	贷款利率浮动区间下限从基准利率的0.8倍放宽至0.7倍
2013年7月	取消金融机构贷款利率0.7倍的下限,由金融机构根据商业原则自主确定贷款利率水平
2013年12月	央行公布《同业存单管理暂行办法》

资料来源:根据相关文件资料整理。

利率市场化改革的最后一块堡垒也正在逐渐突破。例如,2013年12月《同业存单管理暂行办法》就进一步促进了市场利率定价机制的形成。当利率市场化改革进入全面放开存贷款上下限阶段时,改革的风险主要体现为利率水平在短期内可能快速上升。根据国际经验,利率市场化改革进入该阶段后,全面放开存贷款利率上下限一般会导致利率水平出现先上升后下降的现象。我国的利率市场化改革中也出现了利率上升的情形,这可从无风险基准利率从存款利率和国债利率转向理财产品收益率然后再回归到存款利率和国债利率的过程得以反映。在利率市场化改革的攻坚阶段,利率先上升后回调至均衡水平的调整时间也是改革风险的体现,这个调整时间取决于各国金融市场和改革政策的有效性。[①]

存款利率的全面放开有个次序安排,前期的改革包括大额同业存单利率放开、存款保险制度建立以及大额可转让定期存单利率市场化。对于第一步改革,《同业存单管理暂行办法》开启了银行间市场同业定期存单利率市场化进程,同业存单可以在一级市场发行、二级市场交易,二级市场的短期交易价格能够反馈到一级市场影响发行定价。对于第二步改革,存款保险制度一方面切断银行背后的政府隐性担保以推进银行体系改革,另一

---

① 美国利率市场化改革历经1970—1986年,在改革的最关键时期即利率上限放开后,用了不到1年的时间就完成了利率压力的释放。日本利率市场化改革历经1978—1994年,日本的利率上限放开过程采取渐进式,完成利率压力的释放用了2年时间。但也有例外的情形,例如中国台湾地区在利率上限放开后,利率直接进入了下行通道。

方面保障存款人利益。① 存款保险制度是保护存款人利益的重要制度安排，目前世界上已有 110 多个国家和地区建立了存款保险制度。早在 1993 年国务院《关于金融体制改革的决议》中就提出要建立存款保险制度，酝酿 21 年之久的存款保险制度终于在 2014 年 11 月 30 日破题，央行公布了《存款保险条例（征求意见稿）》。对于第三步改革，上海自贸区在先行先试的基础上推广复制，央行《关于金融支持中国（上海）自由贸易试验区建设的意见》不仅提出将区内符合条件的金融机构纳入优先发行大额可转让存单的机构范围，在区内实现大额可转让存单发行的先行先试，而且已放开区内小额外币存款利率上限。

12.3.2 人民币对外价格市场化的改革重点

人民币对外价格市场化就是人民币汇率形成机制的市场化。根据蒙代尔（R. A. Mundell）和克鲁格曼（P. R. Krugman）的"不可能三角"理论（见图 12-1），一个国家在独立的货币政策、固定汇率制度以及资本的自由流动这三个目标中，只能选择其中的两个目标。② Obstfeld 等（2005）强调，从金本位到牙买加体系时期均显示出了"三元悖论"的有效性。就汇率制度而言，我国实行的是以市场供求为基础、参考篮子货币汇率变动、有管理的浮动汇率制度，但汇率的浮动幅度还较窄。就货币政策而言，作为一个独立的经济政治大国，中国追求货币政策的独立性是基本的要求，物价稳定、经济增长、就业增加和国际收支平衡目标的实现都取决于货币政策的独立性和有效性。就资本流动而言，中国作为世界贸易大国，在经济与金融全球化的世界经济格局中，放弃资本自由流动目标也是不现实的。基于此，我们应选择美国模式，放弃固定（稳定）汇率这个目标，完善人民币汇率市场化形成机制。

自 2005 年 7 月 21 日起我国启动了新一轮人民币汇率制度改革，无论是汇率制度本身还是汇率的浮动区间、中间价形成机制和汇率管理方式，都有了较大的变化（见表 12-4）。

---

① 目前国际上有三种存款保险制度类型：一是"付款箱型"，只负责赔付储户存款，不对银行实施监管；二是"风险最小化型"，除负责赔付外，还履行对银行重组及监管等功能；三是"中间型"，其功能介于前两者之间。根据国际存款保险机构协会（IADI）资料，目前国际上实行"付款箱型"和"中间型"的国家占主导（超过 60%）。

② Frankel（1999）对该理论进行了拓展，认为在"三角"中并不一定要完全放弃其中一角，而可以在两个目标的抉择中各放弃一半。例如，若要保持资本自由流动，可以货币政策的独立性以及汇率的稳定性各放弃一半，从而实现一半的汇率稳定和一半的货币政策独立性。

图 12-1 "不可能三角"与中国的选择

表 12-4 中国汇率制度及外汇管理制度的改革进程

	1994—2005年	2005—2007年	2007—2008年	2008—2012年	2012年4月	2014年3月
汇率制度		有管理的浮动汇率制度				
	盯住美元	参考一篮子货币				
浮动区间	单一汇价	中间价浮动0.3%	中间价浮动0.5%		中间价浮动1%	中间价浮动2%
外汇管理	强制结售汇		企业层面意愿结售汇	废止强制结售汇、扩大银行结售汇头寸		简化行政审批程序,完善结售汇管理,促进贸易投资便利化

资料来源:根据中国银行(2013)等资料整理。

当汇率作为自由变量时,汇率水平是经济活动的一个内生变量,由市场供求决定,这是基本的改革取向。只有人民币汇率形成机制是市场化的,汇率水平才会逐渐接近人民币均衡汇率,从而真正发挥调节国际收支促进内外均衡的作用。人民币汇率市场化形成机制的改革重点是确定中间价与扩大浮动区间。自2006年1月起,中国人民银行授权中国外汇交易中心对外公布当日人民币汇率的中间价,中间价形成方式由收盘价指导模式转变为开盘询价模式。人民币汇率每日浮动区间也由0.3%逐步扩大至2%。虽然如此,现有的汇率定价机制仍难以反映外汇市场供求关系的变化。为此,央行《关于金融支持中国(上海)自由贸易试验区建设的意见》提出先行先试。一是放宽交易层面的审批管理;①二是简化外币资金

---

① 例如,简化直接投资外汇登记手续,加强事后监管;取消金融类租赁公司境外租赁等境外债权业务的逐笔审批,实行登记管理;取消区内机构向境外支付担保费的核准,区内机构直接到银行办理担保费购付汇手续。

池管理,完善结售汇管理①;三是在市场层面上加快外汇衍生品市场发展。

12.4 资本要素全球化配置的改革路径

12.4.1 人民币国际化与资本项目开放

资本要素配置的全球化要依赖于人民币国际化和资本项目开放。中国要避免现行国际金融体系对本国发展带来的负面影响,人民币国际化是迫不得已的追求。在现行的国际金融体系下,汇率调整无法解决储备货币发行国国际收支赤字和全球失衡问题,难以避免全球金融危机的发生和金融不稳定(Dooley 等,2004;McKinnon,2007;Mundell,2007;周小川,2009)。因此,缓解全球失衡、维持金融稳定需要改革现行的国际金融体系。学术界将目前的国际金融体系现状概括为美元依然主导、欧元面临挑战(没有统一的国债市场和财政政策)、多元化改革方向,并将现行国际货币体系改革的难点归结为国际储备货币的供应问题、国际收支不平衡的调节机制以及国际资本流动与全球治理等三个方面(巴曙松,2010;殷德生,2011b)。关于国际金融体系改革的方向,目前形成了改良派和改革派两种思潮。改良派主张在现有美元主导的国际金融体系的基础上进行改进(Subacchi,2010;Cooper,2010)。改革派中形成了两种思路:一是彻底改革国际金融体系,例如,有的主张以 SDR 替代美元成为国际储备货币(Williamson,2010),有的主张引入超主权储备货币建立新的世界货币代替美元地位(Stiglitz,2011)。这种思潮总体来说过于理想,还处于构想阶段。二是倡导国际货币多元化改革。该思路以 Eichengreen(2006)和 Mundell(2007)为代表。Eichengreen(2006)认为,美国的双赤字不可持续,美元地位将下降,现行货币体系将逐步朝着国际货币多元化的方向演进,在可预见的未来,美元和欧元可能将分享国际储备货币的地位。Mundell(2007)提出,国际货币体系内国家有可能整合成若干货币区,只要有两个货币区的汇率保持稳定,就能"诱使"第三个货币区的货币加入这个"汇率稳定机制",从而实现全球金融的稳定。该思路日益得到广泛认可,国际货币体系朝着区域化、多元化方向发展,这符合国际金融体系的内在发展规律(殷德生,2011b)。中国也是该思路的积极倡导者和推动者,主张构建包括人民币在内的多元化国际货币体系(夏斌,2011)。Jayakumar 和 Weiss(2011)强调,

---

① 例如,扩大跨国公司总部外汇资金集中运营管理试点企业范围,支持银行开展面向境内客户的大宗商品衍生品的柜台交易。

在未来的数十年中,包含美元、欧元、人民币的三极货币体系将会取代美元本位,现有美元与欧元两条腿支撑的国际货币体系并不稳定,中国经济实力的增强和日益全球化使人民币国际化具有内在需求。

人民币国际化是中国金融开放的核心利益追求。虽然人民币成为国际储备货币是一个漫长的过程,但当前人民币国际化的意义在于战略布局,在于在追求和推进人民币国际地位的长期过程中推动国内金融制度的改革和金融市场的开放、改善经济结构、提高经济增长效率,并在此过程中创造稳定的国际货币环境。在人民币国际化的过程中,中国如果能与亚洲各国实现各种有效的货币与金融合作,寻求创建区域内的汇率稳定机制和区域性货币,不仅将促进亚洲金融的发展,而且有利于世界金融的稳定。

国际金融体系不仅具备制度的核心内容(社会性规则)和基本功能(减少不确定性),而且还具备制度的本质特征(公共品)。纵观国际货币体系史,无论哪种国际货币体系,其正常运转都得依赖于国际合作。各行为主体之间的相互依赖和共同利益使得作为公共品的国际货币制度能够在"无政府"状态下达成合作与合理秩序。霸权衰落后的合作不仅是可能的,而且是各国的国内协调与国际协调权衡或决策的内生需求,并可通过国际机制的作用得到促进。现行国际金融体系改革的真正方向既取决于世界储备货币发行国之间的货币政策协调,又离不开世界储备货币发行国(尤其是美国)与奉行出口导向战略的新兴工业化国家的合作。国际货币制度合作的路径取向应是先区域性合作然后全球性合作。

国际公共产品理论日益融入地区主义的"阶段说"和功能主义的"外溢说",这不仅为国际货币制度的区域合作提供了理论武器,而且为新进入国家参与国际金融体系改革提供了合法性。为了从根本上规避源于不合理的国际金融体系的潜在风险,中国参与国际金融体系的改革与重建具有内在需求,其突破口在于推动区域货币金融合作以提高人民币的区域地位和国际化水平(殷德生,2011b)。自2009年启动跨境贸易下人民币结算试点以来,我国经常项目下跨境人民币结算规模增长迅速,2013年跨境贸易人民币结算业务累计达4.63万亿元,以人民币结算的货物贸易额占海关进出口总额的比例达11.7%,在国际支付货币中人民币成为了第七大货币。人民币国际化和资本项目开放存在门槛效应,适合渐进式改革。① 实

---

① 在资本账户开放的改革中,有些国家因前提条件具备而在较短的时间内就完成了这项改革,也有些国家采取渐进式改革模式,资本账户开放经历了较长的历史时期。总体而言,OECD成员国采取激进式改革较为普遍,发展中国家采取渐进式改革较为普遍,发达国家如英国、德国、日本等也采取了渐进式的改革。

际上,一国资本项目的开放并非是资本和金融账户项目下的所有子项目都不受限制地完全放开,已实现资本项目开放的国家也对跨境直接投资不动产和证券市场交易存在不同程度的限制,对于短期外债以及投机性头寸的监管也并未放松。因此,中国资本账户开放要依据风险性从信贷工具交易、直接投资到资本与货币市场工具交易再到个人资本交易以及衍生品交易的次序逐步放开。

12.4.2 资本投融资便利化

资本投融资便利化是资本要素全球化配置的突破口。世界上主要国家的投融资便利化都伴随着离岸金融市场的发展,美元、欧元、日元的外汇交易量大部分都是在离岸金融市场上产生的,世界货币存量的50%—70%都是通过离岸金融市场周转的。我国人民币离岸银行业务已有二十多年的试点经验(见表12-5),但获准开办离岸业务的银行仍以国际结算为主,主要是跨境人民币结算、外币结算、信用证业务、议付与海外保函等,离岸金融市场有待依托中国自由贸易试验区的先行先试而实现升级。

表12-5 人民币离岸业务发展历程

时间	人民币离岸业务推进内容
1989年5月	招商银行获准在深圳开办离岸银行业务,其后深圳发展银行、广东发展银行及其深圳分行、工商银行和农业银行的深圳分行相继获得离岸银行业务牌照
1997年10月	中国人民银行出台《离岸银行业务管理办法》
1999年1月	为应对东南亚金融危机,维护本国金融体系的稳定,央行收回了离岸业务准办证
2002年6月	中国人民银行批准招商银行和深圳发展银行全面恢复离岸业务,同时对交通银行和浦东发展银行颁发离岸业务准办证
2003年11月	中国人民银行与香港金管局签署了《关于香港个人人民币业务发展的合作备忘录》,香港逐渐成为了人民币离岸金融中心
2004年1月	中国银联获准开办中国内地"银联"人民币卡在香港地区使用的业务
2005年1月	人民币银联卡在韩国、泰国、新加坡开通受理业务
2007年6月	《境内金融机构赴香港特别行政区发行人民币债券管理暂行办法》发布
2009年9月	财政部首次在香港发行60亿元人民币的国债
2010年6月	跨境贸易人民币结算试点地区"扩容",由上海、广东的4个城市扩大至20个省(自治区、直辖市)

（续表）

时间	人民币离岸业务推进内容
2010年8月	央行允许香港人民币业务清算行等相关境外机构进入内地银行间债券市场试点投资
2011年1月	央行发布《境外直接投资人民币结算试点管理办法》，凡获准开展境外直接投资的境内企业都可以人民币进行境外直接投资

资料来源：根据相关文件资料整理。

建成内外分离型的离岸金融中心不仅是自由贸易区建设初期的国际经验，而且是适合中国资本市场渐进式改革实际。自贸区离岸金融市场的发展有利于建立起以人民币计价结算的国际及跨境金融资产交易平台，贯通资金自由流动渠道，形成离岸人民币回流机制。作为先行先试实验区，上海自贸区跨境投融资便利化改革具体体现在三个方面：一是探索投融资汇兑便利化，进一步扩大试验区对外开放，支持企业走出去；二是扩大人民币跨境使用，使区内企业和个人更加灵活地使用本币进行跨境交易；三是深化外汇管理制度改革，进一步减少行政审批，逐步建立与之相适应的外汇管理体制。

在推进投融资汇兑便利化上，实现企业跨境直接投资便利化。中国人民银行《关于金融支持中国（上海）自由贸易试验区建设的意见》中提出了系列措施。例如，试验区跨境直接投资可直接向银行办理所涉及的跨境收付、兑换业务；为了便利个人跨境投资，区内就业并符合条件的个人可按规定开展包括证券投资在内的各类境外投资，个人在区内获得的合法所得可在完税后向外支付，区内就业并符合条件的境外个人可按规定在区内金融机构开立非居民个人境内投资专户，按规定开展包括证券投资在内的各类境内投资。

在扩大人民币跨境使用上，实现人民币跨境结算服务的便利化。中国人民银行《关于金融支持中国（上海）自由贸易试验区建设的意见》中提出：上海地区银行业金融机构可直接办理经常项下、直接投资的跨境人民币结算业务；上海地区银行业金融机构可与区内支付机构合作，为跨境电子商务（货物贸易或服务贸易）提供人民币结算服务；实验区内金融机构和企业可从境外借用人民币资金；区内企业可开展集团内双向人民币资金池业务，为其境内外关联企业提供经常项下集中收付业务。

在深化外汇管理和外债管理改革上，自由贸易试验区内将探索建立新的外汇管理体制和外债管理模式。例如，实现区内的企业进出口的外汇结算以及人民币与外币之间的兑换的便利化，提高资金的流转效率；允许区内企业可以更自由地在国际市场上进行融资,区内金融机构能够从事跨境融资业务,支持各类融资租赁公司在区内设立项目子公司并开展境内外租赁服务;支持股权托管交易机构在试验区内建立综合金融服务平台,在该平台注册的境内外公司可以自由地投资于国外证券市场;鼓励在试验区设立专业从事境外股权投资的项目公司,有条件的投资者可设立境外投资股权投资母基金。

在推进跨境投资便利化方面,中国自由贸易试验区除了进行以上三个具体领域的改革外,还需要将扩大开放与体制改革相结合,形成与国际投资、贸易通行规则相衔接的基本制度框架。一方面,扩大投资领域的开放,建立负面清单管理模式。根据《中国(上海)自由贸易试验区总体方案》,暂停或取消投资者资质要求、股比限制、经营范围限制等准入限制措施,使各类投资者拥有平等的市场准入条件。借鉴国际通行规则,对外商投资试行准入前国民待遇。对负面清单之外的领域,按照内外资一致的原则,将外商投资项目由核准制改为备案制。另一方面,构建对外投资服务促进体系。改革境外投资管理方式,对境外投资开办企业实行以备案制为主的管理方式,对境外投资一般项目实行备案制,提高境外投资便利化程度。

12.5　宏观审慎管理框架下资本流动监管模式创新

资本自由流动对经济增长影响的实证结果是不确定的,存在着明显的门槛效应,只有一国跨越了某个阈值,资本自由流动才有利于经济增长。这意味着资本自由流动给经济增长带来了一定的风险。对资本流动进行宏观审慎管理的理论依据来自对过度借贷行为的研究(Bianchi,2011)。Korinek(2011)将宏观审慎政策应用至对国际资本流入的管制中。Jeanne(2012)总结了宏观审慎的资本管制应遵循的原则:管制应当针对资本流入而非资本流出,因为脆弱性是由过度的资本流入引起的;不同类型的资本流入带来的系统性风险不同,宏观审慎的资本管制应当区别对待;宏观审慎的资本管制应当是逆经济周期的。

盲目地开放资本账户、资本的完全自由流动会导致本国经济的不稳定甚至金融危机,尤其是在汇率形成机制不完善条件下,放松资本管制将招致更大的投机资本冲击(张斌和徐奇渊,2012)。国内金融自由化和国内诸如有效的法制、合理的公司治理结构、严格的审慎监管等核心制度的完善,是资本自由流动的基本前提。中国的资本管制在避免外来的激烈冲击、减少金融市场波动、维持汇率稳定、保持国内金融体系的稳定和发展方面发挥了重要作用(Ma 和 McCauley,2008)。但资本市场开放是中国金融改革的核心利益之一。中国人民银行调查统计司课题组(2012)也提出,当前我国资本管制效力不断下降,资本账户开放的风险基本可控,加快资本账户开放的条件基本成熟。

资本流动监管模式创新需要在先行先试的基础上复制推广,中国自由贸易试验区在宏观审慎管理框架下主要有两种模式:

一是游资型的模式(见图12-2),即一线(国境线)逐步彻底放开,二线(与非试验区的连接线)高效管住,区内便利和自由。"一线放开"意味着资金流跟随贸易流的自由流动而实现资金双向自由流动,"二线管住"要求资金按跨境原则管理。在"一线放开"的过程中,金融监管应该根据不同领域的贸易自由化需求及其风险来操作,相关性越高且放开后风险越小的领域应最先放开,且应放开流入后再放开流出。在"二线管住"的过程中,核心问题是如何有效有度地控制区内区外之间的渗透。通常采取的措施是按照审慎原则,实施账户隔离和适度实体隔离,必要时采取临时性管制措施。在金融监管中,不仅需要建立一套有效的监控体系防止金融机构在进入自贸区后借离岸业务之名行在岸业务之实,而且要求监管机构对金融机构的事中、事后进行有效监管,尤其是风险识别、风险监测以及风险控制能力的提升。

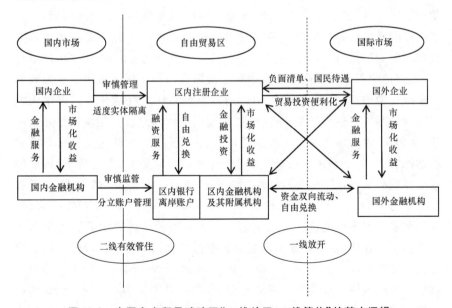

图 12-2 中国自由贸易试验区"一线放开、二线管住"的基本逻辑

二是分账户核算管理模式。分账户核算管理要求自贸区内所有企业、个人、金融机构的账户都被标识，与境内账号隔离，并通过该系统来实时监控账户内资金的流向。央行《关于金融支持中国(上海)自由贸易试验区建设的意见》中明确了分账户核算管理模式的基本内容：一是分立账户。区内的居民可通过设立本外币自由贸易账户实现分账核算管理，开展投融资创新业务，非居民可在试验区内银行开立本外币非居民自由贸易账户，按准入前国民待遇原则享受相关金融服务。二是账户划转。居民自由贸易账户与境外账户、境内区外的非居民账户、非居民自由贸易账户以及其他居民自由贸易账户之间的资金可自由划转，同一非金融机构主体的居民自由贸易账户与其他银行结算账户之间因经常项下业务、偿还贷款、实业投资以及其他符合规定的跨境交易需要可办理资金划转。三是分账户核算管理。居民自由贸易账户与境内区外的银行结算账户之间产生的资金流动视同跨境业务管理；建立区内居民自由贸易账户和非居民自由贸易账户人民币汇兑的监测机制。

12.6 结论及政策含义

经济结构战略性调整是我国加快转变经济发展方式的主攻方向，中国的经济增长进入"新常态"，人们日益关注中国经济增长的未来趋势。但对中国经济增长趋势的判断离不开对潜在增长率的估计。滤波法和多变量状态空间法是目前估计潜在经济增长率的常用方法，HP 滤波法简单易行，多变量状态空间法同时考虑多种经济因素与结构状态从而能更好地揭示经济长期增长趋势。本章应用这两种经典方法对改革开放以来中国的潜在增长率进行估计和敏感性分析，发现目前中国经济潜在增长率开始回落，从 2008 年国际金融危机前的两位数回落到目前的 8% 左右。HP 滤波法估计的 2012 年潜在增长率为 8.88%（平滑参数取 6.25 的情形，该取值能更好地捕捉潜在产出的波动性），多变量状态空间法估计的 2012 年潜在增长率为 7.71%。考虑资本冲击因素后，潜在增长率的变化幅度扩大，目前潜在增长率下降的速度较为明显。资本冲击因素的影响取决于资本要素市场配置效率，资本要素市场配置效率低是制约中国潜在增长率的重要原因。面对潜在增长率相对下降的事实，中国经济长期增长的内生动力在哪里？中国经济增长如何向开放要动力、向改革要活力？20 世纪 80 年代的改革开放的突破口是商品价格体制改革，但资本要素价格市场化改革相对滞后。资本要素配置的市场化和全球化成为了新一轮"开放促改革"的突破口,并有中国自由贸易试验区作为先行先试基地。

资本要素配置的市场化要依赖于人民币对内对外价格的市场化。在利率市场化方面,目前尚未完成的是存款利率上限的全面放开。对于这最后一块改革堡垒,不仅需要完善利率定价机制、报价机制以及利率传导机制,而且有改革次序安排,即先是大额同业存单利率放开,然后是存款保险制度建立,最后是大额可转让定期存单利率市场化。人民币汇率市场化形成机制的改革重点是确定中间价与扩大浮动区间。资本要素配置的全球化要依赖于人民币国际化和资本项目开放。中国参与国际金融体系的改革与重建的途径在于推动区域货币金融合作以提高人民币的区域地位和国际化水平。中国资本账户开放要依据风险性从信贷工具交易、直接投资到资本与货币市场工具交易再到个人资本交易以及衍生品交易的次序逐步放开。资本投融资便利化是资本要素全球化配置的突破口,而投融资便利化总是伴随着离岸金融的发展。资本的自由流动对经济增长影响的实证结果是不确定的,存在着明显的门槛效应,其中最为关键的就是如何有效监管资本流动。资本流动监管模式创新需要在先行先试的基础上复制推广,作为实验田的中国自由贸易试验区对宏观审慎管理框架下资本流动监管模式主要进行着两种创新:游资型模式("一线放开、二线有效管住")和分账户核算管理模式。

第13章 结　　论

发展中国家的经济转型意味着两个方面：一是经济要持续增长。依靠要素投入尤其是资本积累的经济增长在长期内是不可持续的；依靠技术进步和创新，通过提高技术效率和资源配置效率实现的增长才是可持续的。二是提高经济增长的质量。实现经济增长由主要依靠物质资源消耗转向主要依靠科技进步、劳动者技能提高以及生产效率的提升。同时，发展中国家的经济转型面临着两大趋势：一是技术创新对世界各国的经济增长的贡献日益显著；二是世界经济日益一体化，各国间的相互依赖日益加深。国际贸易便利了各国技术扩散和知识的积累，技术进步和日新月异的创新又强化了国际贸易的动机和促进世界经济一体化发展。本书站在开放经济尤其是国际贸易的视角考察技术进步、国际贸易与经济转型之间的作用机制与影响结果。

为了厘清市场开放、技术进步与经济转型研究的现有状况和关键问题，我们从两个方面进行文献综述和评价：

第一，系统地回顾经济结构转型的决定因素及理论演进，围绕技术进步、经济开放与经济转型的古典解释、新古典解释以及新兴古典的解释展开文献梳理，重点是其中的新古典解释，评述了经济开放条件下要素积累、内生技术创新、内生技术转移、内生技术结构对内生经济增长的影响渠道和结果。将经济转型置于开放经济背景下，这不仅符合发展中国家经济转型的现实环境，更符合经济转型的需要，或者说经济转型需要经济开放的倒逼。

第二，对中国经济结构调整与发展方式转型的研究文献进行全面的述评。一方面，从文献综述中梳理中国经济增长的驱动力、经济结构战略性调整的方向以及空间经济结构调整的路径；另一方面，围绕中国经济结构调整与发展方式转型的重点、难点与推进路径等核心问题，从文献综述中总结出一系列政策含义，讨论如何改变政府主导型增长模式，从"结构失衡的增长"转向"结构协调的增长"需要何种新的增长机制，以及推进经济结构战略性调整的新途径是什么,倡导经济内生增长由要素投入导向转向效率导向,依靠要素市场化、资源配置全球化和空间效率提升,走高效工业化和高效城市化道路。

经济转型的过程离不开国际贸易或者说市场开放的作用,没有哪个国家是在经济封闭的情形下完成经济转型的。贸易与经济增长理论的新发展提出了新的问题:哪些产品参与国际贸易(新贸易理论);什么原因使富国经济增长迅速,甚至比穷国和中等收入国家的增长还快,后者如何赶超前者并实现经济转型(新增长理论);增长发生在哪些地方(新经济地理学)。这些理论的新发展都同时强调,增长是专业化、创新和规模经济的结果,其又通过商品、资本和知识的贸易以国际一体化的形式反映出来,这种一体化引发了发展中国家收入分配、经济转型与发展等方面的一系列深刻变化。本书将新增长理论与新贸易理论融合,考察发展中国家的对外贸易对经济转型的作用,强调规模经济、产品多样化、质量阶梯提升、技能溢价、同行业内的企业异质性等之间的相互作用。在讨论经济转型理论时,关注技术进步的决定因素与规模经济效应;在讨论国际贸易理论时,侧重比较优势的动态演进以及技术竞争背景下的技术创新;规模经济和贸易一起,通过扩大潜在市场规模使得技术进步的应用成为可能,更多的贸易机会也因此激励了专业化;专业化生产一方面更加注重创新,创新程度越高,贸易的范围就越广,另一方面会带来更多的技术溢出,推动贸易和经济转型。

商品、资本和知识的国际流动,对于任何成功实现经济转型与发展的国家都是必需的,对于面临经济转型重任的中等收入国家尤为重要,因为贸易促进了国内资源在物质生产部门和知识产品生产部门之间的要素优化配置。此类经济日益从多样化转向专业化,并因此从重视投资转向注重创新。贸易是获取新知识、促进技术进步的有力手段,但这种获取方式取决于一国甚至一个行业内企业间的各种差异,尤其是技能劳动的需求与供给、技术吸收能力和要素报酬差距。这些问题使技术进步、国际贸易与经济转型问题的讨论变得尤为复杂和有趣。

开放经济条件下经济转型的决定因素或者说推动力是本书研究的第一个重点。经济转型实际上就是寻求新一轮规模报酬递增的驱动力。我们以规模报酬递增的来源为线索,将经济转型的决定因素归结为外部效应、水平创新和垂直创新三个方面。一方面,将技术进步来源归纳为"干中学"、体现为中间产品种类数增加的 R&D 以及体现为中间产品质量阶梯提升的 R&D,刻画这三种情形的技术进步对国际贸易与经济增长的影响机制和结果。另一方面,讨论垂直一体化解决产品种类数增加与交易成本上升之间两难问题的机制,以及垂直一体化对技术进步与动态比较优势格局产生的一系列影响。

"干中学"是技术进步的重要来源之一。在两国的技术、偏好和规模都相同的情况下,专业化模式因外部效应的差异而存在着多重均衡。"干中学"效应和贸易品种类数的增加是比较优势的重要来源,以此为基础的贸易模式能带来经济利益的增长。国际贸易使出口产品的消费规模扩大,均衡的经济增长率就是随着产品消费人口的增加而上升。进口贸易带来的"干中学"效应以及"干中学"的速度决定着均衡的经济增长率。经济就是通过不断引进更复杂的产品来获得进步,"干中学"源于这些复杂程度较高的进口资本品的经验积累。"干中学"、知识溢出对国际贸易与经济增长的影响不仅存在着理论证据,而且有着充实的经验证据。"干中学"和知识外溢意味着规模报酬递增的存在,外溢效应抵消掉了单个厂商所面临的规模报酬递减问题,从而使经济持续增长。一国贸易开放还带来了国际知识溢出,各国从其贸易伙伴国中吸取创新成果和思想,增大了本国的知识存量,降低了本国 R&D 成本,提高了各国 R&D 部门的生产效率和创新率。技术溢出导致生产率提高在经验研究方面也得到了广泛的证明。

R&D 活动是技术进步的核心来源,其首要的表现就是中间产品种类数的增加,即企业投资于 R&D 活动以发明出可以不完全替代现有品牌的新产品。经济增长率随着消费人口和中间产品种类数的增加而提高,产品种类数的增加降低了下一种产品的发明成本。水平创新与国际贸易导致了更大的规模经济,从而意味着较快的内生增长。当商品贸易是自由的,而知识却没有发生国际溢出时,发展中国家创新产品种类数的增加取决于本国的 R&D 人力投入。当知识发生国际溢出时,即使自由贸易受到限制,发展中国家的经济增长率也将因此提高。当知识溢出和商品流动的范围都是国际之间时,经济一体化能有效地剔除重复研究,每个厂商都有强烈的动机来研究一种不同的产品,且每次创新都增加了全球知识存量。北方创新与南方模仿行为也影响着产品种类数的变化。南北贸易框架忽视了发展中大国也有高技术部门从事技术创新的事实,本书将发展中国家的创新部门区分为高技术部门和低技术部门,通过高技术部门创新与低技术部门模仿对两部门产品的相对价格和相对成本的影响发现,知识的国内溢出通过人力资本的跨部门配置对发展中国家技术进步与产品竞争产生显著的促进作用,政府的刺激政策要注重高技术部门和低技术部门之间的协调。

技术进步还体现为 R&D 活动带来的中间产品质量阶梯的提升,即增长是由一系列随机垂直创新所带来的。垂直创新的结果是加剧了中间品的竞争,这对于经济增长的影响相当复杂。一方面,产品竞争可能减少新发明的回报,从而不利于创新和增长;另一方面,产品竞争使研发部门的要素投入增加,从而有利于创新和增长。但贸易通过竞争肯定是避免了垂直创新中的重复劳动,经济一体化使每次垂直创新都增加了全球知识存量。作为质量领导者的北方所进行的是激进式创新,作为质量模仿者的南方在模仿北方产品成功以后所进行的是非激进式创新,模仿率的提高使得北方研发难度增加。从短期来看,北方研发难度增加会使得北方的创新率下降,但从长期来看,随着北方研发部门所投入的人力资本量增加以及知识的积累,研发难度增加会刺激创新率提高。

与现有相关研究相比,本书是在开放经济和国际技术竞争的环境下考察技术进步的来源("干中学"、R&D 活动)和技术进步的形式(中间产品种类数增加、中间产品质量阶梯提升),以及国际技术竞争对专业化、贸易和经济增长长期格局的影响。国际贸易一方面使水平差异产品的使用范围扩大,另一方面,通过垂直差异产品的质量阶梯提升,以"创造性毁灭"的形式扩大市场范围。但当市场范围扩大时,交易费用也在上升,从而形成两难。垂直一体化是解决产品种类数增加与交易成本上升之间两难的一种生产组织形式,它在沉没成本、进入壁垒、策略行为以及中间产品研发投资等方面具有明显的比较优势。垂直一体化的主体是中间产品,而中间产品的研发、生产与贸易行为具有技能劳动偏向的特征,该特征对收入分配(要素相对报酬)、产业结构、经济增长和转型产生了复杂的影响。

基于开放经济对经济转型作用机制的理论研究,本书的另一个重点就是分析经济转型中的要素配置效率变化及其在中国的效果,具体从技能溢价、高技能劳动需求的变化、资本要素需求的变化以及产品层次上的质量变化等角度展开研究。基于中间产品的研发和生产具有技能劳动偏向的特征,从技能积累角度讨论技术进步和国际贸易对技能溢价(收入分配)和经济增长的影响,进而揭示发展中国家的产业升级与产品复杂度是如何随着贸易规模的扩大和市场开放度的提高而变化。

我们将技能型技术进步与中间产品贸易统一起来对技能溢价现象进行解释,不仅阐明了技能溢价的决定因素以及国际贸易影响技能溢价的渠道和结果,而且讨论了教育、"干中学"对经济增长与技能溢价的作用。一国的技能溢价是技能劳动相对规模的增函数,是技能密集型产品相对种类数的增函数,是技能密集型产品相对平均质量的增函数。对于人均技能水平较高的国家,自由贸易不仅使其技能密集型产品的平均质量提升,而且使技能密集型部门产品种类数增加;对于技能密集型产品,无论是平均质量提升还是产品种类数增加,其都将使技能溢价水平上升;该国将技能要素更多地配置于中间品生产部门,中间品的自由贸易在拉大相对工资差距的同时,促进了技能型技术进步。技能溢价不仅与技能要素需求变化相关,而且离不开技能要素供给的变化。高等教育与经济增长之间呈倒U形关系。这种关系意味着,一味地刺激高等教育而忽视学习效应强的生产部门的行为最终会导致经济增长的下降。对于一个开放的经济体,过分地依赖外资和追求新企业的引进,忽视了本地企业的"干中学",或将导致经济增长质量的下降。财政政策只有在高等教育与"干中学"部门之间进行合理的设计和安排才能保证较快的技能积累和适度的工薪差距。当初始高等教育处于较低水平时,刺激高等教育部门会使工资差距扩大。刺激"干中学"效应强的生产部门在促进经济增长的同时也将拉大工资差距。从政策含义上看,当高等教育发展到一定程度后,公共资源就应加大投向"干中学"部门;中国财政政策的调整应倾向于增强本土企业工人的"干中学"能力。

在依靠技术进步促进经济发展与转型上,中国早在20世纪80年代中期就提出了"市场换技术"战略。内生技能偏向的技术进步总是与高技能劳动需求的增加相伴相随。我们从FDI的增长是否引起了中国各行业高技能劳动相对需求增加这个新的视角,更为细致地考察FDI对最终产品部门—中间品部门—研发部门之间高技能劳动相对需求变化的影响机制和结果,为"市场换技术"战略的评价提供新的理论和证据。FDI的技术溢出效应使研发部门的高技能劳动需求上升,中间品和最终品部门的高技能劳动需求下降。FDI的竞争效应使中间品部门的高技能劳动相对需求增加,随着该部门产品竞争程度的增强,研发部门的高技能劳动需求相对下降,当中间品竞争程度不强时,FDI的竞争效应使研发部门的高技能劳动需求上升,但发展中国家的最终品部门的高技能劳动相对需求总是随着竞争效应的增强而下降。为了评价中国"市场换技术"战略的实施效果,我们检验FDI、出口及其带来的、竞争和技术模仿对规模以上企业和三资企业的高技能劳动相对需求所产生的影响。结果发现,市场换到了技术的结果具有很强的显著性和稳健性,FDI规模的上升具有增加高技能劳动相对需求的显著作用,且该作用并不是由FDI所选择的行业本来就是高技能劳动密集型的行业造成的。这些结论印证了中国开放三十多年来技术不断升级的现象。市场开放使中国日益从廉价的最终产品生产国转向资本和技术密集型中间品的生产地,所生产和出口的产品日益倾向于高生产率和高复杂程度的产品。

经济转型不仅涉及高技能劳动需求的变化,而且影响着资本要素需求的变化。中国通过市场开放,增加了国内资本存量,但是否促进了产业升级呢?本书将市场开放分解成产品竞争效应和外资效应,更为细致地揭示这两种效应对发展中国家最终产品部门—中间品部门—研发部门之间资本要素配置状况的影响机制和结果。发达国家通过对发展中国家中间品部门的"投资",无论是产品竞争效应还是外资效应,都使发展中国家中间品部门的资本要素相对需求上升,从而促进该部门的产业升级。对于发展中国家的最终品部门,随着FDI进入份额的增加,该部门的资本要素相对需求上升;同时,市场开放促使中间品部门扩张,当中间品种类数增加到一定规模时,产品竞争效应使中间品替代资本要素,最终品部门的资本要素相对需求因此减少。市场开放对发展中国家研发部门资本要素相对需求的影响取决于中间品的竞争程度。为评价市场开放对中国制造业升级的影响,我们检验FDI、出口贸易以及市场开放带来的竞争效应和技术模仿对规模以上企业的资本要素相对需求所产生的影响。结果表明,FDI和出口具有增加产业资本要素相对需求的显著作用。无论是基于规模以上企业的检验,还是中低资本密集度行业的检验,该结果都具有很强的稳健性。显然,中国的市场开放促进了产业升级。

经济转型还体现在产品层次上的质量变化上,本书建立了市场开放、企业异质性与产品质量升级的理论框架,在贸易均衡中纳入异质性企业与产品质量范围因素,关注微观层次的价格、产品质量与国际贸易之间的关系,解释贸易成本、技术溢出、规模经济等因素对产品质量的影响渠道和结果。市场开放导致贸易成本下降进而使发达国家和发展中国家的资源配置向中间产品部门倾斜,中间产品质量水平因此提高。市场开放使南方中间产品的进口增加,北方中间产品的出口规模扩大,由此产生了显著的技术溢出效应。技术溢出通过缩小世界相对工资差距而促进着模仿活动并使中间产品的质量范围扩大,发展中国家有更多的厂商进口发达国家高质量的中间产品。市场开放还给最终产品部门带来显著的规模经济,提高了南方厂商对北方高质量中间产品的购买能力,发展中国家所生产的中间产品的质量因此提高。发达国家贸易品质量的升级偏向于中间投入品质量的提升,或者说产品质量升级具有创新(技术)偏向的特征。发展中国家通过进口发达国家最新创新的中间产品和知识国际溢出效应,实现贸易品质量的升级。我们还进一步以加入WTO以来中国与世界所有发达国家之间的贸易数据,细致地检验了贸易成本、市场规模、出口规模与进口规模对中国出口产品质量水平的影响。结果发现,中国出口厂商的选择效应强于价格歧视效应,这使得以地理距离表示的贸易成本和发达国家的市场规模对中国出口产品的质量水平都具有显著的正向影响。不仅如此,出口规模的扩大也显著提升了中国产品的质量水平。"中国奇迹"的发生并非只依据比较优势进行简单的专业化,而是分工生产最有效率的产品,出口产品结构远比同类收入水平国家所应有的更复杂。

区域开放决定着中国经济转型的进程,党的十八大报告明确提出,"必须以改善需求结构、优化产业结构、促进区域协调发展、推进城镇化为重点,着力解决制约经济持续健康发展的重大结构性问题",这就是在强调区域开放对经济转型的重要作用。地理位置的相邻性、经济规模的相似性以及城市化水平的相似性等空间因素对一个区域各地方政府支出有着不容忽视的作用,这种影响直接决定着区域一体化与经济转型的进程。在理论上,我们不仅刻画了各地区之间财政总支出的空间外溢性,而且给出各地区不同功能财政支出之间的空间外溢性。这种空间外溢性既包括示范效应和联系效应所产生的正外部性,又包括竞争效应所带来的负外部效应。净效应取决于相邻地区生产性支出与民生项目支出的示范效应或联系效应与竞争效应的大小比较。针对长三角地区16个核心城市进行实证研究,结果发现,无论是地理邻近性还是建成区邻近性抑或人均 GDP 邻近性,它们对样本地区的财政支出都具有显著性的正向影响。当相邻地区的财政支出增加1%时,本地区财政支出增加 0.64%—0.72%。以公共基础设施、公共服务提供为内容的支出竞争正在改变以税收竞争为主的地方财政竞争格局。基本建设支出上的显著空间正外溢性意味着样本地区在基础设施方面具有很强的联系效应。该结论证实了区域一体化进程中为什么要优先发展跨区域重大基础设施以提升交通、能源、水利、信息等基础设施的共建共享和互联互通水平。教科文卫和社会福利等非生产性支出同样具有显著的空间正外溢性。这证实了跨行政区划的区域在推进义务教育、公共卫生、公共文化、社会保障等基础公共服务均等化以促进经济社会协调发展上的可行性。

在中国经济转型加速的当下,经济增长进入"新常态",人们日益关注中国经济增长的未来趋势。但对中国经济增长趋势的判断离不开对潜在增长率的估计。滤波法和多变量状态空间法是目前估计潜在经济增长率的常用方法,HP 滤波法简单易行,多变量状态空间法同时考虑多种经济因素与结构状态从而能更好地揭示经济长期增长趋势。我们应用这两种经典方法对改革开放以来中国的潜在增长率进行估计和敏感性分析,发现目前中国经济潜在增长率开始回落,从 2008 年国际金融危机前的两位数回落到目前的 8% 左右。HP 滤波法估计的 2012 年潜在增长率为 8.88%(平滑参数取 6.25 的情形,该取值能更好地捕捉潜在产出的波动性),多变量状态空间法估计的 2012 年潜在增长率为 7.71%。考虑资本冲击因素后,潜在增长率的变化幅度扩大,目前潜在增长率下降的速度较为明显。资本冲击因素的影响取决于资本要素市场配置效率,资本要素市场配置效率低是制约中国潜在增长率的重要原因。资本要素配置的市场化和全球化成为了新一轮"开放促改革"的突破口,并有中国自由贸易试验区作为先行先试基地。资本要素配置的市场化要依赖于人民币对内对外价格的市场化。在利率市场化方面,目前尚未完成的是存款利率上限的全面放开。对于这个最后一块改革堡垒,不仅需要完善利率定价机制、报价机制以及利率传导机制,而且有改革次序安排,即先是大额同业存单利率放开,然后是存款保险制度建立,最后是大额可转让定期存单利率市场化。人民币汇率市场化形成机制的改革重点是确定中间价与扩大浮动区间。资本要素配置的全球化要依赖于人民币国际化和资本项目开放。资本投融资便利化是资本要素全球化配置的突破口,而投融资便利化总是伴随着离岸金融的发展。资本的自由流动对经济增长影响的实证结果是不确定的,存在着明显的门槛效应,其中最为关键的就是如何有效监管资本流动。

参 考 文 献

Acemoglu, D., 2002, "Directed Technical Change", *Review of Economics Studies*, 70: 199—230.

Acemoglu, D., 1998, "Why Do New Technologies Complement Skill? Directed Technical Change and Wage Inequality", *Quarterly Journal of Economics*, 113: 1055—1090.

Aghion, P. and Howitt, P., 1998, *Endogenous Growth Theory*, Cambridge: The MIT Press. 中译本：阿吉翁、霍依特，2004，《内生增长理论》，陶然等译，北京大学出版社。

Aghion, P. and Howitt, P., 1992, "A Model of Growth Through Creative Destruction", *Econometrica*, 60: 323—351.

Aghion, P. and Williamson, J. G., 1999, *Growth, Inequality and Globalization*, Cambridge University Press. 中译本：艾金、威廉森，2002，《增长、不均衡与全球化》，彭萍等译，四川人民出版社。

Aghion, P., Bloom, N., Blundell, R., Griffith, R. and Howitt, P., 2005, "Competition and Innovation: An Inverted-U Relationship", *The Quarterly Journal of Economics*, 120: 701—728.

Allers, M. A. and Elhorst J. P., 2005, "Tax Mimicking and Yardstick Competition Among Local Governments in the Netherlands", *International Tax and Public Finance*, 12: 493—513.

Anselin, L., 1988. *Spatial Econometrics: Methods and Models*, Kluwer Academic Publishers, Dordrecht, Netherland.

Anselin, L., Bera, A. K., Florax, R., and Yoon, M., 1996, "Simple Diagnostic Tests for Spatial Dependence", *Regional Science and Urban Economics*, 26: 77—104.

Angilley, A. S., 1973, "Return to Scale in research in the Ethical Pharmaceatical Industry", *Economics*, 22: 81—93.

Apel, M. and Jansson, P., 1999, "A Theory-Consistent System Approach for Estimating Potential Output and the Nairu", *Economic Letters*, 64: 271—275.

Arrow, K. J., 1962, "The Economics Implications of Learning by Doing", *Review of Economic Studies*, 29: 155—173.

Atkinson, Anthony B. and Stiglitz, J. E., 1969, "A New View of Technological

Change", *Economic Journal*, 79: 573—78.

Chun-Chung A. and Henderson, J. V. 2006, "Are Chinese Cities too Small?", *Review of Economic Studies*, 73: 549—576.

Azariadis, C. and Drazen, A., 1990, "Threshold Externalities in Economic Development", *Quarterly Journal of Economics*, 105: 501—526.

Babbage, C., 1835, *On the Economy of Machinery and Manufactures* (4 ed.), London: Charles Knight.

Bain, J., 1949, "Price and Production Policies", In Howard S. Ellis(ed.), *Survey of Contemporary Economics*., Philadelphia: The Blakiston Company, 129—173.

Bain, J., 1956, *Barriers to New Competition*, Cambridge: Harvard University Press.

Baicker, K., 2005a. "Extensive or Intensive Generosity? The Price and Income Effects of Federal Grants", *Review of Economics and Statistics*, 87: 371—384.

Baicker, K., 2005b. "The Spillover Effects of State Spending". *Journal of Public Economics*, 89: 529—544.

Baldwin, R., 2005, "Heterogeneous Firms and Trade: Testable and Untestable Properties of the Melitz Model", NBER Working Paper, No. 11471.

Baldwin, R. and Harrigan, J., 2007, "Zeros, Quality and Space: Trade Theory and Trade Evidence", NBER Working Paper, No. 13214.

Baldwin, R. and Robert-Nicoud, F., 2004, "The Impact of Trade on Intra-industry Reallocations and Aggregate Industry Productivity: A Comment", NBER Working Paper, No. 10718.

Baldwin, R. and Robert-Nicoud, F., 2008, "Trade and Growth with Heterogeneous Firms" *Journal of International Economics*, 74: 21—34.

Barro, R., 1991, "Economic Growth in a Cross-Section of Countries", *Quarterly Journal of Economics*, 106: 407—443.

Barro, R. J. and Sala-I-Martin, X., 1995, *Economic Growth*, McGraw-Hill, Inc. 中译本：巴罗、萨拉伊马丁, 2000, 《经济增长》, 何晖、刘明兴译, 中国社会科学出版社。

Barter, A. P. and Lichtenberg, F. R., 1987, "The Comparative Advantage of Educated Workers in Implementing New Technology", *Review of Economics and Statistics*, 69: 1—11.

Basu, S. and Weil, D. N., 1998, "Appropriate Technology and Growth", *The Quarterly Journal of Economics*, 113: 1025—1054.

Baumol, W. J., Panzar, J. C. and Willig, R. C., 1982, *Contestable Markets and the Theory of Industry Structure*, New York: Harcourt Brace Jovanovich.

Baxter, M. and King, R., 1999, "Measuring Business Cycles: Approximate Band-Pass Filters for Economic Time Series", *Review of Economics and Statistics*, 81: 575—93.

Bayoumi, T., Coe, D. T. and Helpman, E., 1999, "R&D Spillovers and Global Growth", *Journal of International Economics*, 47: 399—428.

Beaulieu, E., Benarrach M. and Gaisford, J. 2003, "Trade Barriers and Wage Inequality in a North-South Model with Technology-Driven Intra-industry trade", *Journal of Development Economics*, 75: 113—136.

Becker, G. S., 1964, *Human Capital*, New York: Columbia University Press.

Benassy, J. P., 1998, "Is There Always Too Little Research in Endogenous Growth with Expanding Product Variety?", *European Economic Review*, 42: 61—69.

Ben-David, D., 1998, "Convergence Clubs and Subsistence Economies", *Journal of Development Economics*, 55: 155—171.

Benhabib, J. and Spiegel, M., 1994, "The Role of Human Capital in Economic Development: Evidence from Aggregate Cross-Country Data", *Journal of Monetary Economics*, 34: 143—173.

Benoit, J. P., 1984, "Financially Constrained Entry in a Game with Incomplete Information", *Rand Journal of Economics*, 15: 490—499.

Berman, E., Bound, J. and Griliches, Z., 1994, "Changes in the Demand for Skilled Labor Within U. S. Manufacturing: Evidence From the Annual Survey of Manufactures", *Quarterly Journal of Economics*, 109: 367—397.

Bernard, A. B., Jensen, J. B., Redding, S. and Schott, P. K., 2007, "Firms in International Trade", *Journal of Economic Perspectives*, 21(3): 105—130.

Bernard, A. B., Jensen, J. B. and Schott, P. K., 2006, "Trade Costs, Firms and Productivity" *Journal of Monetary Economics*, 53: 917—937.

Bernard, A. B. and Jensen, J. B., 2004, "Why Some Firms Export", *The Review of Economics and Statistics*, 86(2): 561—569.

Bernard, A. B., Eaton J., Jensen J. B. and Kortum S., 2003, "Plants and Productivity in International Trade", *American Economic Review*, 93: 1268—1290.

Bernard, A. B. and Jenson, J. B., 1999, "Exceptional Exporter Performance: Cause, Effect, or Both?", *Journal of International Economics*, 47: 1—25.

Bernard, A. B. and Jensen, J. B., 1997, "Exports, Skill Upgrading and the Wage Gap", *Journal of International Economics*, 42: 3—32.

Bernard, A. B. and Wagner, J., 2001, "Export Entry and Exit by German Firms", *Review of World Economics*, 137(1): 105—123.

Bernard, A. B. and Wagner, J., 1998, "Export, Entry and Exit by German Firms", NBER Working Paper, No. 6538.

Besley, T. and A. Case, 1995. "Incumbent Behavior: Vote-seeking, Tax-setting, and Yardstick Competition", *American Economic Review*, 85: 25—45.

Bhagwati, J. N., Panagariya, A. and Srinivasan, T. N., 1998, *Lecture on International Trade (2nd ed.)*, Cambridge: The MIT Press. 中译本:巴格瓦蒂等,2004,《高级国际贸易学》,王根蓓译,上海财经大学出版社。

Bhagwati, J. N., 2002, *Free Trade Today*, Princeton University Press. 中译本:巴格瓦

蒂,2003,《现代自由贸易》,雷薇译,中信出版社。

Bianchi, J., 2011, "Overborrowing and Systemic Externalities in the Business Cycle", *American Economic Review*, 101: 3400—3426.

Biesebroeck, V. J., 2005, "Exporting Raises Productivity in sub-Saharan African Manufacturing Firms", *Journal of International Economics*, 67(2): 373—391.

Blanchard, O. J. and Quah, D., 1989, "The Dynamics Effects of Aggregate Demand and Supply Disturbances", *American Economic Review*, 79: 655—673.

Blalock, G. and Gertler, P., 2005, "Foreign Direct Investment and Externalities: The Case for Public Intervention", In Theodore H. Moran, Edward M. Graham, and Magnus Blomstrom(eds.), *Does Foreign Direct Investment Promote Development?* Washington, D. C.: Institute for International Economics, 73—106.

Bond, E. W., Trash K. and Wang, P., 2003, "Factor Accumulation and Trade: Dynamic Comparative Advantage with Endogenous Physical and Human Capital", *International Economic Review*, 44: 1041—1060.

Borjas, G., 1994, "The Economics of Immigration", *Journal of Economic Literature*, 32: 1667—1717.

Borjas, G., Freeman, R. B. and Katz, L., 1992, "On the Labor Market Impacts of Immigration and Trade", In Borjas, G. and Freeman, R. B. (eds.), *Immigration and the World Force: Economic Consequences for the United States and Source Areas*, Chicago: University of Chicago Press.

Brainard, S. L., 1997, "An Empirical Assessment of the Proximity-Concentration Trade-off between Multinational Sales and Trade", *American Economic Review*, 87: 520—544.

Brander, J. A. and Krugman, P. R., 1983, "A Reciprocal Dumping Model of International Trade", *Journal of International Economics*, 15: 313—321.

Brander, J. A. and Spencer, B. J., 1985, "Export Subsidies and International Market Share Rivalry", *Journal of International Economics*, 18: 83—100.

Branstetter, L., 2001, "Are Knowledge Spillovers International or Intra-national in Scope? Microeconomic Evidence from Japan and United States", *Journal of International Economics*, 53: 5—79.

Bruekner, J., 2003. "Strategic Interaction among Governments: An Overview of Empirical Studies". *International Regional Science Review*, 26: 175—188.

Bucci, A., 2002, "When Romer Meets Lucas: on Human Capital, Imperfect Competition and Growth", mimeo, Departmental Working Papers No. 2002-06, University of Milan, Italy.

Buckley, P. and M. Casson, 1996, "An Economic Model of International Joint Venture Strategy", *Journal of International Business Studies*, 27: 849—876.

Buckley, P. and M. Casson, 1985, *The Economic Theory of the Multinational Enter-*

prise, London, MacMillan Press Ltd.

Bulow, J. I., Geanakoplos, J. D. and Klemperer, P. D., 1985, "Multi-market Oligopoly: Strategic Substitutes and Complements", *Journal of Political Economy*, 93: 488—511.

Burtless, G., 1995, "International Trade and the Rise in Earnings Inequality", *Journal of Economic Perspectives*, 11: 41—54.

Butler, A., 1990, "Endogenous Innovation in a North-North Model of the Product Cycle", Federal Reserve of St. Louis, Working Paper 1990-007A.

Cantwell, J. A., 1991, "The Theory of Technological Competence and its Application to International Production", In D. McFetridge (ed.), *Foreign Investment, Technology and Economic Growth*, Calgary: University of Calgary Press.

Cantwell, J. A., 1989, *Technological Innovation and Multinational Corporations*, Oxford: Basil Blackwell.

Case, A., 1993. "Interstate Tax Competition After TRA86". *Journal of Policy Analysis and Management*, 12: 136—148.

Case, A., Hines, J. and Rosen, H., 1993. "Budget Spillovers and Fiscal Policy Inter-dependence", *Journal of Public Economics*, 52: 285—307.

Caselli, F. and Coleman, W., 2000, "The world Technology Frontier", NBER Working Paper, No. 7904.

Casson, M., 1985, *Multinational and International and World Trade*, London: Allen and Unwin, 1986.

Caves, R. E. and Porter, M. E., 1977, "From Entry Barriers to Mobility Barriers: Conjectural Decisions and Contrived Deterrence to New Competition", *Quarterly Journal of Economics*, 91: 241—262.

Caves, R. E., 1982, *Multinational Enterprise and Economic Analysis*, Cambridge: Cambridge University Press.

Chamberlin, E., 1933, *The Theory of Monopolistic Competition*, Cambridge, MA: Harvard University Press.

Cheng, Leonard K. and Tao, Z., 1999, "The Impact of Public Policies on Innovation and Imitation: the Role of R&D Technology in Growth Models", *International Economic Review*, 40: 187—207.

Cheng, W., Sachs, J. and Yang, X., 2000, "An Inframarginal Analysis of the Ricardian Model", *Review of International Economics*, 8: 208—220.

Christian, L. and Fitzgerald, T. J., 2003, "The Bandpass Filter", *International Economic Review*, 44(2): 435—65.

Clark, G. L. and Wojcik, D., 2003, "How and Where Should We Invest in Europe? An Economic Geography of Global Finance", SSRN Working Paper.

Coe, D. and Helpman, E., 1995, "International R&D Spillovers", *European Eco-*

nomic Review, 39: 859—887.

Coe, D. T. , Helpman, E. and Hoffmaister, 1997, "North-South R&D Spillovers", European Economic Review, 107: 134—149.

Cole, M. A. , Elliott, J. R. and Virakul, S. , 2010, "Firm Heterogeneity, Origin of Ownership and Export Participation", The World Economy, 33(2): 264—291.

Cooper, R. N. , 2010, "Does the SDR Have a Future?", Journal of Globalization and Development, Vol. 1, No. 2.

Coughlin, C. C. , Garrett, T. A. and Hernández-Murillo, R. 2006, "Spatial Dependence in Models of State Fiscal Policy Convergence", Working Paper, Federal Reserve Bank of ST. Louis.

Crozet M. , Mayer, T. and Mucchielli, J. L. 2004. "How Do Firms Agglomerate? A Study of FDI in France", Regional Science and Urban Economics, 34, 27—54.

D'Aspremont, C. and Jacquemin, A. , 1988, "Cooperative and Non-cooperative R&D in Duopoly with Spillovers", American Economic Review, 78: 1133—1137.

D'Autume, A. and Michel, P. , 1993, "Endogenous Growth in Arrow's Learning by Doing Model", European Economic Review, 37: 1175—1184.

Das, S. P. , 2002, "Foreign Direct Investment and the Relative Wage in a Developing Country", Journal of Development Economics, 67: 55—77.

Das, S. P. , Robert, M. J. and Tybout, J. R. , 2007, "Market Entry Costs, Producer Heterogeneity and Export Dynamics", Econometrica, 75(3): 837—873.

Davis, D. R. , 1998, "Technology, Unemployment, and Relative Wages in a Global Economy", European Economic Review, 42: 1613—1633.

Deardorff, A. V. , 2001, "International Provision of Trade Services, Trade, and Fragmentation", Review of International Economics, 9: 233—248.

Demsetz, H. , 1982, "Barriers to Entry", American Economic Review, 72: 47—57.

Dinopoulos, E. and Segerstrom, P. , 2003, "A Theory of North-South Trade and Globalization", Stockholm School of Economics Working Paper, Center for Economic Policy Research Discussion Paper, No. 4140.

Dinopoulos, E. and Segerstrom, P. , 1999, "A Schumpeterian Model of Protection and Relative Wages", American Economic Review, 89: 450—472.

Dinopoulos, E. , Ochmke, J. and Segerstrom, P. , 1993, "High-Technology Industry Trade and Investment", Journal of International Economics, 34: 49—71.

Dixit, A. K. and Norman, V. , 1980, Theory of International Trade, Cambridge: Cambridge University Press.

Dixit, A. K. , 1980, "The Role of Investment in Entry Deterrence", Economic Journal, 90: 95—106.

Dixit, A. K. and Grossman, G. M. , 1982, "Trade and Protection with Multistage Production", Review of Economic Studies, 49: 583—594.

Dixit, A. K. and Stiglitz, J., 1977, "Monopolistic Competition and Optimum Product Diversity", *American Economic Review*, 67: 297—308.

Dooley, Michael P., Folkerts-Landau, D. and Garber, P., 2004, "The Revived Bretton Woods System", *International Journal of Finance and Economics*, 9(4): 307—313.

Dougall, M., 1960, "The Benefits and Costs of Private Investment form Abroad: A Theoretical Approach", *Economic Record*, 36: 13—35.

Dunning, J. H., 1993, *Multinational Enterprise and the Global Economy*, Workingham: Addison-Wesley Publishing Co..

Dunning, J. H., 1988, *Explaining International Production*, London: Unwin Hyman.

Easterly, W. and Levine, R., 2001, "It Not Factor Accumulation: Stylized Facts and Growth Models", *World Bank Economic Review*, 15: 177—219.

Eaton, B. C. and Ware, R., 1987, "A Theory of Market Structure with Sequential Entry", *Rand Journal of Economics*, 18: 1—16.

Eaton, J. and Grossman, G., 1986, "Optimal Trade and Industrial Policy under Oligopoly", *Quarterly Journal of Economics*, 101: 383—406.

Eaton, J. and Kortum S., 2006, "Innovation, Diffusion, and Trade", NBER Working Papers, No. 12385.

Eaton, J., and Kortum, S., 1999, "International Patenting and Technology Diffusion: Theory and Measurement", *International Economics Review*, 40: 537—570.

Eichengreen, B. J., 2006, *Global Imbalances and the Lessons of Bretton Woods*, Cambridge, MA: MIT Press.

Elhorst, J. P., 2003, "Specification and Estimation of Spatial Panel Data Models". *International Regional Science Review*, 26, 244—268.

Ethier, W., 1982, "National and International Return to Scale Modern Theory of International Trade", *American Economic Review*, 72: 389—405.

Falvey, R. and Kierzkowski, H., 1987, "Product Quality, Intra-industry Trade and (Im)perfect Competition", in Kierzkowski, H. (ed.), *Protection and Competition in International Trade*, Oxford: Basil Blackwell, 143—161.

Farrell, J., 1986, "Moral Hazard as an Entry Barrier", *Rand Journal of Economics*, 17: 440—449.

Feenstra, R. C. and Hanson, G. H., 2003, "Global Production Sharing and Rising Inequality: A Survey of Trade and Wages", In E. Kwan Chio and James Harrigan (eds.), *Handbook of International Trade*, Oxford: Blackwell, 146—185.

Feenstra, R. C. and Hanson, G. H., 1999, "Productivity Measurement and the Impact of Trade and Technology on Wages: Estimates for the U. S., 1972—1990", *Quarterly of Economics*, 114: 907—940.

Feenstra, R. C. and Hanson, G. H., 1997, "Foreign Investment, Outsourcing and Relative Wages: Evidence from Mexico's Maquiladoras", *Journal of International Econom-*

ics, 42: 371—394.

Feenstra, R. C. and Hanson, G. H., 1996, "Foreign Investment, Outsourcing and Relative Wages", In R. C. Feenstra, G. . M. Grossman and D. A. Irwin (eds.), *The Political Economy of Trade Policy: Papers in Honors of Jagdish Bhagwati*, Cambridge: MIT Press, 89—127.

Feenstra, R. and Judd, K., 1982, "Tariffs, Technology Transfer and Welfare", *Journal of Political Economy*, 90: 1142—1165.

Feenstra, R. C., 2004, *Advanced International Trade*, Princeton: Princeton University Press.

Feenstra, R. C., 2000, *The Impact of International Trade on Wages*, The University of Chicago Press, 1—14.

Feenstra, R. C., 1996, "Trade and Uneven Growth", *Journal of Development Economics*, 49: 229—256.

Fisher, E., 1995, "Growth, Trade and International Transfers", *Journal of International Economics*, 39: 143—158.

Flam, H. and Helpman, E., 1987, "Vertical Product Differentiation and North-South Trade" *American Economic Review*, 77: 810—822.

Foster, A. and Rosenzweig, M., 1995, "Learning by Doing and learning from Others: Human Capital and Technical Change in Agriculture", *Journal of Political Economiy*, 103: 1176—1209.

Frankel, J. A., 1999, "No Single Currency Regime is Right for All Countries or at All Times", NBER Working Paper, No. 7338.

Frankel, J. and Romer, D., 1999, "Does Trade Cause Growth", *American Economic Review*, 89: 379—399.

Frankel, J., Romer, D. and Cyrus, T., 1996, "Trade and Growth in East Asian Countries: Cause and Effect", NBER Working Paper, No. 5732.

Freeman, R. and Katz, L., 1994, "Rising Wage Inequality: the United States vs. Other Advanced Countries", In Richard Freeman (ed.), *Working Under Different Rules*, New York: Russel Sage Foundation.

Freret, S., 2006. "Spatial Analysis of Horizontal Fiscal Interactions on Local Public Expenditures: The French Case", Paper presented at International Workshop on Spatial Econometrics and Statistics, Rome.

Freeman, R., 1995, "Are You Wages Set in Beijing?", *Journal of Economic Perspectives*, 9: 15—32.

Fudenberg, D. and Tirole, J., 1983, "Capital as a Commitment: Strategic Investment to Deter Entry, *Journal of Economic Theory*, 31: 227—250.

Fudenberg, D. and Tirole, J., 1986, "A Signal-Jamming Model of Predation", *Rand Journal of Economics*, 17: 366—76.

Fujita, M. and Thisse, J. F. 2002, *The Economics of Agglomeration*. Cambridge: Cambridge University Press.

Fujita, M. , Krugman P. and Venables, A. J. 1999, *The Spatial Economy: Cities, Regions, and International Trade*. Cambridge, MA: MIT Press.

Galbraith, J. K. , 1952, *American Capitalism: The Concept of Countervailing Power*, Boston: Houghtom Mifflin.

Gancia, G. and Zilobotti, F. , 2005, "Horizontal Innovation in the Theory of Growth and Development", In Philippe Aghion and Steve Durlauf(eds.), *Handbook of Economic Growth.* , Vol. 1A, Amsterdam: North-Holland, 111—170.

Guillaume, G. Lemoine F. and Ünal-Kesenci, D. , 2005, "China's Integration in East Asia: Production Sharing, FDI, and High-Tech Trade", CEPII Working Paper 2005—2009, Centre d'Etudes Prospectives et d'Informations Internationales, Paris.

Gebremariam, G. H. , Gebremedhin, T. G. and Schaeffer, P. V. 2006, "County-lever Determinants of Local Public Services in Appalachia: A Multivariate Spatial Autoregressive Model Approach", Paper presented at the American Agricultural Economics Association Annual Meeting, Long Beach, California.

Geroski, P. , Gilbert, R. J. and Jacquemin, A. , 1990, *Barrier to Entry and Strategic Competition*, Harwood Academic Publishers, London. 中译本:保罗·杰罗斯基、理查德·J.吉尔伯特、亚历克西斯·杰克明,2004,《进入壁垒和策略性竞争》,北京大学出版社。

Gervais, A. , 2009, *Price, Quality, and International Trade: Theory and Evidence*, Unpublished, University of Maryland.

Gervais, A. , 2008, *Vertical Product Differentiation, Endogenous Technological Choice, and Taste for Quality in a Trading Economy*, Unpublished, University of Maryland.

Gilbert, R. J. , 1989, "Mobility Barriers and the Value of Incumbency", In Richard C. Schmalensee and Robert D. Willig(eds.), *Handbook of Industrial Organization*, Amsterdam: North-Holland, 475—535.

Gilbert, R. J. , 1986, "Preemptive Competition", In Stiglitz, J. E. and Mathewson, G. F. (eds.), *New Development in the Analysis of Market Structure*, Cambridge: The MIT Press, 90—123.

Gilbert, R. J. and Vives, X. , 1986, "Entry Deterrence and the Free Rider Problem", *Review of Economic Studies*, 53: 71—83.

Girma, S. , Kneller, R. and Pisu, M. , 2005, "Export Versus FDI: an Empirical Test", *Review of World Economics*, 141: 193—218.

Glass, A. J. , and Saggi, K. , 2002, "Intellectual Property Rights and Foreign Direct Investment", *Journal of International Economics*, 56: 387—410.

Goldberg, P, K. and Pavcnik, N. , 2007, "Distribution Effects of Globalization in Developing Countries", NBER Working Paper, No. 12885.

Gomory, R. E. and Baumol W. J. , 2000, *Global Trade and Conflicting National Inter-*

ests, Massachusetts Institute of Technology. 中译本:戈莫里、鲍莫尔,2003,《全球贸易和国家利益冲突》,文爽、乔羽译,中信出版社。

Graham, F. D., 1923, "Some Aspects of Protection Further Considered", *Quarterly Journal of Economics*, 37: 199—227.

Griffith, R., Redding, S. and Reenen, J. V., 2000, "R&D and Absorptive Capacity: From Theory to Data", mimeo, London School of Economic.

Griliches, Z., 1992, "The Search for R&D Spillovers", *Scandinavian Journal of Economics*, 94s: 29—47.

Gros, D. and Hobza, A., 2001. "Fiscal Policy Spillovers in the Euro Area: Where are they?". CEPS Working Document, No. 176.

Grossman, G., 1990, "Explaining Japan's Innovation and Growth: A Model of Quality Competition and Dynamic Comparative Advantage", *Bank of Japan Monetary and Economic Studies*, 8: 75—100.

Grossman, G. and Helpman, E., 1991a, *Innovation and Growth in the Global Economy*, Cambridge, Mass: MIT Press. 中译本:格罗斯曼、赫尔普曼,2003,《全球经济中的创新与增长》,何帆等译,中国人民大学出版社。

Grossman, G. and Helpman, E., 1991b, "Quality Ladders in the Theory of Growth", *Review of Economic Studies*, 58: 43—61.

Grossman, G. and Helpman, E., 1991c, "Quality Ladders and Product Cycles", *Quarterly Journal of Economics*, 106: 557—586.

Grossman, G. and Helpman, E., 1991d, "Endogenous Product Cycles", *Economic Journal*, 101: 1214—1229.

Gustafsson, P. and Segerstrom, P., 2006, "Trade Liberalization and Productivity Growth", CEPR Discussion Paper, No. 5894.

Hallak, J. C., 2006, "Product Quality and the Direction of Trade", *Journal of International Economics*, 68: 238—265.

Hallak, J. C. and Sivadasan, J., 2006, "Productivity, Quality and Exporting Behavior under Minimum Quality Requirements", unpublished, University of Michigan.

Hallward-Driemeier, M., Iarossi, G. and Sokoloff, K. L., 2002, "Exports and Manufacturing Productivity in East Asia: A Comparative Analysis with Firm-Level Data", NBER Working Paper, No. 8894.

Hansen, M., 1990, "Do Producer Services Induce Regional Economic Development", *Journal of Regional Science*, 30(4): 465—476.

Hanson, G. H. and Harrison, A., 1999, "Trade, Technology, and Wage Inequality", *Industrial and Labor Relations Review*, 52: 271—288.

Harrigan, J. and Deng, H., 2008, "China's Local Comparative Advantage", NBER Working Papers, No. 13963.

Harrison, A., 1995, "Openness and Growth: A Time-series, Cross-country Analysis for Developing Countries", NBER Working Paper, No. 5221.

Haruyama, T. and Zhao, L., 2008, "Trade and Firm Heterogeneity in A Quality-Ladder Model of Growth", Research Institute for Economics & Business Administration, Kobe University, Discussion Paper Series, No. 223.

Harvey, A. C. and Jaeger, A., 1993, "Detrending, Stylized Facts and the Business Cycle", *Journal of Applied Econometrics*, 8: 231—247.

Head, K., Ries, J., 1996. "Inter-city Competition for Foreign Investment: Static and Dynamic Effects of China's Incentive Areas", *Journal of Urban Economics*, 40, 38— 60.

Helble, M. and Okubo, T., 2008, "Heterogeneous Quality Firms and Trade Costs", University of Geneva—Graduate Institute of International Studies, World Bank Policy Research Working Paper, No. 4550.

Helpman, P. R. and Krugman, P. R., 1985, *Market Structure and Foreign Trade*, The MIT Press. 中译本:赫尔普曼、克鲁格曼,1993,《市场结构与对外贸易》,尹翔硕译,上海人民出版社。

Helpman, E., Melitz, M. J. and Yeaple S. R., 2004, "Export versus FDI with Heterogeneous Firms", *American Economic Review*, 94(1): 300—316.

Helpman, E., 2004, *The Mystery of Economic Growth*, Cambridge, MA: Harvard University.

Helpman, E., 1999, "R&D Productivity: International Link", In Razin, A. and Sadka, E. (ed.), *The Economics of Globalization*, Cambridge University Press.

Helpman, E., 1993, "Innovation, Imitation and Intellectual Property Rights", *Econometrica*, 61: 1247—1280.

Helpman, E. R., 1981, "International Trade in the Presence of Product Differentiation, Economies of Scale and Monopolistic Competition: A Chamberlin-Hechscher-Ohlin Approach", *Journal of International Economics*, 11: 305—340.

Hodrick, R. and Prescott, E. C., 1997, "Postwar U. S. Business Cycles: An Empirical Investigation", *Journal of Money, Credit and Banking*, 29(1): 1—16.

Hsieh, Chang-Tai and Woo, K. T., 2005, "The Impact of Outsourcing to China on Hong Kong's Labor Market", *American Economic Review*, 95: 704—723.

Huang, Y. 2003, *Selling China: Foreign Direct Investment During the Reform Era*, New York: Cambridge University Press

Hummels, D. and Klenow, P., 2005, "The Variety and Quality of a Nation's Exports", *American Economic Review*, 95: 704—723.

Hummels, D., Ishii, J., and Yi, K. M., 2001, "The Nature and Growth of Vertical Specialization in World Trade", *Journal of International Economics*, 54: 75—96.

Hummels, D. and Skiba, A., 2004, "Shipping the Good Apples Out? An Empirical Confirmation of the Alchian-Allen Conjecture", *Journal of Political Economy*, 112: 1384—1402.

Irwin, D. A., 2002, *Free Trade Under Fire*, Princeton: Princeton University Press. 中译本:欧文,2003,《备受非议的自由贸易》,陈树文等译,中信出版社。

Irwin, D. A., Tervio, M., 2002, "Does Trade Raise Income? Evidence from the Twentieth Century", *Journal of International Economics*, 58: 1—18.

Jacobs, J., 1969. *The Economy of Cities*, New York: Random House.

Jayakumar, V., and Weiss, B., 2011, "Global Reserve Currency System: Why Will the Dollar Standard Give Way to a Tripolar Currency Order?", *Frontiers of Economics in China*, 6(1): 92—130.

Jeanne, O., 2012, "Capital Flow Management", *American Economic Review*, 102 (3): 203—206.

Jin, H., Y. Qian, and B. Weingast, 2005, "Regional Decentralization and Fiscal Incentives: Federalism, Chinese Style", *Journal of Public Economics*, 89: 1719—1742.

Jones, C. I. and Romer, P. M., 2009, The New Kaldor Facts: Ideas, Institutions, Population, and Human Capital, NBER Working Paper, No. 15094.

Johnson, G., 1997, "Changes in Earning Inequality: The Role of Demand Shifts", *Journal of Economic Perspectives*, 11: 41—54.

Jones, C. I. and Williams, J., 1997, "Measuring the Social Return to R&D", Finance and Economics Discussion Series Staff Working Paper 1997-12, Federal Reserve Board, Washington, D.C..

Jones, L. E. and Manuelli, R., 1990, "A Convex Model of Equilibrium Growth", *Journal of Political Economy*, 98: 1008—1037.

Kaldor, N., 1957, "A Model of Economic Growth", *Economic Journal*, 67: 591—624.

Kalina, M. and Zhang, Z., 2009, "Quality Heterogeneity Across Firms and Export Destinations", NBER Working Paper, No. 15342.

Kamien, M., 1987, "Limit Pricing", In John Eatwell, Murray Milgate and Peter Newman(eds.), *The New Palgrave*, London: Macmillan Press Limited, 3: 189—192.

Kannek, A., 2000, "Terms of Trade, Economic Growth and Trade Patterns: A Small Open-Economy Case", *Journal of International Economics*, 52: 169—181.

Katz, L. F. and Murphy, K. M., 1992, "Changes in Relative Wages, 1963—1987: Supply and Demand Factor", *Quarterly journal of Economics*, 107: 35—78.

Katz, L. F. and Autor, D., 1999, "Changes in the Wage Structure and Earnings Inequality", In Orley Ashenfelter and David Card (eds.), *Handbook of Labor Economics*, Vol. 3A, Amsterdam: Elsevier Science, 1463—1555.

Keller, W., 2002, "Geographic Localization of International Technology Diffusion", *American Economic Review*, 92: 120—142.

Keller, W., 2001, "International Technology Diffusion", NBER Working Paper, No. 8573.

Keller, W., 2000, "Knowledge Spillovers at the World's Technology Frontier", CEPR Working Paper, No. 2815.

Keller, W., 1998, "Are International R&D Spillovers Trade-Related? Analyzing Spillovers Among Randomly Matched Trade Partners", *Europe Economic Review*, 42: 1469—1481.

Kemp, M. C. and Negishi, T., 1970, "Variable Returns to Scale, Commodity Taxes, Factor Market Distortions and their Implications for Trade Gains", *Swedish Journal of Economics*, 72: 1—11.

Kim, S. and Kim, Y., 2000, "Growth Gains from Trade and Education", *Journal of International Economics*, 50: 519—545.

Kinoshita, Y., 2001, "R&D and Technology Spillovers via FDI: Innovation and Absorptive Capacity", CEPR Discussion Paper, No. 2775, Center for Economic Policy Research, London.

Kneller, R. and Yu, Z., 2008, "Quality Selection, Chinese Exports and Theories of Heterogeneous Firm Trade", Working Paper, GEP, University of Nottingham.

Kokko, A., Tansini, R. and Zejan, M. C., 1996, "Local Technological Capacity and Productivity Spillovers from FDI in the Uruguayan Manufacturing Sector", *Journal of Development Studies*, 32: 602—611.

Korinek, A., 2011, "The New Economics of Prudential Capital Controls: A Research Agenda", *IMF Economic Review*, 59(3): 523—561.

Kosters, M. H., 1994, "An Overview of Changing Wage Patterns in the Labor Market", In Bhagwati, J. and Kosters, M, H. (eds.), *Trade and Wages: Leveling Wages Down?*, Washington D. C.: AEI Press.

Kreps, D. M. and Scheinkman, J., 1983, "Quantity Precommitment and Bertrand Competition Yield Cournot Dulcomes", *Bell Journal of Economics*, 14: 326—337.

Kreps, D. M. and Wilson, R., 1982, "Reputation and Imperfect Information", *Journal of Economic Theory*, 27: 253—279.

Krugman, P., 2000, "Technology, Trade and Factor Prices", *Journal of International Economics*, 50: 51—72.

Krugman, P. R., 1995, "Growing World Trade: Causes and Consequences", *Brooking Papers on Economic Activity*, 1: 327—377.

Krugman, P. R., 1991, "History vs Expectation", *Quarterly Journal of Economics*, 106: 651—667.

Krugman, P. R., 1990, *Rethinking International Trade*, Massachusetts Institute of Technology. 中译本:克鲁格曼,2001,《克鲁格曼国际贸易新理论》,黄胜强译,中国社会科学出版社。

Krugman, P., 1987, "The Narrow Moving Band, the Dutch Disease, and the Competitive Consequences of Mrs. Thatcher: Notes on Trade in the Presence of Dynamic Scale Economies", *Journal of Development Economics*, 27: 41—55.

Krugman, P. R., 1984, "Import Protection as Export Promotion: International Competition in the Presence of Oligopolies and Economics of Scale", In Kierzkowski, H. (ed.), *Monopolistic Competition and International Trade*, Oxford: Oxford University Press.

Krugman, P. R., 1981, "Intraindustry Specialization and the Gains From Trade", *Journal of Political Economy*, 89: 959—973.

Krugman, P. R., 1980, "Scale Economics, Product Differentiation and the Pattern of Trade", *American Economic Review*, 70: 950—959.

Krugman, P. R., 1979, "Increasing Returns, Monopolistic Competition and International Trade", *Journal of International Economics*, 9: 469—479.

Krusell, P., Ohanian, L., Rios-Rull, J. and Violante, G. L., 1996, "Capital Skill Complementarities and Inequality", mimeo, University of Rochester.

Kuttner, Kenneth N., 1994, Estimating Potential Output as a Latent Variable, *Journal of Business and Economic Studies*, 12: 361—68.

Lancaster, K., 1979, *Variety, Equity, and Efficiency*, New York: Columbia University Press.

Lawrence, R. Z., 1996, *Single World, Divided Nations? International Trade and OECD Labor Markets*, Paris, OECD.

Lawrence, R. Z., 1994, "Trade, Multinationals, and Labor", NBER Working Paper, No. 4836.

Lawrence, R. Z. and Slaughter, M., 1993, "International Trade and American Wages in the 1980s: Giant Sucking Sound or Small Hiccup?", *Brookings Papers on Economic Activity: Microeconomics*, 161—226.

Laxton, D and Tetlow, R., 1992, Simple Multivariate Filter for the Measurement of Potential Output, Bank of Canada Technical Report, 59.

Leamer, E. E. and Levinsohn, J., 1995, "International Trade Theory: The Evidence", in Grossman, G., Rogoff, K. (eds.), *Handbook of International Economics*, Vol. 3. North-Holland, Amsterdam, 1339—1394.

Leamer, E. E., 1998, "In Search of Stolper-Samuelson Linkages Between International Trade and Low Wages", In Susan M. Collins (ed.), *Import, Export, and the American Worker*, Washington, DC: Brooking Institution Press, 141—203.

Levine, R. and Renelt, D., 1992, "A Sensitivity Analysis of Cross Country Growth Regressions", *American Economic Review*, 82: 942—963.

Leyshon, A. and Thrift, N., 1997, "Spatial Financial Flows and the Growth of the Modern City", *International Social Science Journal*, 151: 41—54.

Li, Chol-Won, 2001, "On the Policy Implications of Endogenous Technological Progress", *Economic Journal*, 111: C164—C179.

Li, H., and L. Zhou, 2005, "Political Turnover and Economic Performance: The Incentive Role of Personnel Control in China", *Journal of Public Economics*, 89: 1743—1762.

Lin, J. Y., and Liu, Z., 2000, "Fiscal Decentralization and Economic Growth in China", *Economic Development and Cultural Change*, 49, 1—21.

Linder, S., 1961, *An Essay on Trade and Transformation*, Stockholm: Almqvist & Wiksell.

Lipman, B. P., 1990, "Delaying or Deterring Entry: A Game Theoretic Analysis", *Journal of Economic Dynamics and Control*, 14: 685—708.

Liu, Z., 2002, "Foreign Direct Investment and Technology Spillover: Evidence from China", *Journal of Comparative Economics*, 30: 579—602.

Lucas, R., 1993, "Making a Miracle", *Econometrica*, 61: 251—272.

Lucas, R. E., 1990, "Why Doesn't Capital Flow from Rich to Poor Countries", *American Economics Review*, 80: 92—96.

Lucas, R., 1988, "On the Mechanism of Economic Development", *Journal of Monetary Economics*, 22: 3—22.

Lucas, R., 2002, *Lecture on Economic Growth*, Harvard University Press.

Ma, G. and McCauley, R. N., 2008, "Efficacy of China's Capital Controls: Evidence From Price and Flow Data," *Pacific Economic Review*, 13(1): 104—123.

Machin, S., 1995, "Changes in the Relative Demand for Skills in the United Kingdom Labor Market", In Alison Booth and Denis Snower (eds.), *Acquiring Skills: Market Failures, Their Symptoms and Policy Response*, Cambridge: Cambridge University Press.

Mahadevan, R., Suardi, S., 2008, "A Dynamic Analysis of the Impact of Uncertainty on Import-and/or Export-led Growth: The Experience of Japan and the Asian Tigers", *Japan and the World Economy*, 20: 155—174.

Manasse, P. and Turrini, A., 2001, "Trade, Wages, and Superstars", *Journal of International Economics*, 54: 97—117.

Marshall, A., 1920, *Principles of Economics*, London: MacMillan.

Mankiw, N., Romer, D. and Weil, D., 1992, "A Contribution to the Empirics of Economic Growth", *Quarterly Journal of Economics*, 107: 407—438.

Markusen, J. and Venables, A., 2000, "The Theory of Endowment, Intra-industry and Multinational Trade", *Journal of International Economics*, 52: 209—234.

Markusen, J. and Venables, A., 1988, "Trade Policy with Increasing Returns and Imperfect Competition: Contradictory Results from Competing Assumptions", *Journal of International Economics*, 24: 299—316.

Martin, P. and Rey, H., 2000, "Financial Integration and Asset Returns", *European Economic Review*, 44: 1327—1350.

Martin, S., 2002, *Advanced Industrial Economics*(2ed.), New York: Macmillan. 中译本: 斯蒂芬·马丁,2003,《高级产业经济学》,史东辉译,上海财经大学出版社。

Matsuyama, K., 1992, "Agricultural Productivity, Comparative Advantage, and Economic Growth", *Journal of Economic Theory*, 58: 317—334.

Matsuyama, K., 1991, "Increasing Returns, Industrialization and Indeterminacy of Equilibrium", *Quarterly Journal of Economics*, 106: 617—650.

Matthews, R., 1986, "The Economics of Institutions and the Sources of Growth", *Economic Journal*, 96: 903—918.

Mazumdar, J., 2001, "Imported machinery and growth in LDCs", *Journal of Development Economics*, 65: 209—224.

McKinnon, Ronald I., 2007, "The Transfer Problem in Reducing the U.S. Current Account Deficit", *Journal of Policy Modeling*, 29(5): 669—675.

McPherson, M., Redfearn, M. and Tieslau, M., 2001, "International Trade and Developing Countries: An Empirical Investigation of the Linder Hypothesis", *Applied Economics*, 33: 649—657.

Melitz, M. J., 2003, "The Impact of Trade on Intra-Industry Reallocations on Aggregate Industry Productivity", *Econometrica*, 71: 1695—1725.

Melvin, J., 1969, "Increasing Returns to Scale as a Determinant of Trade", *Canadian Journal of Economics*, 3: 389—402.

Milgrom, P. and Roberts, J., 1987, "Informational Asymmetries, Strategic Behavior, and Industrial Organization", *American Economic Review*, 77: 184—93.

Milgrom, P. and Roberts, J., 1982, "Limit Pricing and Entry Under Incomplete Information", *Econometrica*, 50: 443—466.

Milgrom, P. and Strulovici, B., 2009, "Substitute Goods, Auctions, and Equilibrium", *Journal of Economic Theory*, 144: 212—247.

Milgrom, P., 1987, "Predatory Pricing", In Eatwell, J., Milgate, P. and Newman, P. (eds.), *A Dictionary of Economics*, New York: Stockton Press, 937—938.

Mitra, D., 1999, "Endogenous Lobby Formation and Endogenous Protection: A Long-Run Model of Trade Policy Determination", *American Economic Review*, 89: 1116—1134.

Modigliani, F., 1962, "New Development on the Oligopoly Front", *Journal of Political Economy*, 66: 215—232.

Mundell, R., 2007, "Dollar Standards in the Dollar Era", *Journal of Policy Modeling*, 29(5): 676—690.

Murphy, K. and Shleifer, A., 1997, "Quality and Trade", *Journal of Development Economics*, 53: 1—15.

Murphy, K. and Topel, R., 1987, "The Evolution of Unemployment in the United States", NBER Macroeconomics Annual, 1: 11—69.

Nadiri, M. and Kim, S., 1996, "R&D, Production Structure and Productivity Growth: A Comparison of the US, Japanese, and Korea Manufacturing Sectors", NBER Working Paper, NO. 5506.

Nelson, R. and Phelps, E., 1966, "Investment in Humans, Technological Diffusion, and Economic Growth", *American Economic Review*, 61: 69—75.

Obstfeld, M., Shambaugh, J. C. and Taylor, A. M., 2005, "The Trilemma in History: Tradeoffs Among Exchange Rates, Monetary Policies, and Capital Mobility", *Review of Economics and Statistics*, 87(3): 423—438.

Ordover, J. A., and Saloner, G., 1989, "Predation, Monopolization, and Antitrust", In Richard C. Schmalensee and Robert D. Willig(eds.), *Handbook of Industrial Organization*, Amsterdam: North-Holland, 537—596.

Pack, H., 2006, "Econometric Versus Case Study Approaches to Technology Transfer", In Bernard M. Hoekman and Beata Smarzynska Javorcik(eds.), *Global Integration and Technology Transfer, Trade and Development Series*, World Bank, Washington, DC, 29—50.

Panagariya, A., 1981, "Variable Return to Scale in Production and Patterns of Specialization", *American Economic Review*, 71: 221—230.

Perera-Tallo, F., 2003, "Growth Due To Globalization", *International Economic Review*, 44: 651—676.

Petrin, A., 2002, "Quantifying the Benefits of New Products: The Case of the Minivan", *Journal of Political Economy*, 110: 705—729.

Proietti, T. A. Musso and Westermann, T. 2007, Estimating Potential Output and the Output Gap for the Euro Area: A Model Based Production Function Approach, *Empirical Economics*, 33(1): 85—113.

Poncet, S., 2005, "A Fragmented China: Measure and Determinants of Chinese Domestic Market Disintegration", *Review of International Economics*, 13, 409—430.

Portes, R. and Rey, H., 2005, "The Determinants of Cross-Border Equity Flows", *Journal of International Economics*, 65: 269—296.

Redding, S., 1999, "Dynamic Comparative Advantage and the Welfare Effects of Trade", *Oxford Economic Papers*, 51: 15—39.

Richardson, J. D., 1995, "Income Inequality and Trade: How to Think, What to Conclude", *Journal of Economic Perspectives*, 9: 33—56.

Revelli, F., 2002a, "Local Taxes, National Politics and Spatial Interactions in English District Election Results", *European Journal of Political Economy*, 18, 281—299.

Revelli, F., 2002b, "Testing the Tax Mimicking versus Expenditure Spillover Hypotheses Using English Data", *Applied Economics*, 14, 1723—1731.

Revelli, F., 2003, "Reaction or Interaction? Spatial Process Identification in Multitiered Government Structures", *Journal of Urban Economics*, 53, 29—53.

Rivera-Batiz, L. A. and Romer, P., 1991, "Economic Integration and Endogenous Growth", *Quarterly Journal of Economics*, 106: 530—555.

Rodriguez, F. and Rodrik, D., 2000, "Trade Policy and Economic Growth: A

Skeptic's Guide to the Cross-National Evidence", In Ben S. Gernake and Kenneth Rogoff (ed.), *NBER Macroeconomics Annual*, 261—325.

Rodrik, D., 2006, "What's So Special about China's Exports?", NBER Working Paper, No. 11947.

Roberts, M. J. and Tybout, J. R., 1997, "The Decision to Export in Colombia: An Empirical Model of Entry with Sunk Costs", *American Economic Review*, 87(4): 545—564.

Romer, P., 1993, "Two Strategies for Economic Development: Using Ideas and Producing Ideas", In Proceedings of the World Bank Annual Conference on Development Economics, Washington, D. C.: World Bank.

Romer, P., 1990, "Endogenous Technological Change", *Journal of Political Economy*, 98: s71—s102.

Romer, P., 1987, "Growth Based on Increasing Return Duo to Specialization", *American Economic Review*, 77: 56—62.

Romer, P., 1986, "Increasing Return and Long-Run Growth", *Journal of Political Economy*, 94: 1002—1037.

Rosenberg, N., 1976, *Factors Affecting the Diffusion of Technology*, Cambridge University Press.

Sachs, J., Yang, X. and Zhang, D., 1999, "Trade Pattern and Economic Development When Endogenous and Exogenous Comparative Advantages Coexist", Harvard Center for International Development Working Paper, No. 3.

Sachs, J. D. and Warner, A., 1995, "Economic Reform and the Process of Global Integration", *Brookings Papers on Economic Activity*, 26: 1—118.

Saggi, K., 2002, "Trade, Foreign Direct Investment, and International Technology Transfer: A Survey", *World Bank Research Observer*, 17: 191—235.

Sala-I-Martin, X., 1997, "I Just Run Two Million Regressions", *American Economic Review*, 87: 178—183.

Santis, R. A., 2002, "Intra-industry Trade, Endogenous Technological Change, Wage Inequality", *International Economic Journal*, 16: 59—79.

Salmon, P., 1987. "Decentralisation as an Incentive Scheme", *Oxford Review of Economic Policy*, 3, 24—43.

Scherer, F. M., 1970, *Industrial Market Structure and Economic Performance*, Chicago: Rand McNally.

Schott, P. K., 2004, "Across-Product versus Within-Product Specialization in International Trade", *Quarterly Journal of Economics*, 119: 647—678.

Schultz, T. W., 1993, *Origins of Increasing Returns*, Black Publishers. 中译本:舒尔茨,2003,《报酬递增的源泉》,姚志勇、刘群艺译,北京大学出版社。

Schultz, T. W., 1961, "Investment in Human Capital", *American Economic Review*, 51: 1—17.

Segerstrom, P. S., Auant, T. and Dinopoulos, E., 1990, "A Schumpeterian Model of the Product Life Cycle", *American Economic Review*, 80: 1077—1092.

Selten, R., 1988, "A Model of Oligopolistic Site Structure and Profitability", In Reinhard Selten(ed.), *Models of Strategic Rationality*, Dordrecht: Kluwer, 157—181.

Shell, K., 1967, "A Model of Inventive Activity and Capital Accumulation", In K. Shell(ed.), *Essays on the Theory of Optimal Economic Growth*, Cambridge, Mass: MIT Press.

Silver, M., 1984, *Enterprise and Scope of the Firm*, Oxford: Martin Robertson.

Slaughter, M. J., 2001, "International Trade and labor-Demand Elasticities", *Journal of International Economics*, 54: 27—56.

Slaughter, M. J., 2000, "What Are the Results of Product Price Studies and What Can we Learn form Their Differences?", In Robert C. Freenstra(ed.), *The Effects of International Trade on Wages*, Chicago: University of Chicago Press, 129—165.

Slaughter, M. J., 1999, *Globaliztion and Wages: A Tale of Two Perspectives*, Blackwell, Oxford.

Solow, R. M., 2000, *Growth Theory: An Exposition*, Oxford University Press, Inc..

Spence, A. M., 1977, "Entry, Capacity, Investment Oligopolistic Pricing", *Bell Journal of Economics*, 8: 534—544.

Spence, A. M., 1976, "Product Selection, Fixed Costs, and Monopolistic Competition", *Review of Economic Studies*, 43: 217—236.

Spiegel, H. W., 1991, Growth of Economic Thought, Duke University Press. 中译本：斯皮格尔,1999,《经济思想的成长》,晏智杰等译,中国社会科学出版社。

Stigler, G. L., 1951, "The Division of Labor is Limited by the Extent of Market", *Journal of Political Economy*, 59: 185—193.

Stigler, G. J., 1968, "Barriers to Entry, Economies of Scale and Firm Size", In Richard D. Irwin (ed.), *The Organization of Industry*, ch. 6, Homewood, Illinois.

Stiglitz, 1987, "Technological Change, Sunk Costs and Competition", *Brookings Paper on Economic Activity*, 3: 883—937.

Stiglitz, J. E., 2011, "The Best Alternative to A New Global Currency", *Financial Times*, 31 March, 2011.

Stokey, N., 1991, "The Volume and Composition of Trade Between Rich and Poor Countries",. *Review of Economics Studies*, 58: 63—80.

Stokey, N., 1988, "Learning by Doing and the Introduction of New Goods", *Journal of Political Economy*, 96: 701—717.

Subacchi, P., 2010, "Who is in Control of The International Monetary System", *International Affairs*, 86(3): 665—680.

Sylos-Labini, P., 1962, *Oligopoly and Technical Progress*, Cambridge: Harvard University Press.

Taylor, M., 1994, "TRIPs, Trade and Growth", *International Economic Review*, 35: 361—381.

Taylor, M., 1993, "Quality Ladders and Ricardian Trade", *Journal of International Economics*, 34: 225—243.

Teece, D,J., 1983, "Technological and Organization Factors in the Theory of the Multinational Enterprise", In Casson, M. (ed.), *Growth of International Business*, London: Allen and Unwin.

Telser, L. G., 1966, "Cutthroat Competition and the Long Purse", *Journal of Law and Economics*, 9: 259—277.

Thomas, V. and Wang, Y., 1997, "Education, Trade and Investment Return", Working Paper, World Bank Institute, Washington, D. C.

Todo Yasuyuki, and Koji Miyamoto, 2006, "Knowledge Spillovers from Foreign Direct Investment and the Role of Local R&D Activities: Evidence from Indonesia.", *Economic Development and Cultural Change*, 55: 173—200.

Uzawa, H., 1965, "Optimum Technical Change in an Aggregative Model of Economic Growth", *Review of Economic Studies*, 6: 18—31.

Van, P. and Wan, H., 1997, "Interpreting East Asian Growth", In Bjarne S. J. and Kar-yiu Wong (eds.), Dynamics, *Economic Growth and International Trade*, University of Michigan Press.

Wagner, J., 2007, "Exports and Productivity: A Survey of the Evidence from Firm Level Data", *The World Economy*, 30(1): 60—82.

Ward, M. D., and Gleditsch, K. S., 2008, *Spatial Regression Model*, SAGE Publication, Inc., London.

Vernon, R., 1966, "International Investment and International Trade in the Product Cycle", *Quarterly Journal of Economics*, 80: 190—207.

Vickers, J., 1985, "Strategic Competition Among the Few-some Recent Developments in the Economics of Industry", *Oxford Review of Economic Policy*, 1: 39—62.

Violante, G. L., 1997, "Equipment Investment and Skill Dynamics: A Solution to the Wage Dispersion Puzzle", mimeo, University of Pennsylvania.

Waldman, M., 1987, "Non-cooperative Entry Deterrence, Uncertainty and the Free Ride Problem", *Review of Economic Studies*, 54: 301—310.

Wen, M., 1997, "Infrastructure and Evolution in Division of Labor", *Review of Development Economics*, 1: 191—206.

Williamson, D. E., 1985, *The Economic Institutions of Capitalism: Firms, Markets, Relational Contraction*, Macmillan.

Williamson, J., 2010, "The Future of the Reserve System", *Journal of Globalization and Development*, Vol. 1, No. 2.

Wildasim, D., 1986. *Urban Public Finance.* Harwood Academic Publishers, New

York.

Wilson, J. D. and Gordon, R. H., 2003, "Expenditure Competition", *Journal of Public Economic Theory*, 5: 399—417.

Wong, K. Y., 2000, "Fundamental Trade Theorems under External Economies of Scale", mimeo, University of Washington.

Wood, A., 1997, "Openness and Wage Inequality in Developing Countries: The Latin American Challenge to East Asian Conventional Wisdom", *World Bank Economic Review*, 11: 33—57.

Wood, A., 1994, *North-South Trade, Employment and Inequality: Changing Fortunes in a Skill-Driven World*, Oxford: Clarendon Press.

World Bank, 2007, *An East Asian Renaissance: Ideas for Economic Growth*, The International Bank for Reconstruction and Development.

World Bank, 2005, *Raising Investment in Indonesia: A Second Generation of Reforms*, World Bank, Washington, D. C..

World Bank, 2000, *Engendering Development*, New York: Oxford University Press.

World Bank, 1998, *World Development Report 1998/1999: Knowledge for Development*, New York: Oxford University Press.

Xie, D., Zou, H. and Davoodi, H., 1999, "Fical Decentralization and Economic Growth in the United States", *Journal of Urban Economics*, 45: 228—239.

Xu, B., 2003, "Trade Liberalization, Wage Inequality, and Endogenously Determined Non-traded Goods", *Journal of International Economics*, 60: 417—431.

Xu, B., 2001, "Factor Bias, Sector Bias, and the Effects of Technical Progress on Relative Factor Prices", *Journal of International Economics*, 54: 5—25.

Xu, B., 2000, "Multinational Enterprise, Technology Diffusion, and Host Country Productivity Growth", *Journal of Development Economics*, 62: 477—493.

Xu, B. and Li, W., 2008, "Trade, Technology, and China's Rising Skill Demand", *Economics of Transition*, 16: 59—84.

Yang, X. and Ng Yew-Kwang, 1993, *Specialization and Economic Organization*, North-Holland. 中译本:杨小凯、黄有光,1998,《专业化与经济组织》,张玉纲译,经济科学出版社。

Yang, X., 2000, *Economics: New Classical Versus Neoclassical Frameworks*, Cambridge, MA, Blackwell. 中译本:杨小凯,2003,《经济学:新兴古典与新古典框架》,张定胜等译,社会科学文献出版社。

Yang, X., 1996, "A New Theory of Demand and the Emergence of International Trade from Domestic Trade", *Pacific Economic Review*, 1: 215—217.

Yang, G. and Maskus, K., 2001, "Intellectual Property Rights, Licensing and Innovation in an Endogenous Product-Cycle Model", *Journal of International Economics*, 53: 169—187.

Young, A. T., 2006, "One of the Things We Know that Ain't So: Is U. S. Labor's Share Relatively Stable?" Working Paper, University of Mississippi.

Young, A., 1992, "A Tale of Two Cities: Factor Accumulation and Technological Change in Hong Kong and Singapore", Macroeconomics Annual, NBER, The University of Chicago Press.

Young, A., 1991, "Learning by Doing and Dynamic Effects of International Trade", Journal of Political Economy, 106: 369—405.

Young, A., 1928, "Increasing Returns and Economic Progress", The Economic Journal, 152: 527—542.

Zhang, W. B., 2000, A Theory of International Trade, Springer-Verlag Berlin Heidelberg.

Zhang, T. and Zou, H., 1998, "Fiscal Decentralization, Public Spending, and Economic Growth in China", Journal of Public Economics, 67, 221—240.

Zhang, Y., 2003, FDI, Product Quality Upgrading, and North-South IIT: An Extension to the Quality Based Product Cycle Model. in Studies on Trade of the United States: its Components and Determinants, China Renmin University Press, 2008, 4—35.

Zhu, Susan Chun, 2005, "Can Product Cycles Explain Skill Upgrading?", Journal of International Economics, 66: 131—155.

巴曙松,2010,《从国际货币体系改革趋势看中国金融发展战略》,《重庆理工大学学报》,第2期。

白重恩、钱震杰,2009,《国民收入的要素分配:统计数据背后的故事》,《经济研究》,第3期。

白重恩、钱震杰、武康平,2008,《中国工业部门要素分配份额决定因素研究》,《经济研究》,第8期。

北京大学课题组,2007,《市场换来技术了吗？——外国直接投资(FDI)对中国企业的溢出效应分析》,北京大学中国经济研究中心讨论稿,No. C2007004。

陈良文、杨开忠、吴蛟,2007,《中国城市体系演化的实证研究》,《江苏社会科学》,第1期。

陈硕,2010,《分税制改革、地方财政自主权与公共品供给》,《经济学》(季刊),第9卷第4期。

陈甬军、景晋秋、陈爱民,2009,《中国城市化道路新论》,商务印书馆。

陈勇、李小平,2007,《中国工业行业的技术进步与工业经济转型》,《管理世界》,第6期。

迟福林,2011,《民富优先:二次转型与改革走向》,中国经济出版社。

迟福林,2010,《第二次转型:处于十字路口的发展方式转变》,中国经济出版社。

范剑勇,2004,《市场一体化、地区专业化与产业集聚趋势》,《中国社会科学》,第6期。

范剑勇,2008,《产业集聚与中国地区差距研究》,格致出版社、上海人民出版社。

范剑勇、高人元、张雁,2010,《空间效率与区域协调发展战略选择》,《世界经济》,第2期。

范剑勇、邵挺,2011,《房价水平、差异化产品区位分布与城市体系》,《经济研究》,第2期。

范剑勇、李方文,2011:《中国制造业空间集聚的影响》,载于《中国区域集聚发展:回顾与展望》,陆铭等主编,格致出版社、上海人民出版社。

方福前,2007:《关于转变经济发展方式的三个问题》,《经济理论与经济管理》,第11期。

费孝通,1984,《小城镇再探索》,《新华日报》,5月2日第四版。

傅晓霞、吴利学,2009,《中国地区差异动态演进及其决定因素》,《世界经济》,第5期。

高春亮、周晓艳、王凌云,2007,《市场换技术策略能实现吗?》,《世界经济》,第8期。

高铁梅、梁云芳,2005,《论中国增长型经济周期波动及适度增长区间》,《经济学动态》,第8期。

葛扬,2010,《技术内生增长与经济发展方式转变》,《理论视野》,第4期。

辜胜阻、李永周,2000,《实施千座小城镇工程,启动农村市场需求》,《武汉干部管理学院学报》,第1期。

郭克莎等,2007,《走向世界的中国制造业》,经济管理出版社。

郭庆旺、贾俊雪,2005,《中国全要素生产率的估算:1979—2004》,《经济研究》,第6期。

郭庆旺、贾俊雪,2004,《中国潜在产出与产出缺口的估算》,《经济研究》,第5期。

国务院发展研究中心,2010,《转变经济发展方式的战略重点》,中国发展出版社。

海闻,1995,《国际贸易理论的新发展》,《经济研究》,第7期。

黄玖立、黄俊立,2008,《市场规模与中国省区的产业增长》,《经济学》(季刊),第7卷第4期。

贾根良,1998,《报酬递增经济学:回顾与展望》,《南开经济研究》,第4期、第6期。

蒋殿春,1998,《跨国公司与市场结构》,商务印书馆。

科尔奈,2003,《后社会主义转轨的思索》,肖梦编译,吉林人民出版社。

克鲁格曼,1999,《萧条经济学的回归》,中国人民大学出版社。

匡远凤、彭代彦,2012,《中国环境生产效率与环境全要素生产率分析》,《经济研究》,第7期。

郎丽华、周明生,2012,《结构性改革与宏观经济稳定》,《经济研究》,第8期。

梁琦,2009,《分工、集聚与增长》,商务印书馆。

李稻葵、刘霖林、王红领,2009,《GDP中劳动份额演变的U形规律》,《经济研究》,第1期。

李善同、候永志等,2008,《中国区域协调发展与市场一体化》,经济科学出版社。

李涛、周业安,2009,《中国地方政府间支出竞争研究》,《管理世界》,第2期。

李晓华,2004,《对加入 WTO 后"以市场换技术"的思考》,《中国工业经济》,第 4 期。

李俊,2000,《论产业内贸易与企业内贸易的关系》,《经济评论》,第 5 期。

林毅夫、蔡昉、李周,1999,《中国的奇迹:发展战略与经济改革》,上海三联书店。

刘斌、张怀清,2001,《我国产出缺口的估计》,《金融研究》第 10 期。

刘瑞翔、安同良,2012,《资源环境约束下中国经济增长绩效变化趋势与因素分析》,《经济研究》第 11 期。

刘明兴、陶然、章奇,2003,《制度、技术与内生经济增长》,《世界经济文汇》,第 6 期。

卢锋,2004,《产品内分工》,《经济学》(季刊),第 3 卷第 4 期。

路江涌、陶志刚,2006,《中国制造业区域聚集及国际比较》,《经济研究》,第 3 期。

栾大鹏、欧阳日辉,2012,《生产要素内部投入结构与中国经济增长》,《世界经济》,第 6 期。

罗长远,2008,《卡尔多'特征事实'再思考:对劳动收入占比的分析》,《世界经济》,第 1 期。

马捷,2002,《国际多市场寡头条件下的贸易政策与产业政策》,《经济研究》,第 5 期。

马歇尔,1997,《经济学原理》,商务印书馆。

麦迪森,2001,《世界经济千年史》,伍晓鹰等译,北京大学出版社。

潘士远、史晋川,2002,《内生经济增长理论:一个文献综述》,《经济学》(季刊),第 1 卷第 4 期。

皮建才,2008,《中国地方政府间竞争下的市场整合》,《经济研究》,第 3 期。

祈毓,2010,《中国劳动收入占比持续下降之谜研究》,《新政治经济学评论》,第 16 辑。

钱淑萍,2008,《从转变经济增长方式到转变经济发展方式及其财税对策思考》,《江西财经大学学报》,第 4 期。

钱纳里、鲁滨逊、赛尔奎因,1986,《工业化和经济增长的比较研究》,吴奇等译,上海三联出版社。

青木昌彦、金滢基、奥野—藤原正宽,1998,《政府在东亚经济发展中的作用》,中国经济出版社。

邵军,2007,《地方财政支出的空间外部效应研究》,《南方经济》,第 9 期。

邵敏、黄玖立,2010,《外资与我国劳动收入份额》,《经济学》(季刊),第 9 卷第 4 期。

申广斯,2009,《我国转变经济发展方式的制约因素与对策》,《统计与决策》,第 22 期。

沈坤荣、付文林,2006,《税收竞争、地区博弈及其增长绩效》,《经济研究》,第 6 期。

沈坤荣、李剑,2003,《中国贸易发展与经济增长影响机制的经验研究》,《经济研究》,第 5 期。

沈利生,1999,《我国潜在经济增长率变动趋势估计》,《数量经济技术经济研究》,第12期。

盛斌,2002,《中国对外贸易政策的政治经济学分析》,上海三联书店,上海人民出版社。

施蒂格勒,1975,《产业组织和政府管制》,上海人民出版社,1996年中译本。

石鲜柱、黄红梅、石庆华,2004,《关于中国潜在GDP与景气波动、通货膨胀的经验研究》,《世界经济》,第8期。

孙晓华、郭玉娇2013:《产业集聚提高了城市生产率吗?——城市规模视角下的门限回归分析》,《财经研究》,第2期。

陶然、苏福兵、陆曦、朱昱铭,2010,《经济增长能够带来晋升吗?》,《管理世界》,第12期。

涂正革、肖耿,2005,《中国的工业生产力革命——用随机前沿生产模型对中国大中型工业企业全要素生产率增长的分解及分析》,《经济研究》,第3期。

仝月婷、胡又欣,2005,《外商直接投资的生产率溢出效应:对中国制造业的实证研究》,《经济学报》,第1卷。

万广华、陆铭、陈钊,2005,《全球化与地区间收入差距:来自中国的证据》,《中国社会科学》,第3期。

王红领、李稻葵、冯俊新,2006,《FDI与自主研发:基于行业数据的经验研究》,《经济研究》,第2期。

王世磊、张军,2008,《中国地方官员为什么要改善基础设施》,《经济学》(季刊),第7卷第2期。

王贤彬、张莉、徐现祥,2011,《辖区经济增长绩效与省长书记晋升》,《经济社会体制比较》,第1期。

王贤彬、徐现祥、李郇,2009,《地方官员更替与经济增长》,《经济学》(季刊),第8卷第4期。

王小鲁、樊纲、刘鹏,2009,《中国经济增长方式转换和增长的可持续性》,《经济研究》,第1期。

王小鲁,2000,《中国经济增长的可持续性与制度变革》,《经济研究》,第7期。

王小鲁、夏小林,1999,《优化城市规模,推动经济增长》,《经济研究》,第9期。

王志刚、龚六堂、陈玉宇,2006,《地区间生产效率与全要素生产率增长率分解(1978—2003)》,《中国社会科学》,第2期。

王一鸣,2011,《加快转变经济发展方式关系现代化建设全局》,《经济研究》,第10期。

王一鸣,2008,《加快推进经济发展方式的"三个转变"》,《宏观经济管理》,第1期。

魏杰,2011,《中国经济转型》,中国发展出版社。

魏杰,2009,《中国经济之变局》,中国发展出版社。

吴敬琏,2011a,《发展转型成败系于改革进展》,《读书》,第5期。

吴敬琏,2011b,《缩小收入差距不单靠再分配》,《中国改革》,第 7 期。

夏斌,2011,《国际货币体系缓慢变革下的人民币国际化》,《中国金融》,第 15 期。

冼国明,1994,《跨国公司与当代国际分工》,南开大学出版社。

肖金成,2008,《中国空间结构调整新思路》,经济科学出版社。

解垩、王晓峰,2009,《财政支出的相互作用:空间面板数据模型分析》,《山东经济》,第 3 期。

徐现祥、王贤彬、高元骅,2011,《中国区域发展的政治经济学》,载于《中国区域经济发展》,陆铭等主编,格致出版社、上海人民出版社。

徐现祥、李郇、王美今,2007,《区域一体化、经济增长与政治晋升》,《经济学》(季刊),第 6 卷第 4 期。

徐现祥、王贤彬、舒元,2007,《地方官员与经济增长——来自中国省长、省委书记交流的证据》,《经济研究》,第 9 期。

许召元,2005,《中国的潜在产出、产出缺口及产量、通货膨胀交替关系——基于"Kalman 滤波"方法的研究》,《数量经济技术经济研究》,第 12 期。

许征、陈钊、陆铭,2010,《中国城市体系的"中心—外围模式":地理与经济增长的经验研究》,《世界经济》,第 7 期。

许斌,2008,《国际贸易与工薪差距》,《国际贸易与投资前沿》,格致出版社、上海人民出版社。

亚当·斯密,1988,《国民财富的性质与原因的研究》,商务印书馆。

颜鹏飞、王兵,2004,《技术效率、技术进步与生产率增长》,《经济研究》,第 12 期。

杨海生、罗党论、陈少凌,2010,《资源禀赋、官员交流与经济增长》,《管理世界》,第 5 期。

杨建龙,2010,《新一轮经济增长的结构与趋势研究》,中国发展出版社。

杨小凯,2003,《发展经济学——超边际与边际分析》,社会科学文献出版社。

杨小凯,1989,《贸易理论和增长理论的重新思考及产权经济学》,载于汤敏、茅于轼主编《现代经济学前沿专题》,商务印书馆。

杨开忠、陈良文,2008,《中国区域城市体系演化实证研究》,《城市问题》,第 3 期。

姚洋、张晔,2008,《中国出口品国内技术含量升级的动态研究——来自全国及江苏省、广东省的证据》,《中国社会科学》,第 2 期。

叶裕民,1999,《有关中国城市化两个问题的探讨》,《城市开发》,第 7 期。

易纲、樊纲、李岩,2003,《关于中国经济增长与全要素生产率的理论思考》,《经济研究》,第 8 期。

易靖韬,2009:《企业异质性、市场进入成本、技术溢出效应与出口参与决定》,《经济研究》,第 9 期。

殷德生,2012,《市场开放促进了产业升级吗?——理论及来自中国制造业的证据》,《世界经济文汇》,第 1 期。

殷德生,2011a,《中国入世以来出口产品质量升级的决定因素与变动趋势》,《财贸经济》,第 11 期。

殷德生,2011b,《权力、相互依赖与国际货币合作:基于国际货币体系史的考察》,《世界经济与政治》,第 8 期。

殷德生、唐海燕、黄腾飞,2011,《FDI 与中国的高技能劳动需求》,《世界经济》,第 9 期。

殷德生,2010,《报酬递增、产业集聚与经济增长》,华东师范大学出版社。

殷德生、黄腾飞,2010,《教育、经济增长与工薪差距》,《财经研究》,第 12 期。

殷德生,2004,《最优财政分权与经济增长》,《世界经济》,第 11 期。

余淼杰,2008,《中国对外贸易三十年(1978—2008)》,北京大学中国经济研究中心,讨论稿系列,No. C2008007。

张斌、徐奇渊,2012,《汇率与资本项目管制下的人民币国际化》,《国际经济评论》,第 4 期。

张海洋,2005,《R&D 两面性、外资活动与中国工业生产率增长》,《经济研究》,第 5 期。

张连城,1999,《论经济增长的阶段性与中国经济增长的适度区间》,《管理世界》,第 1 期。

张连城、韩蓓,2009,《中国潜在经济增长率分析——滤波平滑参数的选择及应用》,《经济与管理研究》,第 3 期。

张军、陈诗一、Jefferson,2009,《结构改革与中国工业增长》,《经济研究》,第 7 期。

张军,2007,《分权与增长:中国的故事》,《经济学》(季刊),第 7 卷第 1 期。

张军、高远,2007,《官员任职、异地流动与经济增长》,《经济研究》,第 11 期。

张军、高远、傅勇、张弘,2007,《中国为什么拥有了良好的基础设施》,《经济研究》,第 3 期。

张军、施少华,2003,《中国经济全要素生产率变动:1952—1998》,《世界经济文汇》,第 2 期。

张平、王宏淼,2011,《转向"结构均衡增长"的战略要点和政策选择》,载于《中国经济研究报告》,经济管理出版社。

张平、刘霞辉、王宏淼,2011,《中国经济增长前沿——转向结构均衡增长理论与政策研究》,中国社会科学出版社。

张旭,2010,《转变经济发展方式的发展经济学考察》,《理论学刊》,第 3 期。

张晏、龚六堂,2005,《分税制改革、财政分权与中国经济增长》,《经济学》(季刊),第 5 卷第 1 期。

章艳红,2008:《美国贸易研究——美国对外贸易的结构及影响因素》,中国人民大学出版社。

赵伟、赵金亮、韩媛媛,2011:《异质性、沉没成本与中国企业出口决定:来自中国微观企业的经验证据》,《世界经济》,第 4 期。

赵振瑛、蔡素菁,2006,《邻近性对地方公共支出的影响——台湾实证》,《台湾银行季刊》,第 57 卷第 3 期。

郑京海、胡鞍钢、Arne Bigsten,2008,《中国经济增长能否持续?——一个生产率的视角》,《经济学》(季刊),第 7 卷第 3 期。

周小川,2009,《关于改革国际货币体系的思考》,《中国金融》,第 7 期。

周一星,1992,《论中国城市发展的规模政策》,《管理世界》,第 6 期。

周叔莲,2008,《"十七大"为什么提出转变经济发展方式》,《中国党政干部论坛》,第 2 期。

钟晓敏,2004,《市场化改革中的地方财政竞争》,《财经研究》,2004 年第 1 期。

朱光华,2009,《转变经济发展方式与调整经济结构》,《南开学报(哲社版)》,第 1 期。

朱钟棣、王云飞,2008,《我国贸易发展与收入分配关系的理论研究和实证检验》,人民出版社。

中国经济增长前沿课题组,2012,《中国经济长期增长路径、效率与潜在增长水平》,《经济研究》,第 11 期。

中国经济增长与宏观稳定课题组,2008,《中国可持续增长的机制:证据、理论和政策》,《经济研究》,第 10 期。

中国经济增长与宏观稳定课题组,2005,《高投资、宏观成本与经济增长的持续性》,《经济研究》,第 10 期。

中国地方政府竞争课题组,2002,《中国地方政府竞争与公共物品的融资》,《财贸经济》,第 10 期。

中国银行,2013,《汇率市场化:寻求人民币汇率的均衡点》,《月度观察》第 22 期。

中国人民银行调查统计司课题组,2012,《我国加快资本账户开放的条件基本成熟》,《中国金融》,第 5 期。

邹卫星、房林,2007,《中国经济增长的特征、可持续性与潜在增长率估计:一个综述》,《经济学家》,第 4 期。

后 记

经济转型离不开国际贸易或市场开放的作用,没有哪个国家是在经济封闭的情形下完成经济转型的。本书站在开放经济尤其是国际贸易的视角考察技术进步、国际贸易与经济转型之间的作用机制与影响结果,从理论和实证两个角度研究市场开放对中国经济转型的影响过程与效果,为中国调整贸易政策和开放政策以促进经济转型提供依据。

为了鼓励广大社科研究者潜心治学,扶持基础研究的优秀成果,国家设立了国家社科基金后期资助项目。本书是国家社科基金后期资助项目"技术进步、国际贸易与经济转型"(11FJL014)的最终成果。在该项目的前期研究和后续研究中,一些阶段性研究成果以论文的形式在期刊上发表。感谢《经济研究》《世界经济》《财贸经济》《财经研究》《世界经济文汇》等期刊允许我将已发表的论文收集整理进本书。我还要感谢我的导师唐海燕教授、我指导的研究生黄腾飞在讨论中提供的"思想火花"和资料整理。本书的部分成果是与他们一起完成的,感谢他们允许我以个人名义将这些成果整理进入本书。

本书的研究前后历经四余载,其中基于阶段性研究成果和经济发展的新情况还申请到了其他科研项目,因此本书也是以下项目的阶段性成果:国家社科基金重大项目"推进经济结构战略性调整的重点、难点与路径研究"(13&ZD016)、上海市教育委员会科研创新重点项目"经济发展方式转变的决定因素及其变动趋势研究"(12ZS044)、国家社科基金重点项目"中国潜在经济增长的源泉与结构变化的估计研究"(12AZD095)、教育部新世纪优秀人才支持计划(NCET-13-0207)以及上海市曙光计划项目(12SG27)。

感谢这些项目提供的宝贵资助,让我和我的团队能沉下心来,潜心钻研。我们将以更大的努力和孜孜以求的精神完成这些项目的研究任务。这些项目都是紧紧围绕中国经济结构调整与发展方式转变主题的。党的十八大报告中明确,"推进经济结构战略性调整是加快转变经济发展方式的主攻方向","必须以改善需求结构、优化产业结构、促进区域协调发展、推进城镇化为重点,着力解决制约经济持续健康发展的重大结构性问题"。中国经济结构调整的研究涉及面广、复杂程度高。因此,本书中难免存在若干不足和问题,期待学界同仁批评指正。

殷德生

华东师范大学中国经济研究中心

2015 年 7 月 18 日